Länderprofile – Geographische Strukturen, Daten, Entwicklungen

Heinrich Lamping

Australien

Ernst Klett Verlag

Länderprofile – Geographische Strukturen, Daten, Entwicklungen
Wissenschaftliche Beratung: Professor Dr. Gerhard Fuchs (Gesamthochschule Paderborn)

Die hinten eingelegte Karte ist entnommen:
Alexander Weltatlas, Gesamtausgabe, Ernst Klett Verlag

CIP-Kurztitelaufnahme der Deutschen Bibliothek

Lamping, Heinrich:
Australien / Heinrich Lamping. –
1. Aufl. – Stuttgart: Klett, 1985.
  (Länderprofile)
  ISBN 3-12-928895-3

ISBN 3-12-928895-3

1. Auflage 1985
Gesamtherstellung: Wilhelm Röck, Weinsberg
Einbandgestaltung: Heinz Edelmann
Kartographie: H. Schenck, H. Kind

Inhalt

1 Raumerschließung in einem Kontinent mit begrenzten Möglichkeiten – Erschließungserfolge und Rückschläge als Leitlinie der Darstellung

Über Jahrtausende hin nutzten die Ureinwohner Australiens das Land als Jäger und Sammler in Anpassung an die naturgeographischen Extreme. Seit dem Beginn der Besiedlung durch Europäer bestimmen Erschließungserfolge und Rückschläge die Inwertsetzung des Kontinents.

Ein erstes markantes Beispiel dafür war der Goldboom, der um die Mitte des 19. Jahrhunderts im Südosten begann und einen gewaltigen Einwandererstrom auslöste. Innerhalb weniger Jahrzehnte war der ganze Kontinent vom Goldrausch erfaßt. Dabei wurden immer wieder Bergbaustandorte aufgegeben, weil neue ergiebigere Goldfelder entdeckt wurden. Nach einem letzten Höhepunkt in der „Golden Mile" im Südwesten Australiens am Ende des 19. Jahrhunderts kam es zum Rückzug aus fast allen Goldfeldern, Gold war nur noch bergmännisch in großen Schachtanlagen zu gewinnen.

Mit den Erträgen aus der Goldgewinnung konnte eine Infrastruktur aufgebaut werden; die Goldbergbaugebiete wurden über große Distanzen hinweg durch Eisenbahn und Straßen mit den Hauptstädten an der Küste verbunden. Diese Infrastruktur konnte für die landwirtschaftliche Raumerschließung genutzt werden. Initiiert durch die Kolonialverwaltungen, und seit 1900 durch die Regierungen der Staaten Australiens, entstand im Südosten wie im Südwesten des Kontinents ein Weizengürtel. Dadurch wurden die bisherigen viehwirtschaftlichen Nutzungen (Schafhaltung zur Wollerzeugung) weiter ins Landesinnere verlagert. Häufige und langanhaltende Dürreperioden zwangen dazu, die weit in das Landesinnere vorgeschobenen viehwirtschaftlichen Nutzungen zurückzunehmen und auch Teile des Weizenanbaugebietes wieder aufzugeben.

Erfolgreich bei der Ausweitung der landwirtschaftlichen Nutzung wurden besondere Anpassungsformen des Regenfeldbaus. Durch Getreidesorten mit kurzer Wachstumsperiode, durch Verwendung von Kunstdünger und durch Anbauwechsel zwischen Getreide und Klee, wurde eine dauerhafte landwirtschaftliche Inwertsetzung erreicht. Dabei wurden jedoch auch die Gefahren landwirtschaftlicher Erschließungsmaßnahmen durch immer größer werdende Erosionsschäden sichtbar. Als Folge von Wind- und Wassererosion sind landwirtschaftliche Nutzflächen zum Teil so stark betroffen, daß verminderte Nutzung, ja sogar Verlust der Flächen droht. Eine Ausweitung und eine Intensivierung der landwirtschaftlichen Nutzung erfolgte durch die Bewässerungslandwirtschaft, die Ende des 19. Jahrhunderts begann und nach dem 2. Weltkrieg stark ausgebaut wurde. Das Problem der Versalzung der Böden zeigt jedoch auch hier Grenzsituationen auf. Zukünftig werden auch die konkurrierenden Wasseransprüche von Bewässerungslandwirtschaft einerseits und von Städten und Industrie auf der anderen Seite eine wichtige Rolle spielen.

So bleiben die Möglichkeiten landwirtschaftlicher Raumerschließung in Australien begrenzt. Ackerwirtschaftliche Nutzungsformen konzentrieren sich auf eine küstennahe Zone, die nicht weiter als 500 km in das Landesinnere hineinreicht. Diese Randzone ist das landwirtschaftliche Kerngebiet Australiens. Hier liegen auch die landwirtschaftlichen Nutzungsreserven.

Für eine ackerbauliche Nutzung reduziert sich die Gesamtfläche Australiens (768 Mio. ha) wegen der Trockenheit um 531 Mio. ha und wegen der ungünstigen Bodenverhältnisse um weitere 160 Mio. ha. Als Ackerfläche (Fruchtanbau und angesätes Grünland) verbleiben im Südosten 32 Mio. ha, im Osten 24 Mio. ha, im Nordosten 2 Mio. ha, im Norden 1 Mio. ha, im Südwesten 17 Mio. ha und auf Tasmanien 0,7 Mio. ha (210, S. 11 ff.). Da die weiträumig bebauten städtischen Verdichtungsgebiete (Einfamilienhäuser, Erholungsflächen) und zahlreiche Nationalparks die ackerbaulich nutzbaren Flächen weiter einschränken, sind auf der Grundlage der derzeitigen Nutzung zusätzlich kultivierbare Flächen in einer Größe von 25 Mio. ha insgesamt verfügbar. Diese Ausweitungsmöglichkeiten liegen wie die bisherigen Nutzungen in der Randzone des Kontinents.
Australien ist und bleibt ein Kontinent mit begrenzten landwirtschaftlichen Nutzungsmöglichkeiten. Auch in Zukunft werden die Randzonen das landwirtschaftliche „Kerngebiet" sein.
Die randorientierte Inwertsetzung des Kontinents dokumentiert sich auch durch die Konzentration der Bevölkerung in den Verdichtungsgebieten der Küstenzone. Hier liegen die Steuerungszentren der landwirtschaftlichen Erschließung und die Kerngebiete des sekundären und tertiären Wirtschaftssektors. Große Einwandererströme fanden in diesen Industrie- und Dienstleistungszentren Erwerbsmöglichkeiten. Der Bevölkerungszustrom in die großen Städte wurde in jüngerer Zeit auch von einer Abwanderung aus den ländlichen Gebieten Australiens mitgetragen.

Einwanderung und Binnenwanderung machten Australien zu einem Kontinent großstädtischer Verdichtungsgebiete mit kontinuierlich wachsenden Bevölkerungsan-

teilen. Diese Bevölkerungskonzentration ging erstmals 1976–81 leicht zurück.
Seit Jahrzehnten schon gibt es Bemühungen, dem Sog der Großstädte durch eine Dezentralisierungspolitik entgegenzuwirken. Ist die sich andeutende Trendwende („rural renaissance") ein später Erfolg dieser Dezentralisierungspolitik? Oder ist sie ein Ergebnis der Öffnung Australiens für das internationale Kapital zur Erschließung der riesigen Rohstoffvorkommen im Landesinnern? Oder ist dies eine Fortsetzung des Konzentrationsprozesses von Bevölkerung und Arbeitsplätzen in überregionalen Entwicklungsachsen, die von den großstädtischen Verdichtungsgebieten ausgehen?
Aus den hauptstädtischen Verdichtungsgebieten werden in einer ersten Phase mehrkernige Ballungsräume, wie Sydney mit Newcastle/Wollongong und Melbourne mit Geelong. In einer zweiten Phase setzt sich der städtische Konzentrationsprozeß in Verdichtungsbändern entlang der Küste fort, stark ausgerichtet auf die Funktionen von Erholung und Freizeitgestaltung. Diese Verdichtungsbänder werden in einer Gliederung Australiens nach Siedlungszonen als „städtische Siedlungszone" erfaßt. In dieser küstennahen städtischen Siedlungszone, die nur 3% der Fläche Australiens einnimmt, leben 1981 nahezu 81% der Gesamtbevölkerung Australiens, hier befinden sich 80,2% aller Arbeitsplätze, 84,2% aller 1976–81 neugeschaffenen Arbeitsplätze konzentrieren sich in dieser städtischen Siedlungszone.
Das weitgehend menschenleere Landesinnere Australiens besitzt reiche Rohstoffvorkommen, die mit Hilfe internationalen Kapitals erschlossen werden. Unter extremen Klimabedingungen wird von nur wenigen Beschäftigten, dank maximaler Mechanisierung, ein enormes Abbauvolumen erzielt. Die Erschließung großer Erdöl- und Erdgasvorkommen hat Australien in den letzten Jahren fast zum Selbstversorger auf dem

Energiesektor werden lassen; es gibt sogar konkrete Planungen für Erdgasexporte aus dem Nordwestshelf-Gebiet nach Japan. Die Exportrate der in großen Tagebaugebieten abgebauten Steinkohle steigt von Jahr zu Jahr. Noch stärker ist die Exportorientierung bei den mineralischen Rohstoffen.

Der Aufbau der Infrastruktur in den abgelegenen Bergbaugebieten übersteigt die Leistungsfähigkeit der australischen Staaten; multinationale Gesellschaften engagieren sich hier und wählen Erschließungskonzepte, die nicht immer ein optimaler Beitrag zur Inwertsetzung des Raumes sind. In den letzten Jahren verstärkt der Staat seinen Einfluß und übernimmt Infrastruktureinrichtungen, die bisher von den Bergbaugesellschaften betrieben wurden. Unterschiede in der Ausgangssituation, im Verlauf der Erschließungsmaßnahmen und bei den Perspektiven der Bergbauprojekte werden in drei Fallstudien untersucht. Dabei zeigt sich, daß das an Bodenschätzen reiche Landesinnere Australiens auch in Zukunft arm an Menschen sein wird. Die absatzorientierte Rohstofferschließung wird vielfach als „Ausverkauf des Landes" kritisiert, sie ist aber Voraussetzung für den hohen Lebensstandard der australischen Bevölkerung.

2 Australien und seine landwirtschaftliche Erschließung – ein Kontinent mit ungünstiger Naturausstattung

Extreme des naturgeographischen Ausgangspotentials (Dürre, Überschwemmungen, Wirbelstürme etc.) führen zu Krisensituationen bei der Nutzung des australischen Kontinents. Die Ureinwohner waren in ihrer Lebens- und Wirtschaftsweise als Jäger und Sammler diesen Extremen ihrer natürlichen Umwelt angepaßt. Bei der Besiedlung des Kontinents durch die Europäer (seit 1788) dokumentieren Erschließungserfolge und Rückschläge die ständige Auseinandersetzung mit den Extremen des naturgeographischen Potentials.

2.1
Der „trockene Kontinent" – naturräumliche Faktoren und Extremsituationen

Um 1800, in der Anfangsphase der Besiedlung durch Europäer, existierten groteske Fehleinschätzungen des vorhandenen naturgeographischen Potentials. Heathcote (99, S. 38) erwähnt u. a. als Beispiel einer völlig falschen Beurteilung das Konzept eines Kapitäns Vetch, der für den gesamten Kontinent eine gleichmäßige Bevölkerungstragfähigkeit annahm und auf dieser Grundlage Australien in acht Raumeinheiten gliederte und für jedes dieser Gebiete, entsprechend den Verhältnissen in Spanien und Portugal, von einer Bevölkerung in der Größenordnung von 19 Millionen ausging. Solche Auffassungen führten auch im britischen Mutterland zu Fehleinschätzungen. Viele Pläne zur Erschließung des australischen Kontinents

erwiesen sich als Wunschträume, die wegen der naturgeographischen Gegebenheiten nicht verwirklicht werden konnten. Unterschiedliche Klimaverhältnisse in Räumen gleicher geographischer Breitenlage und eine sehr große Variabilität der Niederschläge waren die Ursachen für Fehleinschätzungen. Es kam zu lang andauernden, schwierigen Anpassungsprozessen der europäischen Siedler an die ihnen unbekannten physischgeographischen Verhältnisse des Kontinents.

Australien ist mit einer Fläche von 7 682 300 km^2 der kleinste Kontinent der Erde, doch fast dreißigmal so groß wie die Bundesrepublik Deutschland. Es liegt zwischen dem 10. und 44. Grad südlicher Breite, seine West-Ost-Erstreckung reicht von 113° bis 154° östlicher Länge. Große Teile Australiens befinden sich im Bereich der Wendekreiswüsten der Südhalbkugel. Nördlich des Wendekreises im tropischen Bereich liegen 38,5% der Landfläche, südlich des Wendekreises im subtropischen/gemäßigten Bereich liegen 61,5% des australischen Kontinents (Tab. 1).

2.1.1
Großformen des Reliefs

Nach der Oberflächengestalt läßt sich Australien in drei Großräume gliedern.

Das ostaustralische Hochland
Dieses Hochland erstreckt sich über 4000 km im Osten des Kontinents von Queensland im Norden bis nach Tasmanien im Süden.

Tab. 1: Zonale Zuordnung der australischen Staaten

Staat	Gesamtfläche in 1000 km^2	Fläche der trop. Zone in 1000 km^2	Fläche der subtropisch/gemäßigten Zone in 1000 km^2
Neusüdwales	801,6	0	801,6
Victoria	227,6	0	227,6
Queensland	1727,2	932,7	794,5
Südaustralien	984	0	984
Westaustralien	2525,5	934,4	1591,1
Tasmanien	67,8	0	67,8
Nordterritorium	1346,2	1090,4	255,8
ACT Canberra (Australian Capital Territory)	2,4	0	2,4
Australien insges.	7682,3	2957,5	4724,8

Quelle: 214, 1983, S. 30

Diesen Höhenzügen sind eine Küstenzone von 1,5 km Breite im südlichen Neusüdwales und eine weite Küstenebene bis zu 160 km Breite im Süden von Queensland vorgelagert. Das Bergland erreicht Höhen über 1800 m in den australischen Alpen und über 1200 m in Neusüdwales. In Queensland verbreitert sich das ostaustralische Randgebirge durch zahlreiche parallele Höhenzüge bis zu einer Breite von 500 km mit Erhebungen zwischen 600–900 m. Dieses ostaustralische Hochland mit einem Steilabfall zur Küste hin bringt feuchte ozeanische Luftmassen zum Ausregnen (Steigungsregen) und schirmt die westlich des Hochlandes im Landesinnern liegenden Gebiete von einer Beeinflussung durch den pazifischen Ozean ab.

Das mittelaustralische Tiefland
Ganz allmählich geht das Bergland des Ostens nach Westen hin in die großen inneraustralischen Ebenen über. Die Senke im mittleren Bereich Australiens reicht vom Carpentaria-Golf im Norden bis zum Spencer-Golf im Süden. In früheren geologischen Zeitaltern war dieses Gebiet vom Meer eingenommen; noch im Tertiär befanden sich im Kern der mittelaustralischen Senke große isolierte Seen. Die tiefste Absenkung hat dieses Tiefland im Bereich des Eyre-Sees

(−12 m NN). Zahlreiche Flüsse, die in der Westabdachung des östlichen Hochlandes (Great Dividing Range) ihren Ursprung haben, enden in diesen abflußlosen Becken. Nur nach seltenen episodischen Starkregen führen diese Flüsse Wasser. Es kommt dann zu großen Überschwemmungen im Bereich der flachen Flußbetten und des Eyre-Sees selbst. Im Norden der mittelaustralischen Senke schließt sich das Tiefland des Carpentaria Golfes an, das in den Golf entwässert wird, im Süden die Ebenen des Murray/Darling mit Entwässerung in den Indischen Ozean. Im Westen des australischen Tieflandes steigt das Gelände allmählich an und geht in das westaustralische Tafelland über. Diese höhere Umrahmung der mittelaustralischen Senke schafft die Voraussetzungen für artesische Wasservorkommen. Das große artesische Becken erfaßt 2/3 der mittelaustralischen Senke und stellt das größte unterirdische Wasserreservoir der Welt dar. Neben dem großen artesischen Becken gibt es noch eine Reihe weiterer artesischer Wasservorkommen (Abb. 2).

Das westaustralische Tafelland
Das westliche Plateau liegt in einer durchschnittlichen Höhe von 200–800 m. Die höchsten Erhebungen am Westrand bilden die

13

Darlingkette, Hamersleykette und das Bergland der Kimberleys. Im Osten wird das Plateau durch die Erhebungen der Musgravekette und der Macdonnellkette unterbrochen. Hier liegen auch die Inselberge Mt. Olga und Ayers Rock, die für die touristische Erschließung der australischen Mitte von großer Bedeutung sind. Im Südwesten und im Norden des Plateaus sind Flußsysteme mit ganzjähriger oder zumindest periodischer Wasserführung vorhanden. Im übrigen Gebiet des westaustralischen Tafellandes gibt es zwar noch Reste ehemaliger Flußsysteme, doch nur selten erfolgt nach aperiodischen Regenfällen in kleineren Teilbereichen eine Wasserführung, die durch Versickerung in den Flußbetten selbst oder in den zahlreichen abflußlosen Salzseen endet.

2.1.2
Klima und klimabedingte Extreme

Temperaturverhältnisse

Der größte Teil Australiens, zwischen dem 15. und 35. Breitengrad (Passatgürtel), ist durch heiße und trockene Luftmassen bestimmt. Die Temperaturverhältnisse werden durch die kompakte Form des Kontinents beeinflußt. Bei einer Küstenlänge von ca. 20000 km entspricht der Küstenlänge von 1 km eine Landfläche von 384 km^2. In Europa zum Vergleich kommt auf 1 km Küstenlänge eine Landfläche von nur 121 km^2. Bei diesem wenig gegliederten Küstenverlauf reichen nur der Carpentaria-Golf im Norden und der Spencer-Golf im Süden weiter in die Landmasse hinein. So ist die wechselseitige Durchdringung von Meer und Land gering. Diese kontinentale Ausrichtung des Klimas läßt für große Gebiete in der Mitte des Kontinents die durchschnittliche Januartemperatur über 35° C steigen. An allen Meßstellen Australiens, die mehr als 150 km von der Küste entfernt liegen, wurden Temperaturmaxima von über 45° C gemessen. Hitzewel-

len mit Temperaturen über 40° C gibt es in der Sommerperiode in allen Landesteilen. An der Küste dauern sie selten länger als 3 Tage, doch im Landesinnern steigt ihre Dauer auf 20 Tage und mehr. Die längste Hitzeperiode von 161 Tagen mit Temperaturen über 37,8° C wurde in Marble Bar in Nordwestaustralien gemessen (30. 10. 1923 bis 7. 4. 1924).

Die durchschnittlichen Jahrestemperaturen reichen von 4° C in den australischen Alpen bis zu 28° C im Kimberleygebiet (214, 1983, S. 4ff.). Hohe Temperaturen führen zu einer Streßsituation für den Menschen, besonders wenn sie mit hoher Luftfeuchtigkeit verbunden sind. Die geringste Temperatur wurde in den australischen Alpen in einer Höhenlage von 1760 m mit −22,2° C ermittelt. In diesen Höhenlagen der australischen Alpen gibt es für die Dauer von etwa 5 Monaten Frost, die Schneedecke ist ein wertvolles Wasserreservoir. Während der Winterperiode (Mai–Okt.) ist der Juli der Monat mit der geringsten Durchschnittstemperatur. In der Sommerperiode (Nov.–April) liegen die höchsten Durchschnittstemperaturen im Süden in den Monaten Jan./Feb. und im Norden im Nov./Dez.

Niederschlagsverhältnisse

Die Niederschläge sind durch die jahreszeitliche Verlagerung der subtropischen Hochdruckzone nach Norden und Süden bestimmt. Im Sommerhalbjahr (Nov.–April) liegt diese Hochdruckzone weiter im Süden. Dadurch kann der Monsunregen im Norden Australiens mit ergiebigen Niederschlägen vor allem in den Hochsommermonaten Dez. und Jan. wirksam werden. Die Niederschlagswerte liegen zwischen 650 bis 1200 mm, in den küstennahen Bereichen des Arnhemlandes und der Cape-York-Halbinsel über 1200 mm. Im Winterhalbjahr verlagert sich die Hochdruckzone nach Norden und hält den Monsunregen vom Kontinent fern. Dies bedingt eine scharfe saisonale

Abb. 1: Niederschlagszonen – Menge und jahreszeitliche Verteilung

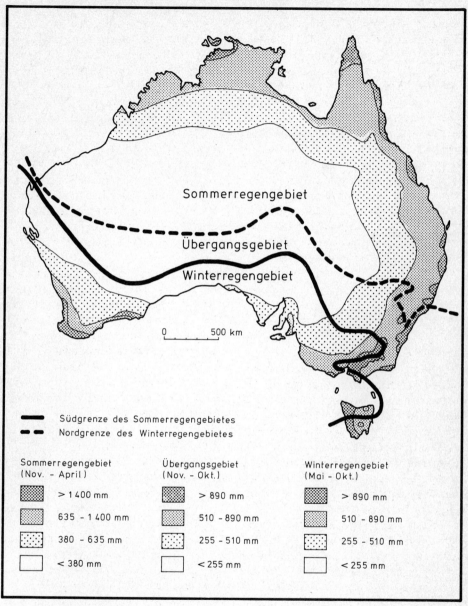

Quelle: 214, 1983, S. 36

Abb. 2: Nutzbare Niederschläge und artesische Wasservorkommen

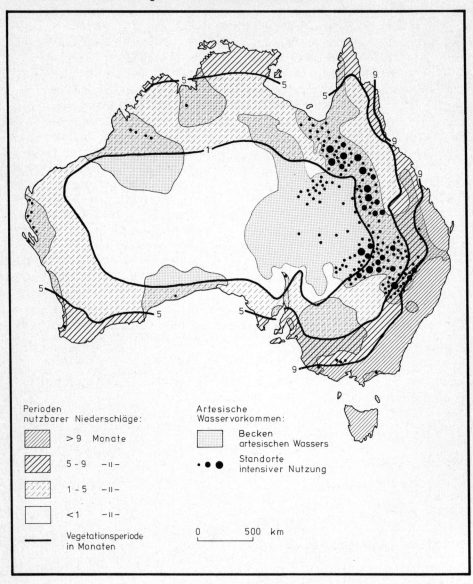

Perioden
nutzbarer Niederschläge:

> 9 Monate

5 - 9 – ιι –

1 - 5 – ιι –

< 1 – ιι –

—— Vegetationsperiode
in Monaten

Artesische
Wasservorkommen:

Becken
artesischen Wassers

• •● Standorte
intensiver Nutzung

0   500   km

Quelle: 158, S. 4; 29, S. 14f.

Trennung in Regenzeit (wet season/Nov. –April) und Trockenzeit (dry season/Mai-Okt.). Deshalb führen die meisten Flüsse im Norden Australiens nur im Unterlauf ganzjährig Wasser. In der Regenperiode sind die Flußbetten jedoch den Wassermassen nicht gewachsen und es kommt zu großflächigen Überschwemmungen, oft im Zusammenhang mit Wirbelstürmen (Zyklonen).

Die Verlagerung des Hochs nach Norden bringt andererseits den Süden des australischen Kontinents in den Einflußbereich der regenbringenden Westwindzone. Als Steigungsregen westlich der Darlingkette in Südwestaustralien werden Niederschlagswerte von 800–1200 mm erreicht. Ähnliches gilt für die Westküste Tasmaniens, ebenso geraten Teile Südostaustraliens unter den Einfluß des Westwindgürtels und erhalten Nieder-

schläge in der Größenordnung von 250–750 mm. Die geringste Variabilität der Niederschläge haben wir in den Gebieten, die regelmäßig von den Westwinden in der Winterperiode erfaßt werden: der Südwestzipfel Australiens, die Insel Tasmanien und westexponierte Küstengebiete des Südostens. Ebenfalls gesicherte Niederschläge erhält der äußerste Norden Australiens, der in jeder Sommerperiode von dem Monsunregen erfaßt wird.

Abweichungen bei der halbjährlichen Verlagerung der subtropischen Hochdruckzone wirken sich im Sommerhalbjahr auf die südlichen Ränder der Westwindzone aus. Solche Veränderungen bei den Niederschlägen erhöhen die Aridität der Mitte Australiens und erweitern den Trockenraum nach Norden oder Süden. Die Variabilität der Nieder-

Tab. 2: Extremwerte der Niederschläge in der trockenen Mitte Australiens

Meßstation	Januar Min./Max.	Juli Min./Max.	Jahr Min./Max.
Daly Waters (Sommerregengebiet Nov.–April)	15/599 mm	0/17 mm	228/1 167 mm
Cooper Pedy (Übergangsgebiet)	0/166 mm	0/38 mm	30/328 mm
Eucla (Winterregengebiet Mai–Okt.)	0/95 mm	3/62 mm	112/433 mm

Quelle: 86, S. 49

Tab. 3: Niederschlagsverteilung in den Staaten Australiens

mittlerer Jahresniederschlag	Prozentualer Flächenanteil in:							
	NSW	Vic	Qld	SA	WA	Tas	NT	Australien gesamt
unter 300 mm	28,3%	6,3%	23,2%	87,7%	73,1%	–	51,1%	52,5%
300–600 mm	42,7%	45,1%	37,4%	11,8%	17,9%	12,2%	21,4%	25,4%
600–1 200 mm	26,4%	42,2%	33,1%	0,5%	8,3%	43,2%	21,2%	18,4%
über 1 200 mm	2,6%	6,4%	6,3%	–	0,7%	44,6%	6,3%	3,7%

Quelle: 214, 1983, S. 33

schläge ist in der Mitte Australiens am größten und nimmt in konzentrischen Ringen nach außen hin ab (Tab. 2).
Große Wüsten bestimmen die Mitte Australiens, so z. B. die große Sandwüste und Gibsonwüste mit ca. 600 000 km^2, die große Viktoriawüste mit ca. 350 000 km^2 und die Simpsonwüste mit ca. 800 000 km^2. Aber bei der großen Variabilität der Niederschläge kommt es, wenn auch selten, zu Starkregen im trockenen Zentrum Australiens. Auch führen die sehr großen Temperaturunterschiede zwischen Tag und Nacht zu einer Taubildung und lassen in den Wüstengebieten eine bescheidene Vegetation zu. So ist die subtropische Hochdruckzone mit ihrer Verlagerung nach Norden und Süden der wesentlichste Gestaltungsfaktor des Klimaverlaufs in Australien. Lediglich die Ostküste wird von diesen Verlagerungen weniger beeinflußt. Hier ist der Südostpassat wetterwirksam, der zu allen Jahreszeiten Regen bringt. Die Nordostküste, die zugleich auch vom Sommermonsunregen erfaßt wird, hat die höchsten Niederschläge von ganz Australien (214, 1983, S. 31 ff.). In einem Gebiet südlich von Cairns fielen in einem 56jährigen Durchschnitt (1924–1980) 4203 mm Niederschlag. Im Vorland des ostaustralischen Randgebirges werden in kleinen Teilräumen Niederschlagsmengen von 2500 mm im Jahresdurchschnitt erreicht. Am Ostabhang der Australischen Alpen (Snowy Mountains) sind es in Höhen über 2000 m Niederschlagsmengen bis zu 4000 mm.
Die genannten Niederschlagswerte können nicht darüber hinwegtäuschen, daß Australien nach der Antarktis der trockenste Kontinent der Erde ist. Nur auf 3,7% der Fläche Australiens werden Niederschlagswerte im Jahresdurchschnitt von über 1200 mm erreicht. 52,5% der Gesamtfläche dagegen erhalten nur einen jährlichen Niederschlag bis zu 300 mm (Tab. 3).

Mehrjährige extreme Abweichungen vom

Tab. 4: Abweichungen vom durchschnittlichen Niederschlag (N) (1957–1976)

Jahr	Flächenanteil Australiens mit mehr N	Flächenanteil Australiens mit weniger N
1957	–	87%
1958	–	65%
1959	–	75%
1960	62%	–
1961	–	81%
1962	–	60%
1963	–	52%
1964	–	68%
1965	–	85%
1966	–	57%
1967	–	61%
1968	81%	–
1969	–	62%
1970	–	84%
1971	58%	–
1972	–	88%
1973	95%	–
1974	95%	–
1975	91%	–
1976	–	53%

Quelle: 103, S. 77

durchschnittlichen Niederschlag (Tab. 4) führen zu *Dürreperioden*. Folgende größere Dürreperioden sind zu erwähnen: 1864–66, 1880–86, 1888, 1895–1903, 1911–16, 1918–20, 1940–41, 1944–45, 1946–47, 1957–58, 1965–67, 1981–83 (103, S. 75). (Vgl. Kap. 2.3.3)

Ein weiteres Extrem bei den naturgeographischen Verhältnissen des australischen Kontinents sind *Hochwasser* und *Überflutungen*. Mit Ausnahme von Tasmanien und Südvictoria fallen die Niederschläge häufig als Starkregen, insbesondere im Norden von Westaustralien, im Nordterritorium, im nördlichen Queensland und seinen Küstenzonen sowie im nördlichen Neusüdwales. Diese Starkregen sind oft mit tropischen Wirbelstürmen (Zyklonen) verbunden und verursachen großflächige Überflutungen. Größere Überschwemmungen gab es in den Jahren: 1863, 1867, 1870, 1875, 1887, 1889–94,

1910–11, 1929–31, 1949–50, 1954–55, 1971, 1974, 1976, 1982, 1983 (103, S. 75).

Buschfeuer haben schon seit Jahrtausenden das naturgeographische Potential Australiens beeinflußt. Die Häufigkeit von Buschfeuern ist unterschiedlich, sie nimmt zum Landesinneren hin ab. Etwa alle drei Jahre entstehen größere Buschfeuer im Küstengebiet von Neusüdwales und Victoria. In den 30 Jahren, von 1945 bis 1975, hat es sieben Perioden mit größeren Buschfeuern gegeben: 1951–52 in den Forst- und Weideflächen des zentralen Queensland, dem östlichen Neusüdwales bis nach Victoria und Südaustralien hinein; 1957–58 im südlichen Queensland bis in die Küstenzone von Neusüdwales; 1960–61 in Westaustralien, vor allem ein Feuer mit einer Dauer von 50 Tagen im Raum Norseman; 1964–65 im Südosten von Neusüdwales und Victoria; 1966–67 im Raum Hobart/Tasmanien; 1974–75 großflächige Buschfeuer in Zentralaustralien, die sich nach Südosten bis zur Küste von Neusüdwales ausweiteten und 15,2% der gesamten Fläche Australiens erfaßten; 1983 am Ende der Dürreperiode (1981–83) ein großes Buschfeuer, das im Südosten von Südaustralien und im Südwesten von Victoria bis zur Küste vorstieß.

2.1.3
Böden und natürliche Vegetation

Die Bodenbildungsprozesse liegen wegen der geologischen Stabilität des Kontinents weit zurück. Die Böden waren über lange Zeiträume Verwitterungs- und Auslaugungsprozessen unterworfen. Ausgelaugte Böden (Podsole) finden wir in Tasmanien, an der Ostküste Australiens und an der Südwestküste. Etwa 15% der Fläche besteht aus solchen unfruchtbaren Böden. In vielen Gebieten treffen günstige Niederschlagsverhältnisse mit ungünstigen Bodenbedingungen zu-

sammen. Weiter im Landesinnern verschlechtern sich zwar die Niederschlagsverhältnisse, doch sind die Böden in einer Zone entlang der Ostküste und im Südwesten günstiger zu beurteilen. Größere Flächen verfügen über fruchtbare Böden, so die Schwarzerden im nordöstlichen Bergland und die rotbraunen Böden im Südosten des mittelaustralischen Tieflandes (Abb. 3). Der überwiegende Teil Australiens aber weist ungünstige Bodenverhältnisse (ausgelaugte, nährstoffarme und zum Teil versalzte Böden) auf. Im zentralen Trockengebiet sind die Wüstenböden bestimmend. In ihrem Verbreitungsgebiet gibt es unterschiedliche Bodenqualitäten, doch werden wegen der hohen Aridität diese Unterschiede im Vegetationsbild kaum sichtbar.

Temperatur und Niederschläge, weniger die Böden, prägen die natürliche Vegetation Australiens. Die natürliche Vegetation hat sich in einer erstaunlichen Variationsbreite an die extremen physisch-geographischen Verhältnisse angepaßt. Es lassen sich Wüsten, „grasslands" (Grassteppe), „scrublands" (Strauchsteppe), „woodlands" (Waldsavanne) und Wald-/Forstgebiete unterscheiden (201). Heathcote (100, S. 194) berechnet für diese Ökosysteme im Jahr 1770 vor dem Beginn der europäischen Besiedlung folgende Flächenanteile:
Wüsten 12,8%, Grasslands 52,2%, Scrublands 11%, Woodlands 17%, Waldgebiete 6,8% (Abb. 4).
Wüsten: 12,8%, davon reine Wüsten 12%, Wüsten mit Grassland 0,8%. Großräumige Wüstengebiete im zentralen Australien sind die Tanamiwüste, die Große Sandwüste, die Gibsonwüste, die Große Victoriawüste und die Simpsonwüste. Das Bergland der Macdonellkette und der Musgravekette mit weniger ausgeprägter Aridität trennt diese Wüsten voneinander. Ganz vegetationslos sind auch die Wüsten nicht. Im Rahmen der Variabilität der Niederschläge kommt es hier

Abb. 3: Bodenqualitäten

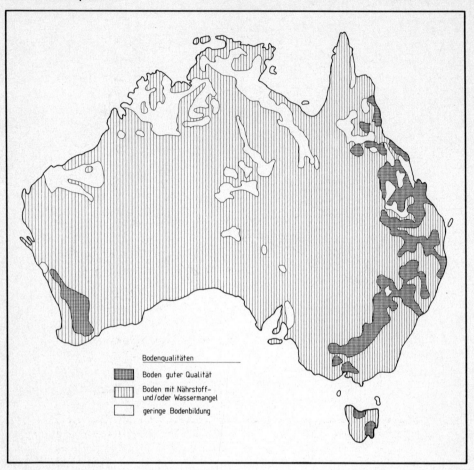

Bodenqualitäten

▦ Boden guter Qualität

▥ Boden mit Nährstoff–
und/oder Wassermangel

☐ geringe Bodenbildung

Quelle: 100, S. 108

von Zeit zu Zeit zu Regenfällen. Vor allem aber die Taubildung durch die großen Temperaturunterschiede zwischen Tag und Nacht läßt eine bescheidene Vegetation zu. Einige Hartgräser, vor allem das Spinifexgras (Stachelgras) und der bläulich grüne Salzbusch (blue bush) sind in der Lage, lange Dürreperioden zu überstehen. Vegetationslos sind nur die Salzflächen der trockenen Salzseen und die Steinwüsten. Die Höhe des Pflanzenwuchses bleibt in den Wüstengebieten unter 60 cm.

„Grasslands" (Gras-/Salzbuschsteppe): 52,2% (Grasslands 23%, Grasslands mit Scrublands 4%, Grasslands mit Woodlands 25,2%). Dieses Vegetationsgefüge ist bestimmend für das große zentrale Trockengebiet Australiens. Innerhalb der »grasslands« hat das für die Tiere ungeeignete Spinifexgras die weiteste Verbreitung. Eine bescheidene Nahrungsgrundlage für die Tiere bildet vor allem im Osten und Nordosten der Salzbusch und das Mitchellgras in kleineren Bereichen. In dieser Vegetationszone der

20

Abb. 4: Vegetationszonen (1770)

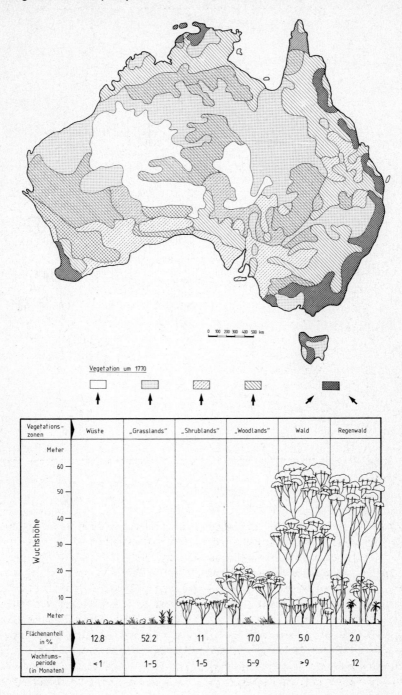

Vegetations-zonen	Wüste	„Grasslands"	„Shrublands"	„Woodlands"	Wald	Regenwald
Flächenanteil in %	12.8	52.2	11	17.0	5.0	2.0
Wachtums-periode (in Monaten)	< 1	1-5	1-5	5-9	>9	12

Quelle: 100, S. 34

„grasslands" finden sich Übergangsformen und häufig eine Vermischung mit einem Gestrüpp aus Sträuchern, Büschen und Bäumen.

„Scrublands" (Dornbuschgebiete): 11% (Scrublands 8%, Scrublands mit Woodlands 3%). Die Dornbuschgebiete haben einen gestrüppartigen Bewuchs aus Hartlaubgewächsen. Sie werden als „Mulga-Scrub" bezeichnet, wenn Akaziensträucher dominieren und „Mallee-Scrub" genannt, wenn Eukalyptusgewächse vorherrschen. Das undurchdringliche Buschwerk wird von größeren Tieren gemieden. Es widersteht dem Buschfeuer und kann nur sehr mühsam gerodet werden. Der Dornbuschscrub verändert sich mit Zunahme der Niederschläge zum Rande hin zu einem sehr lichten Waldbestand mit offenen Weideflächen.

„Woodlands" (Wald-/Weidegebiete) 17%. Sie haben den Charakter einer offenen Waldweide. Größere Abstände zwischen den Bäumen und Baumgruppen geben Raum für Grasflächen und verschiedenes Unterholz. Die Tierwelt ist dem reichen Nahrungsangebot entsprechend vielfältig.

Wald: 6,8% (davon Hartlaubwald 5%, tropischer Regenwald 1,8%). Der offenen Parklandschaft der Woodlands folgen in den niederschlagsreichen Küstengebieten die Eukalyptus-Hartlaubwälder. Am Ostrand des australischen Randgebirges in Victoria, Neusüdwales, im südlichen Queensland und im Südwesten Australiens bilden Eukalyptusbestände große Waldgebiete. Die Wuchshöhe dieser Bäume erreicht über 75 m. Unterhalb dieser Baumgiganten können kleinere Bäume und Sträucher gedeihen, bei genügend Niederschlag finden sich häufig Farne und bei ungünstigen Verhältnissen langsam wachsende Grasbäume. Die größte Variationsbreite in Fauna und Flora bietet der tropische Regenwald im Norden und Nordosten. In seinen drei Stockwerken (9/18/50 m) gibt es optimale Lebensbedingungen für die verschiedenartigsten Tiere und Pflanzen. Auch die Ureinwohner finden in diesen tropischen Wäldern einen großen Vorrat an eßbaren Pflanzen und jagdbaren Tieren.

2.2
Besiedlung und Staatenbildung

Die Ureinwohner (Aborigines), die Ende des 18. Jahrhunderts in einer Größenordnung von etwa 300 000 auf dem australischen Kontinent lebten, hatten es geschafft, mit den vielfältigen Extremsituationen fertig zu werden. Man nimmt an, daß die Ureinwohner vor 30 000–40 000 Jahren aus Südostasien nach Australien eingewandert sind, als es eine Inselbrücke zwischen Australien und Südostasien gab. Wahrscheinlich haben sie sich zunächst in den küstennahen Gebieten aufgehalten und sind dann entlang der Wasserläufe auch ins Landesinnere vorgedrungen. Die Ureinwohner hatten mehrere Jahrtausende vor der Ankunft der Europäer den ganzen australischen Kontinent als Jäger und Sammler genutzt. In einem allmählichen Anpassungsprozeß erreichten die Ureinwohner eine Übereinstimmung mit den unterschiedlichen naturgeographischen Ausgangssituationen. Sie siedelten in den Küstenzonen im Osten und Südwesten mit ihrem reichen Nahrungsangebot, aber auch in den heißen und feuchten Gebieten des tropischen Nordens; ferner fanden sie auch Lebensmöglichkeiten in den großen Steppen und Wüsten der sog. toten Mitte Australiens.

2.2.1
Die Ureinwohner – Lebensräume und Landnutzung

Als Jäger und Sammler waren die Ureinwohner voll von den naturgeographischen Verhältnissen abhängig. Gesammelt wurden Baumfrüchte, Knollen, Wurzeln und Larven. Gejagt wurden vor allem die in ganz Australien vorkommenden Känguruhs und Emus. Auch Fische dienten als Nahrungsquelle. Eine Bodenbearbeitung kannten die Ureinwohner nicht, sie legten auch keine Vorräte an, sondern zogen weiter, wenn die Nahrungsreserven eines Lagerplatzes erschöpft waren. Wenn man sich bei einem günstigen Nahrungsangebot für längere Zeit an einem Standort aufhalten konnte, wurde nicht nur eine Feuerstelle unterhalten, sondern auch ein geschützter Schlafplatz angelegt. Dazu diente meist nur ein Windschirm aus Sträuchern und Blättern, der gegen die Hauptwindrichtung als Schutz aufgestellt wurde. Das Ausmaß solcher Schutzmaßnahmen richtete sich nach den klimatischen Bedingungen des jeweiligen Gebietes. „Im Norden, wo die Regenzeit etwas mehr Schutz verlangte, waren die Hütten etwas solider gebaut, einige auf ‚Stelzen‘, damit unter dem Boden eine Feuer in Gang gehalten werden konnte, mit dem gleichzeitig die Moskitos ausgeräuchert werden konnten." (49, S. 70). Die Größe der Gruppe, in der man zusammen lebte, richtete sich nach der Ergiebigkeit von Fauna und Flora. In der Regel gehörten 20 bis 50 Personen zu einer Gruppe. Wenn sich wegen der Variabilität des Klimas, durch Dürre oder Überflutungen das Nahrungsangebot verringerte, wurden kleinere Gruppen gebildet und größere Gebiete durchwandert. Über ein Wandergebiet (Territorium) verfügten mehrere Familiengruppen, die sich zu einem Stamm zusammenfanden. Wesentliches Kriterium für die Abgrenzung eines Territoriums war das in jeder Situation ausreichende Nahrungsangebot. Das führte zu großräumigen Abgrenzungen in den semiariden und ariden Gebieten und verhältnismäßig kleinen Territorien in den humiden Küstenzonen. Entsprechend unterschiedliche Bevölkerungsdichten werden angegeben (84, S. 220). Die Schätzungen reichen von einem Ureinwohner auf 1,25 km^2 im Raum Sydney, etwa eine Person auf 4 km^2 in Wanderungsgebieten mit Flußläufen bis hin zu einer Person auf 90 km^2 in Zentralaustralien.

Die Jagd war Aufgabe der Männer. Zur Jagd verwendet wurde der Speer mit einer, je nach dem Zweck der Jagd präparierten Speerspitze (Steinspitze, Knochenspitze mit Widerhaken etc.). Daneben wurde mit Wurfhölzern, einer Art Bumerang gejagt. Mit dem Wurf des Bumerangs sollten Vogelschwärme in Netze getrieben werden. Die mächtigste Waffe der Ureinwohner war das Feuer. Es war so wirkungsvoll, daß andere Techniken nicht entwickelt wurden. Das Feuer wurde ausgiebig zum Zwecke der Jagd genutzt, um große Tiere einzukreisen und sie dann mit den einfachen Waffen zu erlegen. Es gibt auch Belege dafür, daß man durch Abbrennen besseres Pflanzenwachstum erzielen wollte, um dadurch mehr Tiere in das Jagdgebiet zu ziehen.

Die Lebens- und Wirtschaftsweise der Ureinwohner ist in einem spirituellen Zusammenhang zu sehen. Die Lebensordnung der Aborigines hatte ihre Grundlage in einer mythischen Traumzeit (dreamtime) mit konkreten Auswirkungen auf das tagtägliche Dasein. »Dieser Traumzeit entstammte die natürliche Welt durch die Einwirkung der spirituellen Mächte auf die zunächst formlose und unbelebte Erde, wobei sie konkrete Gestalt annahmen und auf ihren großen Wanderungen die Landschaft und ihre Einteilung in Territorien, die Eingeborenen und ihre Gesellschaft mit ihrer Stammesgliederung und die Tier- und Pflanzenwelt und deren totemistischen Beziehungen schufen und ihren Schöpfungen eine Reihe unumstößlicher Gebote und Grundgesetze auferlegten, um dann wieder in die Traumzeit zurückzukehren.« (131, S. 151) Die wechselseitige Verflechtung und Übereinstimmung von geistiger und materieller Kultur verwirklichte sich in personell und räumlich überschaubaren Einheiten. So erschöpften sich die Aktivitäten in der Stammesgruppe und waren darauf gerichtet, die im angestammten Territorium durch Erfahrung erkannten Lebensmöglichkeiten zu sichern. Dabei bewiesen die Ureinwohner erstaunliche Fähigkeiten der Anpassung an die naturgeographischen Verhältnisse.

Man kennt nicht den Grund, warum sie mit ihren bewiesenen Fähigkeiten der Anpassung nicht den Weg in eine agrarische und städtische Entwicklung fanden, wie die Ureinwohner anderer Kontinente. Wir wissen nur, daß sie die Bevölkerungsentwicklung kontrollierten, sehr viel Zeit in soziale und religiöse Aktivitäten und nicht in den technischen Fortschritt investierten. Bei diesem Verhalten blieben sie von Hungersnöten, Krankheiten, Kriegen und den anderen Errungenschaften der Zivilisation verschont (84, S. 221f.). Am Beispiel von zwei Räumen mit gesicherten Belegen wird diese Anpassung an die vorhandenen Umweltbedingungen besonders deutlich.

Im Südwesten Australiens (37, S. 81ff.) wurde der Jahresablauf auf der Basis der Nutzungsmöglichkeiten von Fauna und Flora in sechs Jahreszeiten unterteilt. Die Nahrungsgrundlage war günstig, eine große Variationsbreite verschiedenster Samen, Früchte und Wurzeln stand zu Verfügung. Als tierische Nahrung dienten Säugetiere, Vögel und ihre Eier, verschiedenste Reptilien, Frösche, Fische und wirbellose Tiere, insbesondere die Larven von Käfern und Schmetterlingen. Das große graue Känguruh wurde mit dem Speer gejagt. Man ging in Gruppen zur Jagd und vertrieb die Tiere durch Feuer, aber auch durch Hunde aus ihrem Unterschlupf, um sie dann mit dem Speer zu erlegen. Fische wurden ebenfalls mit dem Speer gejagt. Larven der Insekten wurden aus den verschiedensten Bäumen eingesammelt. Da sie besonders häufig in abgestorbenen und verrotteten Bäumen zu finden waren, versuchte man den Larvenvorrat zu steigern, indem man Bäume zum Verrotten brachte. Man weiß, welche Früchte die Ureinwohner sammelten, doch es gibt keine Information darüber, ob sie Pflanzen planmäßig kultivierten. Zum Schutz gegen Kälte und Niederschläge in der Winterperiode baute man statt des Windschirms festere Hütten, die mit Baumrinde bedeckt und weitgehend wasserdicht waren. Auf der Grundlage der günstigen Nutzungsmöglichkeiten im Südwesten kam es zur Bildung von 13 Territorien. Zum Landesinnern hin mit den sich verschlechternden Naturbedingungen wurden die Territorien entsprechend größer. Für das Gebiet von 13 Stämmen im Südwesten Australiens wird die Urbevölkerung auf insgesamt etwa 6000 Personen geschätzt.

Eine wesentlich ungünstigere Ausgangsposition hatten die Ureinwohner in einem Gebiet von etwa 80000 km² östlich des Eyre-Sees (83, S. 354ff.; 100, S. 90f.). Dieser Raum hat die geringsten Niederschläge des australischen Kontinents, durchschnittlich 100–150 mm pro Jahr. Die Niederschlagsmenge jedoch sagt nichts aus über Zeitpunkt, Menge und Intensität. Es kommt zu häufigen Dürreperioden, aber auch zu großen Überschwemmungen, verursacht durch Starkregen im Einzugsgebiet der Flüsse, die im Eyre-See enden. Dennoch fanden sechs Stämme in diesem Gebiet ihre Lebensgrundlage. Für jeden dieser Stämme werden etwa 300 bis 400 Mitglieder angenommen. In diesem Gebiet extremer Klimasituation waren die Ureinwohner in der Lage, ganzjährig die Trinkwasserversorgung zu sichern. Man nutzte Tauwasser, aber auch Wasserlöcher, in denen man Grundwasser erschloß oder Sickerwasser sammelte. Auch unter sehr ungünstigen Bedingungen war man noch in der Lage, die Wasserversorgung, auch durch Wasservorräte in Bäumen, Blättern und aus Wasserresten im Sand der trockenen Flußbetten, zu sichern. Die vegetarische Nahrungsgrundlage waren Samen, die von den verschiedensten Sträuchern, Gräsern und Büschen eingesammelt wurden. Auch in Dürreperioden blieben ausreichend Pflanzen in den trockenen Flußbetten erhalten. Alle Territorien der Ureinwohner östlich des Eyre-Sees waren so abgegrenzt, daß sie solche Flußareale enthielten. Tierische Nahrung wurde durch Insektenlarven vor allem vom Mulgabaum gewonnen. Das große Wandergebiet reichte aus, um sich ganzjährig mit Emus und Emueiern zu versorgen. Nach saisonalen Überflutungen war das Nahrungsangebot größer, dann konnten auch größere Beutetiere, vor allem Känguruhs gejagt werden. Die Ureinwohner dieser Gebiete hatten in langen Erfahrungszeiträumen gelernt, die Nahrungsgrundlage zu erhalten. Fische in den Restwasserflächen der meist trockenen Flüsse durften nur gefangen werden, wenn der Fluß Wasser führte und eine schnelle Regeneration des Fischbestandes gesichert war. So konnten die Ureinwohner kontinuierliche Lebensmöglichkeiten in einem Raum finden, den wir heute als höchst lebensfeindlich einstufen.

2.2.2
Anfänge der europäischen Besiedlung in Neusüdwales: Marinestützpunkt oder Kolonie?

Nach ersten Versuchen der Portugiesen und Spanier wurde die „Terra australis" von den Holländern genauer erkundet, vor allem durch die Reisen von Tasman (1642/3 und 1644). Dank der Erkundungsfahrten Tasmans und seiner Vorgänger hatte man eine relativ gute Vorstellung vom Küstenverlauf für den Westteil Australiens; man nannte es „Hollandia nova". Wie die Holländer waren die Engländer an der Erweiterung ihrer Handelsverbindungen interessiert. Als wachsende Seemacht dachte England an die strategische Bedeutung des neuen Südkontinents. Während die Holländer und der Engländer William Dampier die wenig einladende Westküste erreichten, erkundete James Cook bei seiner ersten Expedition 1768–71

Tab. 5: Daten zur Staatenbildung

Staat/ Territorium	Besitznahme	Siedlungs- beginn	Eigenständige Kolonie	Eigenständige Regierung	Staatsgebiet in km^2
Neusüdwales	1770	1788	1786	1855	801 600
Victoria	1770	1834	1851	1855	227 600
Queensland	1770	1824	1859	1859 (a)	1 727 200
Südaustralien	1788	1836	1834	1856	984 000
Westaustralien	1829	1829	1829	1890	2 525 500
Tasmanien	1788	1803	1825	1855	67 800
Nordterritorium		1863 (b)			1 346 200
ACT (Canberra)		1911 (c)			2 400
Australien insgesamt					7 682 300

(a) Als Teil von Neusüdwales 1855, als getrennte Kolonie 1859

(b) Vorher Teil von Neusüdwales, unter der Verwaltung von Südaustralien 1863, 1911 dem Commonwealth of Australia übergeben

(c) Vorher Teil von Neusüdwales

Quelle: 214, 1977/78, S. 6

von Neuseeland aus die Ostküste Australiens mit ihrer wesentlich attraktiveren naturgeographischen Ausstattung. Cook betrat Australien an einer Bucht südlich des heutigen Sydney, die er wegen der vorgefundenen ungewöhnlichen Vegetation Botany Bay nannte. Cook nahm am 19. April 1770 das neuentdeckte Land als Neusüdwales für England in Besitz (Tab. 5).

Für eine mögliche Nutzung des neuen Gebietes gab es verschiedene Planungen. Die Gefängnisse in England waren überfüllt. Eine große Zahl von Strafgefangenen wollte man nach einem Sieg im amerikanischen Unabhängigkeitskrieg nach Nordamerika schikken. 1783 brachte man einen Großteil der Sträflinge statt dessen nach Australien. Nach den Berichten von Cook erwartete man, daß sich die Strafkolonie bald selbst würde ernähren können. Doch gab es sicher weitere Gründe für eine Besiedlung Australiens, denn die Strafgefangenen hätte man auch nach Kanada, auf die Westindischen Inseln, nach Südafrika oder in neue Gefängnisse in England bringen können. Für eine Besiedlung Australiens sprach schon damals der Wunsch nach gesicherter Rohstoffversorgung: Flachs für Segel, Hanf für Seile und Schiffsholz waren Ressourcen, die für die Seemacht England sehr wichtig waren. Auf jeden Fall konnte die neue Niederlassung als Marinestützpunkt zur Sicherung der Versorgung mit diesen Rohstoffen von Neuseeland oder den vor der Ostküste Australiens liegenden Norfolkinseln dienen.

All diese Erwägungen werden bei der Besiedlung Australiens eine Rolle gespielt haben. Ein erster Schiffskonvoi mit 778 Strafgefangenen und 352 Wachsoldaten erreichte am 24. 01. 1788 Australien im Gebiet des heutigen Sydney. Die Perspektiven nach der Landung, unter den Bedingungen des Hochsommers, waren nicht ermutigend. Das Land war trocken, Trinkwasservorräte waren nur begrenzt vorhanden. Die ersten Schritte in der neuen Kolonie standen unter ungünstigen Vorzeichen. Die Annahme des englischen Mutterlandes, Neusüdwales könnte innerhalb von zwei Jahren genügend Nahrung für seinen eigenen Bedarf produzieren, erwies sich als falsch; die Vision eines tropischen Paradieses erfüllte sich nicht. Der Boden war unfruchtbar, und man war irritiert durch die Variabilität der Niederschläge, durch die häufigen Dürreperioden und Überflutungen. Nach dem Eintreffen des zweiten Konvois mit Sträflingen wurde die Versorgungssituation kritisch. In dieser Lage setzten 1790 zweihundert Sträflinge mit Wachmannschaften zu den Norfolkinseln über. Das Mutterland erhoffte sich von dort die begehrten Rohstoffe für den Schiffsbau, während das Bemühen von Phillip, dem Gouverneur der Kolonie, mehr auf die Verbesserung der Nahrungsmittelversorgung gerichtet war. Ab 1792 begann die Landvergabe an Offiziere der Wachmannschaften. Sträflinge, die vom Staat mit Nahrung und Kleidung versorgt wurden, arbeiteten auf diesen Farmen. Solche Vergünstigungen machten es den Offizieren möglich, mit verschiedenen Anbaufrüchten und Anbaumethoden zu experimentieren. 1803 bewirtschafteten sie bereits eine Farmfläche von 7300 ha; ihre Betriebe hatten eine Durchschnittsgröße von 208 ha. Dagegen brachten es 548 selbständige Farmer nur auf eine durchschnittliche Farmgröße von 18 ha. Die Mitglieder des Offizierskorps konnten ihre großen Farmen durch den Einsatz der Sträflinge als kostenlose Arbeitskräfte günstig bewirtschaften; sie wurden immer mächtiger und auch immer wichtiger für die Versorgung der Kolonie. Sie beherrschten bald auch die Viehhaltung und den Handel und bildeten die mächtigste Gruppe in der Kolonie. Die Gouverneure konnten sich letztlich gegen die einflußreiche Offiziersclique nicht mehr durchsetzen. Auch in den anderen Stützpunkten mit Sträflingslagern (Hobart 1803, Newcastle 1804 und Launceston 1806) führte das Regiment des Offizierskorps zu Verhältnissen, die die

Regierung in London schließlich zum Einschreiten zwangen. 1809 wurde Lachlan Macquarie mit einem eigenen Regiment als neuer Gouverneur nach Neusüdwales geschickt. Macquarie baute die öffentliche Infrastruktur (Gebäude, Straßen) aus und nutzte dazu die Arbeitskraft der Sträflinge. Wer wegen Zeitablauf oder vorzeitig wegen guter Führung Straffreiheit erlangt hatte, war als „emancipist" von der Landvergabe nicht mehr ausgeschlossen. Zahlreiche neue landwirtschaftliche Betriebe mit Ackerbau und Viehzucht konnten die Versorgung der durch neue Sträflingstransporte stark angewachsenen Kolonie sichern. Die positiven Aspekte der Aufwärtsentwicklung dokumentieren Zahlen für 1810/1821: Bevölkerung 10000/30000; Ackerland 200 ha/7500 ha; Kühe 12000/100000; Schafe 30000/300000; Pferde 1000/4500; Schweine 9500/32000 (40, S. 16). Günstige Entwicklungsaussichten, vor allem für die Viehwirtschaft, brachten Erkundungsreisen von 1813 bis 1818 in die Gebiete westlich der Dividing Range. Dadurch wurden mehr freie Siedler nach Neusüdwales gezogen. 1820 bestand die Bevölkerung von Neusüdwales zu 39% aus freien Siedlern, zu 23% aus ehemaligen Sträflingen und zu 38% aus Häftlingen (6, S. 1).

Das Konzept einer inneren Konsolidierung wurde von Nachfolgern Macquaries nicht voll weitergeführt. Die Sträflinge wurden fast ausschließlich auf den großen Farmbetrieben eingesetzt. Das führte die Kolonie in die *Position eines Rohstofflieferanten*, insbesondere von Wolle für die englische Fabrikindustrie. Damit waren die Vorzeichen für die weitere Entwicklung gesetzt: Neusüdwales wurde zu einer Kolonie, die zur Rohstoffproduktion die Arbeitskraft von Sträflingen nutzte.

Von 1787 bis 1868 wurden insgesamt 163021 Sträflinge nach Australien gebracht. Davon entfielen auf Neusüdwales (1787–1849) 81613, auf Van-Diemensland/Tasmanien (1803–1852) 67140, auf Westaustralien (1850–1868) 9688 und auf weitere Gebiete wie die Norfolkinseln, Port Phillip (Victoria) und Moreton Bay (Queensland) (1788–1854) 4580 Sträflinge (40, S. 29). Mit dem Arbeitskräftepotential der Strafgefangenen war man in der Lage, von den Siedlungsschwerpunkten an der Küste aus die Schafweidegebiete ins Landesinnere hinein auszuweiten. Die Schafhaltung war den vorgefundenen Vegetationsverhältnissen einer lichten Waldweide optimal angepaßt. Die Wolle als Endprodukt war leicht zu transportieren und erbrachte gute Verkaufserlöse. Der Bestand an Schafen wuchs schnell: 1800 = 6124, 1810 = 30000, 1821 = 300000, 1850 = 16 Millionen (210, S. 34).

1830 entsprach der Wert des Wollexportes bereits dem Erlös der Walfängerei. Der Walfang hatte seinen Höhepunkt in den 1830er Jahren, stagnierte dann und ging später wegen sinkender Walfettpreise und Dezimierung der Bestände stark zurück. Wolle wurde zum Exportschlager der australischen Kolonie. Der Wollexport erlebte enorme Steigungen: 1821 = 80000 kg, 1826 = 450000 kg, 1830 = 900000 kg, 1834 = 1800000 kg (6, S. 2). Die günstigen wirtschaftlichen Entwicklungsperspektiven aufgrund von Schafhaltung und Wollexport brachten von nun an in großem Umfang freie Siedler nach Australien. Als Ausgangspunkte für die Erschließung des Landesinneren wurden neue Siedlungsstützpunkte gegründet: Brisbane (1824), Albany (1828), Perth (1829), Adelaide (1836), Melbourne (1837), Geelong (1838). Die Gesamtbevölkerung von Australien erreichte 1840 ca. 200000, lag 1850 aber schon über 400000 Einwohner (Tab. 6).

2.2.3
Städte und Staatenbildung

Die Konzentration der Bevölkerung in den Siedlungsstützpunkten an der Küste war

Tab. 6: Bevölkerungsentwicklung in den Staaten Australiens 1790 – 1981

Jahr	Australien insgesamt	Neusüd-wales	Victoria	Queensland	Südaustr.	Westaustr.	Tasmanien	Nordterrit.	ACT (Canberra)
1790	2 056	2 056							
1800	5 217	5 217							
1810	11 566	10 096					1 470		
1820	33 543	28 024					5 519		
1830	70 039	44 588				1 172	24 279		
1840	190 408	127 468			14 630	2 311	45 999		
1850	405 356	266 900			63 700	5 886	68 870		
1860	1 145 585	348 546	538 234 (a)	28 056 (a)	125 582	15 346	89 821		
1870	1 647 756	497 992	723 925	115 272	184 546	25 135	100 886		
1880	2 231 531	741 142	858 605	211 040	276 393	29 561	114 790		
1890	3 151 355	1 113 275	1 133 728	392 116	318 947	48 502	144 787		
1900	3 765 339	1 360 305	1 196 213	493 847	357 250	179 967	172 900	4 857 (b)	
1910	4 425 083	1 643 855	1 301 408	599 016	406 868	276 832	193 803	3 301	
1920	5 411 297	2 091 722	1 527 909	750 624	491 006	331 323	212 752	3 989	1 972 (a)
1930	6 500 751	2 546 353	1 792 605	916 736	574 467	431 610	225 297	4 964	8 719
1940	7 077 586	2 790 948	1 914 918	1 031 452	599 056	474 076	244 002	8 974	14 160
1950	8 307 481	3 241 057	2 237 182	1 205 418	722 843	572 649	290 333	14 420	23 579
1961	10 603 931	3 949 420	2 950 790	1 525 278	980 755	746 205	364 134	25 258	62 091
1971	13 067 300	4 725 500	3 601 400	1 851 500	1 200 100	1 053 800	398 100	85 700	151 200
1981	14 926 800	5 237 100	3 948 600	2 345 300	1 319 300	1 299 100	427 300	122 800	227 300

(a) Vorher bei Neusüdwales
(b) Vorher bei Südaustralien (bis 1911)

Quelle: 214, 1951, S. 522; 1965, S. 262; 1983, S. 122

zwangsläufig. Sie resultierte bei den Sträflingscamps aus der sicheren Unterbringung der Gefangenen in einem zentralen Gefängnis. Alles wurde den kolonialen Zwecken entsprechend organisiert. Im Kern der neuen Siedlungen reservierte man große Flächen für öffentliche Einrichtungen. Die Dominanz der öffentlichen Gebäude in den australischen Städten ist noch heute prägend. Die Administration beherrschte auch den Erschließungsvorgang im Hinterland der Küstenstädte. Neue Siedlungen wurden fast ausschließlich von der Kolonialverwaltung gegründet.

Sydney und Neusüdwales

Wesentliche Grundlagen für die Entwicklung der Stadt Sydney wurden von Macquarie geschaffen, der Hafen Sydneys wurde zu einem Zentrum des Walfangs. Durch die zahlreichen Gefangenentransporte, aber auch durch den Zustrom freier Siedler hatte Neusüdwales 1851 eine Gesamtbevölkerung von 187243, davon lebten 53924 in Sydney (94, S. 18). Wichtige Siedlungen außer Sydney waren: Newcastle (1804 gegründet), Bathurst (1815), Port Macquarie (1818), Goulburn (1833), Albury (1839), Wagga (1849) und Armidale (1849). Neusüdwales mit der Hauptstadt Sydney umfaßte ursprünglich den gesamten Ostteil des Kontinents bis zum 135. Grad östlicher Länge. Auch Van-Diemensland/Tasmanien gehörte dazu, ebenso unterstand Neuseeland bis 1840 dem Gouverneur von Neusüdwales. 1825 wurde die Grenze von Neusüdwales auf dem Festland bis zum 129. Längengrad nach Westen verlagert.

Hobart und Tasmanien

Hier wurde 1803 bereits ein Militärstützpunkt errichtet, um französischen Interessen zuvorzukommen. Siedlungsschwerpunkte wurden Hobart (1803) und Launceston (1806). Die Voraussetzung für Ackerbau (Weizen) und Viehhaltung waren günstig, so daß Sträflinge und Siedler hierher verlegt wurden (1807). Van-Diemensland lieferte nicht nur Nahrungsmittel nach Sydney, es war auch ein wichtiges Walfangzentrum und hatte 1820 bereits 5519 Einwohner. 1825 wurde Van-Diemensland eine eigene Kolonie und 1856 in Tasmanien umbenannt.

Perth und Westaustralien

Die Swan-Kolonie wurde 1829 im Gebiet des heutigen Perth gegründet. In Absprache mit der Regierung in London wurde das Konzept einer Kolonie ohne Sträflinge entwickelt. Berichte von James Stirling und die günstige Entwicklung, die sich inzwischen an der Ostküste Australiens abzeichnete, veranlaßten bereits 1830 1172 freie Siedler aus England, in die Swankolonie zu kommen. Doch den Siedlern fehlte die Erfahrung, sie wurden mit den ihnen unbekannten naturgeographischen Verhältnissen nicht fertig. Man mußte sich auf die Viehhaltung stützen, denn nur in einigen kleineren Bereichen (etwa 3000 ha) war eine ackerbauliche Nutzung möglich. Die Entwicklung der Kolonie am Swanriver stagnierte, von 1840 bis 1850 wuchs die Bevölkerung nur von 2311 auf ca. 6000 an. Man mußte das Konzept einer Kolonie freier Siedler aufgeben und mit Sträflingstransporten (ab 1850) Arbeitskräfte ins Land holen.

Adelaide und Südaustralien

Auch hier hatte man das Konzept einer freien Siedlung ohne Sträflinge. Eine private Erschließungsgesellschaft, die das Projekt durchführen wollte, scheiterte bald; den ankommenden Siedlern konnte kein Land zur Verfügung gestellt werden, die Lebensmittel mußten importiert werden. Ein Überleben der enttäuschten Siedler konnte nur mit Hilfe des Mutterlandes gesichert werden. Südaustralien wurde der privaten Erschließungsgesellschaft entzogen und von London als Kolonie in direkte Verwaltung genommen. Dadurch allein jedoch wurde die Lage

Abb. 5: Staatenbildung (1786–1931)

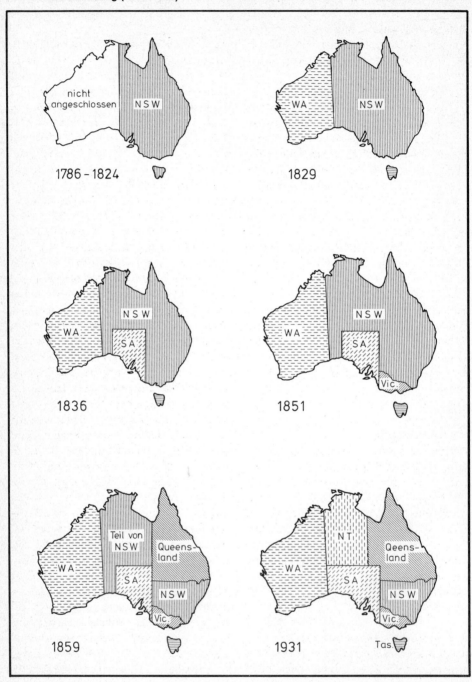

nicht entscheidend gebessert; erst die ergiebige Kupfermine von Burra-Burra brachte günstigere Entwicklungsaussichten für die Kolonie Südaustralien. 1850 lebten etwa 64000 freie Siedler in Südaustralien, davon etwa 1/3 in Adelaide.

Melbourne und Victoria

Der Raum um Melbourne war 1803 und 1824 auf Erkundungsfahrten berührt worden. Eine weidewirtschaftliche Nutzung des Raumes begann 1834/35 durch Siedler, die von Tasmanien herüberkamen. Von den Ureinwohnern wurden 240000 ha Land für einige Decken, Äxte und Messer erworben. Die britische Regierung gab das Gebiet um Melbourne zur Besiedlung frei. 1837 begannen Planungen für die Stadt, bereits 1842 war Melbourne mit 4000 Einwohnern Mittelpunkt eines landwirtschaftlichen Anbaugebietes. Am 1. Juli 1851 wurde nach langen Auseinandersetzungen mit Neusüdwales das Gebiet zu einer eigenständigen Kolonie mit dem Namen Victoria erklärt. Die Bevölkerung war inzwischen auf 90000 angestiegen, wovon 39000 in der Stadt Melbourne lebten.

Brisbane und Queensland

Am Anfang stand hier eine Sträflingskolonie (Moreton Bay/Brisbane), die von Neusüdwales 1824 hierher verlegt wurde und bis 1839 bestand. Damals kamen freie Siedler als Viehfarmer in dieses Gebiet. In den 1840er Jahren gerieten diese Siedler nach dem Preisverfall der Wolle und Dürreperioden in Schwierigkeiten. 1859 wurde Queensland zu einer selbständigen Kolonie erklärt und 1860 nach Westen hin bis zum 138. Längengrad vergrößert.

Darwin und Nordterritorium

Im Norden Australiens kam es zunächst nicht zu einer Staatenbildung. Dieses Gebiet wurde erst in der 2. Hälfte des 19. Jahrhunderts allmählich einer wirtschaftlichen Nutzung zugeführt. Der Raum wurde seit 1863 von Südaustralien mitverwaltet.

Canberra und die Föderation der Staaten Australiens

Die sechs eigenständigen Kolonien – Neusüdwales seit 1786, Tasmanien seit 1825, Westaustralien seit 1829, Südaustralien seit 1834, Victoria seit 1851 und Queensland seit 1859 – schlossen sich 1901 zum Commonwealth of Australia (Föderation der Staaten Australiens) zusammen. Mitglieder der Föderation wurden 1911 auch das Nordterritorium und das Gebiet der Bundeshauptstadt Canberra (Australian Capital Territory – ACT). Die zum Staatenbund zusammengefaßten Kolonien hatten eine sehr eigenständige Entwicklung durchlaufen. Die Kolonien hatten voneinander unabhängige Regierungen: Neusüdwales, Victoria und Tasmanien seit 1855, Südaustralien seit 1856, Queensland seit 1859 und Westaustralien seit 1890. Die bis zu diesem Zeitpunkt fehlende Zusammenarbeit zwischen den Kolonien hatte zunächst auch negative Folgewirkungen. Die Eisenbahnnetze hatten verschiedene Spurbreiten, das Postwesen war unterschiedlich organisiert, die Handelspolitik zeigte große Differenzen (Schutzzollpolitik in Victoria, Freihandelspolitik in Neusüdwales). Noch heute hat Australien kein einheitliches Eisenbahnnetz, und gesetzliche Regelungen weichen in einzelnen Staaten oftmals voneinander ab. Bei dieser Ausgangslage war es schwierig, die Kolonien staatsorganisatorisch zusammenzufassen. Nahezu zwei Jahrzehnte dauerten die Verhandlungen, ehe 1898 durch Volksentscheid der „Commonwealth of Australia Constitution Act" mehrheitlich angenommen wurde. Nach Bestätigung durch das britische Parlament wurde die australische Verfassung in Sydney proklamiert (1. 1. 1901). Das Parlament tagte vorläufig in Melbourne, bis die Bundeshauptstadt in einem 1464 km^2 großen exterritorialen Gebiet (ACT) im Süden von Neusüdwales errichtet war. Nach den Plänen des amerikanischen Architekten W. B. Griffin wurde nach dem 1. Weltkrieg mit dem Aufbau Canberras begonnen. Alle Ministerien und Verwaltungsstellen der Bundesregierung wurden nach und nach aus Sydney und Melbourne abgezogen und nach Canberra verlagert. Die gesetzgebende Gewalt der Zentralregierung in Canberra liegt beim Bundesparlament. Es besteht aus dem Abgeordnetenhaus (125 Abgeordnete), das alle drei Jahre von der Bevölkerung gewählt wird, dem Senat mit 64 Vertretern der einzelnen Staaten und dem Generalgouverneur als Vertreter der britischen Krone.

Bei der Aufgabenaufteilung zwischen den Einzelstaaten und der Zentralregierung verblieben die Bereiche Öffentliche Sicherheit und Ordnung, Verkehrswesen (Eisenbahn, Straßen) und die Öffentliche Versorgung (Elektrizität, Wasser) bei den Einzelstaaten. Die Zentralregierung nahm in den ersten Jahrzehnten ihre von der Verfassung eingeräumten Rechte nicht voll in Anspruch. Das Engagement Australiens im 2. Weltkrieg brachte für die Zentralregierung einen bedeutenden Machtzuwachs, denn zur Deckung der Kriegskosten wurde die Lohn- und Einkommensteuer seit 1942 direkt von Canberra erhoben. Damit hatte die Zentralregierung nicht nur die Bereiche Auswärtiges, Verteidigung und Justiz, sondern auch die wesentlichen Steuerungsfunktionen im Bereich der Finanzen. Zu Spannungen kommt es immer wieder bei den nicht eindeutig zugeordneten Bereichen wie etwa Raumordnung und Landesentwicklung, was die Durchsetzung von Raumordnungskonzepten sehr behindert.

Formelles Staatsoberhaupt ist die britische Königin, vertreten durch den Generalgouverneur. An der Spitze der Zentralregierung in Canberra steht ein Premierminister.

Das *Commonwealth of Australia* umfaßt die sechs Bundesstaaten Neusüdwales, Victoria, Queensland, Südaustralien, Westaustralien,

Tasmanien und das Nordterritorium, das direkt der Zentralregierung unterstellt ist, sowie das Hauptstadtterritorium von Canberra. Als Außenbesitzungen kommen einige Inseln dazu (Lord Howe-Inseln und Norfolkinseln) sowie Hoheitsansprüche auf einen Sektor der Antarktis.

2.3
Entwicklungsbeispiel Südosten – Von einer Randzone zum landwirtschaftlichen Kerngebiet

In der Anfangsphase konnte sich die Kolonie nicht selbst versorgen, sie war auf Nahrungsmittellieferungen aus dem britischen Mutterland angewiesen. Die Lage verbesserte sich erst durch die Schafhaltung. Einen größeren Bevölkerungszustrom nach Australien brachte der Goldboom, der um die Mitte des 19. Jahrhunderts einsetzte. Zahlreiche Goldbergbaustädte entstanden und wurden durch Straßen und Eisenbahnen mit der Küste verbunden. Der Goldboom erfaßte in der Folgezeit den gesamten Kontinent und endete zu Beginn des 20. Jahrhunderts im Südwesten.

Die durch den Goldbergbau geschaffene Infrastruktur war die Voraussetzung für landwirtschaftliche Erschließungsmaßnahmen, die weitgehend mit Unterstützung des Staates durchgeführt wurden. Für die Bevölkerung, die während des Goldbooms ins Land geströmt war, sollten neue Lebensgrundlagen geschaffen werden. Häufige und mehrjährige Dürreperioden zwangen schon bald wieder dazu, weit in das Landesinnere vorgeschobene Nutzungen zurückzunehmen. Erst durch neue Saatzüchtungen und bessere Anpassung des Regenfeldbaus an die naturgeographische Ausgangssituation des Landes konnten große Räume für den Weizenanbau erschlossen werden. Doch zeigten sich auch für diesen angepaßten Anbau Grenzen durch Erosionsschäden (Wind-, Wassererosion). Verbesserte Anbaumöglichkeiten und eine Ausdehnung landwirtschaftlicher Nutzung brachten schließlich die Bewässerungsmaßnahmen, die gegen Ende des 19. Jahrhunderts einsetzten. Grenzsituationen wurden hier durch die Versalzung dokumentiert; auch die Konkurrenzsituation beim Wasseranspruch zwischen der Bewässerungslandwirtschaft auf der einen Seite und den Städten und der Industrie auf der anderen Seite kann von wachsender Problematik sein.

2.3.1 Nutzungsausweitung durch exportorientierte Viehwirtschaft

Die landwirtschaftlichen Erschließungsmaßnahmen an der Südostküste Australiens waren vor allem auf die Sicherung des lokalen Bedarfs ausgerichtet. Fast drei Jahrzehnte zäher Auseinandersetzung mit den naturgeographischen Verhältnissen waren notwendig, um wenigstens die Grundnahrungsmittel in der Kolonie selbst erzeugen zu können. Aufgrund dieser Erfahrungen hatte man eingesehen, daß man aus eigener Kraft, und gestützt auf die in der Kolonie vorhandenen Ressourcen, nicht die Lebensverhältnisse erreichen konnte, wie man sie von England her kannte. Doch um auf Dauer die fehlenden Güter importieren zu können, brauchte man ein Massenprodukt, das als Gegenleistung nach England exportiert werden konnte. Ansätze in dieser Richtung waren die Exportprodukte des Walfangs und der Seehundjagd.

In den 1820er Jahren gewann die viehwirtschaftliche Nutzung an Bedeutung. Um auf dem Wollmarkt in London erfolgreich zu sein, führte man Merinoschafe aus Deutschland und England ein, eine Schafrasse, die in Anpassung an die australischen Lebensbedingungen ausgezeichnete Wollqualitäten

lieferte. Die Schafhaltung wurde von einzelnen Farmern getragen, die mit kleinen Schafherden nach Australien eingewandert waren. Weiter im Landesinnern, in der Vegetationszone der „Woodlands", fanden sie optimale Weidebedingungen. Das natürliche Grasland dieser offenen Waldweide konnte ohne Kultivierungsmaßnahmen sofort genutzt werden. Die einzige Maßnahme zur Verbesserung der Weiden war das Abbrennen alter vertrockneter Grasflächen. Die Ausbreitungsmöglichkeiten der Schafweide schienen unbegrenzt. Während in den 1820er Jahren noch deutsche und spanische Wollelieferungen den englischen Markt beherrschten, wurde der australische Anteil an den Importen Englands immer größer (1830: 6%, 1850: 50%, 1900: 70%) (101, S. 265). Landwirtschaftliche Nutzungsausweitungen waren auf Gebiete beschränkt, in denen die Maßnahmen der staatlichen Raumorganisation (Landvermessung, Landvergabe, Verwaltungsgliederung) durchgeführt waren. Im Zuge der wirtschaftlichen Aufwärtsentwicklung stiegen die Preise für den Landkauf. Für 0,4 ha waren es 1831 5 Schilling, 1838 12 Schilling, 1840 bereits 1 Pfund Sterling. Die Schaffarmer, die nur das natürliche Weideland nutzten, benötigten große Flächen (etwa 1 ha pro Schaf). Die Preise beim Landkauf waren deshalb für sie nicht aufzubringen. Die Viehfarmer zogen daher weiter in noch nicht erschlossene Gebiete und nutzten die natürlichen Weideflächen für ihre Viehherden, ohne Eigentümer des Landes zu sein („squatter"). Sie wollten die Erlaubnis, die großen, noch nicht in die staatliche Raumorganisation einbezogenen Weideflächen nutzen zu können und ein vertraglich geregeltes Besitzrecht, da sie so große Landflächen nicht kaufen konnten. Unter Gouverneur Bourke wurde 1836 ein erster Schritt zu einer geordneten Weidenutzung gemacht. Gegen eine Gebühr von 10 Pfund Sterling pro Jahr wurde ein Weidegebiet für 4000 Schafe überlassen. Damit waren die Squatter aber nicht zufrieden, diese Regelung bot ihnen nicht genügend Sicherheit. Das Weideland konnte ohne ihre Zustimmung verkauft werden. Die Investitionen für die Viehhaltung waren gestiegen, vor allem durch Einzäunungen, um Arbeitskräfte einzusparen. Ohne Einzäunungen waren bei Schafherden von 600–700 Stück 3 Männer notwendig bzw. 4 Männer für 900–1000 Schafe (101, S. 267). Rindviehherden zu halten war weniger arbeitsintensiv, Viehherden von 500–600 Stück konnten von zwei Viehhirten betreut werden. Die Rinder konnten auch längere Wege zu den Wasserstellen zurücklegen und waren durch nächtliche Überfälle von Wildhunden (Dingos) weniger gefährdet. Nach langen Auseinandersetzungen erhielten die Squatter ein klar geregeltes Besitzrecht eingeräumt (Waste Lands Act 1846). Das Land wurde in drei Zonen eingeteilt: Besiedelte Zone (settled), Zwischenzone (intermediate) und unbesiedelte Zone (unsettled). Die Squatter hatten ihre Viehfarmen fast ausschließlich im Bereich der unbesiedelten Zone. Die Weideflächen wurden hier nach dem „Waste Lands Act" für 14 Jahre gegen eine jährliche Pacht von 10 Pfund Sterling für je 4000 Schafe verpachtet. Diese günstige Regelung hatten die Schaffarmer nur erreichen können, weil sie schon damals fast die Hälfte des englischen Wollbedarfs deckten. Sie bedeutete aber, daß bereits um 1850 weniger als 1000 Familien das beste Land im gesamten Südosten des Kontinents besetzt hatten (40, S. 51).

Dieses Pachtsystem, modifiziert in Pachthöhe und Zeitdauer, wurde von allen Staaten Australiens übernommen, und gilt noch heute. Fast das gesamte Land mit extensiver Weidenutzung ist Pachtland. Wenn der Pächter von der Viehhaltung zum Ackerbau übergehen will, muß er den Pachtvertrag aufgeben und das Land kaufen. Die Intensivierung der Landwirtschaft (Getreideanbau oder Getreideanbau im Wechsel mit Viehhaltung) war andererseits aber von einer

Verkehrsinfrastruktur abhängig, die es damals nur in den küstennahen Gebieten gab.

2.3.2
Goldbergbau und Ausweitung der küstennahen Infrastruktur

Die Nachricht von ergiebigen Goldfeldern in Neusüdwales und Victoria führte zu Abwanderungen aus den Weidegebieten, später auch zu großen Einwanderungswellen aus Europa. 1851 wurde im Hinterland von Sydney Gold gefunden. Die bislang gültige Bestimmung, daß alles Gold, das gefunden wurde, dem Staat gehörte, war nicht länger aufrecht zu erhalten und wurde durch die Lizenzgebühr ersetzt, die jeder Goldschürfer zu entrichten hatte. Diese Gebühr wurde auf 3 Dollar pro Monat festgesetzt. Als Ende 1851 auch in Victoria Gold gefunden wurde, war der Strom der Goldsucher aus Victoria nach Neusüdwales gestoppt. Die ersten Funde wurden in Ballarat westlich von Melbourne und wenig später an zahlreichen Orten nördlich von Melbourne gemacht. Victoria übernahm das Lizenzsystem von Neusüdwales.

Die 1850er Jahre waren die „goldene Dekade" Victorias. Neben den Australiern selbst strömten Engländer, Iren, Amerikaner, Chinesen und Einwanderer vom europäischen Festland ins Land. So kamen von 1852 bis 1857 260 300 Einwanderer nach Victoria (40, S. 68). Damit hatte sich die Bevölkerung von Victoria in fünf Jahren nahezu verdreifacht. In allen Kolonien des Südostens führte der Goldboom zu einem starken Bevölkerungsanstieg. In Gebieten, die völlig unerschlossen waren oder in denen es nur einige wenige Viehfarmen gegeben hatte, entstanden neue Siedlungen der Goldschürfer. Der Goldboom hatte im Südosten Australiens (Neusüdwales, Victoria, Südaustralien, Tasmanien) seinen Höhepunkt in den 1850er bis 60er Jahren. Die Goldproduktion

Abb. 6: Erschließung von Goldfeldern (1850–1900)

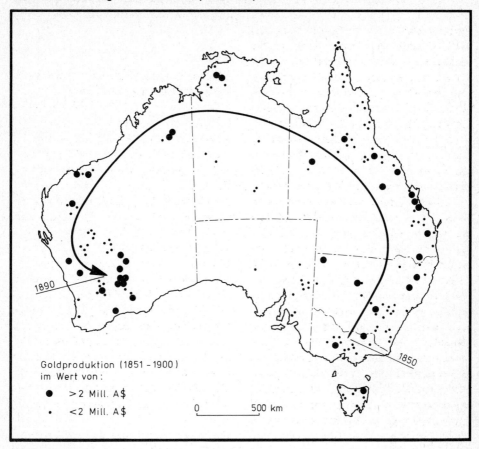

Goldproduktion (1851 - 1900)
im Wert von :

● >2 Mill. A$

· <2 Mill. A$

0   500 km

Quelle: 94, S. 39

(1851–1903) erreichte in Neusüdwales 13 818 139 Unzen, in Victoria 66 736 336 Unzen, in Südaustralien 731 415 Unzen und in Tasmanien 1 411 649 Unzen.

Diese enorme Wertschöpfung war die Voraussetzung für einen umfassenden Ausbau der Verkehrsinfrastruktur. Schon in der Anfangsphase des Goldbooms wurde mit dem Ausbau von Straßen und Eisenbahnen zwischen den Küstenstädten und den Goldbergbaustädten begonnen. Am Ende des Jahrhunderts waren die Hauptstädte der Kolonien im Südosten Australiens durch ein ausgebautes Eisenbahnnetz mit ihrem Hinterland verknüpft.

Der Goldboom dauerte nur wenige Jahrzehnte an. Die Goldschürfer gaben ihre Siedlungen auf und zogen in ergiebigere Gebiete weiter. Der Goldrausch erfaßte in den 1870er Jahren Queensland und den Norden Australiens und kam in den 1890er Jahren in den Süden Westaustraliens (Abb. 6). Zu Beginn des 20. Jahrhunderts war der Goldboom vorüber, als auch in der „golden mile" von Coolgardie-Kalgoorlie im Südwesten die Goldproduktion ihren Höhepunkt über-

Abb. 7: Eisenbahnnetz (1907)

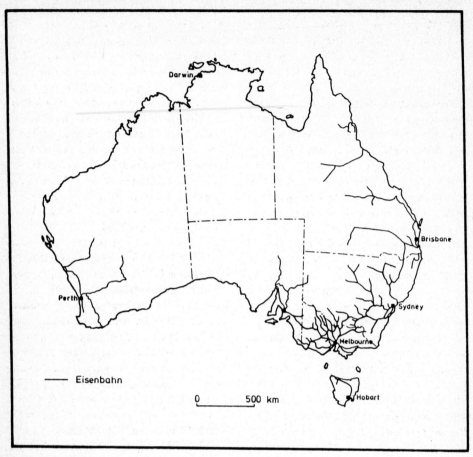

Quelle: 94, S. 42ff.

schritten hatte. Um Auswanderungen größeren Umfangs zu verhindern, mußten neue Existenzgrundlagen vor allem in der Landwirtschaft geschaffen werden. Der Goldbergbau selbst hatte wesentliche Grundlagen dazu durch das Eisenbahn- und Straßennetz gelegt, das die Hauptstädte an der Küste mit Gebieten weit im Landesinnern verband

2.3.3
Regenfeldbau – Herausbildung eines Weizengürtels

Durch den Goldboom hatten die großen Viehfarmen Arbeitskräfte verloren. Man wandte sich deshalb verstärkt der Rindviehhaltung zu, die weniger Viehhüter benötigte. Die Viehfarmen wurden eingezäunt und durch neue Grassorten wurde eine höhere Nutzungsintensität erreicht. Mit Hilfe der Eisenbahnen konnten Weidegebiete im Landesinnern erschlossen werden, neue Schaf- und Rindviehfarmen entstanden.

Die Goldbergbaustädte waren ein neuer Absatzmarkt, dem sich die Landwirtschaft schnell anpaßte. So wurde in der Nähe der Goldfelder um Ballarat, Bendigo südlich Albury und um Bathurst Getreide angebaut. Um der Bevölkerung des Goldbergbaus nach dem Ende des Booms neue Existenzmöglichkeiten zu bieten, mußten zahlreiche neue landwirtschaftliche Familienbetriebe geschaffen werden. Fast das gesamte Land war jedoch durch Pacht im Besitz der Viehfarmer. Deshalb galt es, einen Weg zu einer besitzrechtlichen Änderung zum Zweck einer intensiven ackerbaulichen Nutzung zu finden. Durch verschiedene gesetzliche Regelungen (Neusüdwales 1861, Victoria 1859, 1862 und 1869, Südaustralien 1869, Tasmanien 1868) wurden für große Gebiete die Pachtverträge aufgelöst und begonnen, das Land in kleine Farmeinheiten von 20–130 ha aufzuteilen. Diese Gesetze wurden zwar nicht in allen Gebieten konsequent befolgt, sie haben aber dazu beigetragen, daß im Südosten Australiens ein geschlossenes Weizenanbaugebiet entstehen konnte. Zunächst wurde für den eigenen Markt produziert, später konnte in immer höherem Maße Weizen auch ins Mutterland exportiert werden. Das bereits vorhandene Eisenbahnnetz wurde ausgebaut und durch sog. Landwirtschaftsbahnen ergänzt. Diese Landwirtschaftsbahnen wurden im Abstand von etwa 40 km durch das Weizenanbaugebiet gelegt. Der „Weizengürtel", der sich durchgehend von Südaustralien, Victoria, Neusüdwales bis nach Queensland hinein erstreckte, lag weiter im Binnenland, zwar mit weniger Niederschlägen, doch mit besseren Bodenqualitäten als die ursprünglichen Weizenanbaugebiete der Küstenzone (Abb. 8). Durch staatlich geförderte Saatgutzüchtungen war es inzwischen gelungen, eine Weizensorte auf den Markt zu bringen, die an die veränderten klimatischen Bedingungen einer kürzeren Vegetationsperiode gut angepaßt war. Optimal waren die Anbaubedingungen für

Weizen in Südaustralien, wo der fruchtbare rotbraune Boden bis unmittelbar an die Küste reichte. Schon 1840 konnte daher Südaustralien in die anderen Staaten Australiens Weizen exportieren. Mit kurzen Pferdebahnen wurde das Getreide zu den Verladestellen am Spencer- und St. Vicentgolf gebracht und dann per Schiff nach Sydney und Melbourne transportiert. Die günstigen Anbau- und Transportbedingungen ließen den Weizenfarmern auf den unfruchtbaren Podsolböden der Küstenzone südlich von Sydney keine Chance zu einem konkurrenzfähigen Anbau; der Getreideanbau wurde in der Küstenzone von Neusüdwales und Victoria aufgegeben (Abb. 8).

Der Ausbau des Eisenbahnnetzes schuf auch in Victoria· und Neusüdwales auf den fruchtbaren Böden weiter im Landesinnern günstige Voraussetzungen für den Weizenanbau. Das Weizenanbaugebiet expandierte seit den 1850er Jahren in Südaustralien nach Norden, in den 1870er Jahren in Victoria nach Norden und in den 1890er Jahren in Neusüdwales nach Westen. Diese Ausdehnungen dokumentierten sich in folgenden Zahlen: Das Weizenanbaugebiet vergrößerte sich von 1860 bis 1900 in Südaustralien von 109 200 ha auf 720 000 ha, in Victoria von 64 400 ha auf 800 000 ha und in Neusüdwales von 51 200 ha auf 560 000 ha (40, S. 117).

In Teilen dieses Weizengürtels kam es durch *Dürreperioden* zu kritischen Situationen, die zum Rückzug aus einigen Gebieten zwangen oder die Hilfe des Staates notwendig machten. Südaustralien hatte in den 1870er Jahren in einer Phase sehr günstiger Niederschlagsverhältnisse den Weizenanbau sehr weit nach Norden bis zum Torrens-See ausgedehnt. Eine Phase hoher Niederschläge endete 1879 und ging unmittelbar über in die Dürreperiode der 1880er Jahre. Das am weitesten nach Norden vorgeschobene Weizenanbaugebiet mußte wieder aufgegeben werden (Abb. 8). Der Abbruch der landwirt-

Abb. 8: Verlagerung des Weizenanbaus im Südosten (1860–1970)

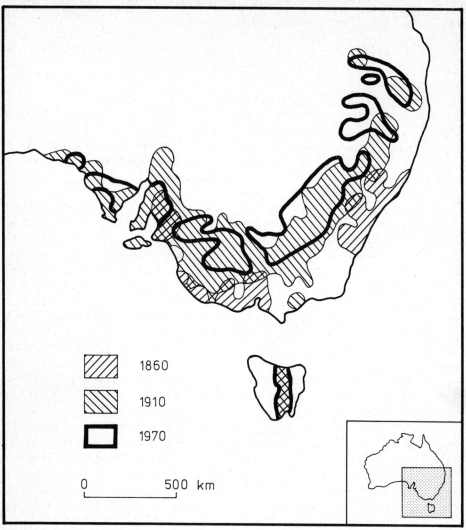

1860

1910

1970

0   500 km

Quelle: 100, S. 108

schaftlichen Nutzung führte bei den aufgege-benen Ackerflächen zu Schäden durch Wind- und Wassererosion. Auch in den Weizenan-baugebieten von Victoria und Neusüdwales wurden durch die Dürreperiode (1880–86) die Grenzen für die Ausdehnung des Regen-feldbaus in die Trockengebiete hinein deut-lich markiert.

Selbst bei optimaler Anpassung der Getrei-desorten und der Anbaumethoden blieben Niederschlagsmenge und zeitliche Vertei-lung der Niederschläge große Risikofakto-ren. Hohe Ertragsrisiken und die Gefahr der Bodenerosion sind nicht zu umgehen. Das gilt insbesondere für Dürreperioden, die nicht nur kleine Teilräume, sondern große

Gebiete Australiens für die Dauer einer oder mehrerer Anbauperioden erfassen. Sie führen dann zu einem zeitweiligen oder dauernden Rückzug aus den am stärksten betroffenen Dürregebieten. Die nicht mehr bewirtschafteten Flächen sind von großflächiger Bodenerosion bedroht, die landwirtschaftlichen Produktionsanlagen werden teilweise völlig zerstört. Acht großräumige und langandauernde Dürreperioden hat es in Australien in den letzten hundert Jahren gegeben. Sie haben nicht nur immer wieder zu einem Rückzug aus der Fläche geführt, sondern auch Gegenmaßnahmen ausgelöst, die meist durch den Staat initiiert wurden. So war die große Dürreperiode 1895–1903 Veranlassung, die Bewässerungslandwirtschaft zu fördern. Seit der großen Dürreperiode 1965–67 hat sich im Gebiet des Regenfeldbaus das „Contour-draining" stärker durchgesetzt. Dabei werden im leicht geneigten Gelände höhenlinienparallele Konturen aufgepflügt; diese Wälle hemmen den Abfluß des Regens, sie dienen der Wasserspeicherung und dem Erosionsschutz. Stärker in das Bewußtsein der Weltöffentlichkeit gelangt ist die große Dürreperiode im Südosten Australiens in den Jahren 1981–83. „Der dem Land entstehende Dürreschaden wird von Agrarkreisen auf nahezu 7,5 Mrd. A\$ (knapp 20 Mrd. DM) geschätzt. Alle sechs australischen Bundesländer sind von der Naturkatastrophe betroffen. Rund 90% der Fläche von Neusüdwales sind von der Regierung zum Dürregebiet erklärt worden. Das gleiche gilt für 80% von Victoria und 60% von Tasmanien. Allein Westaustralien ist wenigstens von den schlimmsten Folgen der Dürre bisher verschont geblieben. Die Regierung . . . ist bemüht, künftigen ähnlichen Dürrekatastrophen zuvorzukommen. Sie kündigte ein Programm an, das mit einem Kostenaufwand von 600 Mio. A\$ (fast 1,5 Mrd. DM) den Bau von Staudämmen und Wasserreservoirs vorsieht." (AP Febr. 1983). Sicherlich gibt es als Folge der Dürrekatastrophe wiederum einen Rückzug aus der Fläche durch Aufgabe von Acker- und Weideflächen. Gleichzeitig aber ist diese Katastrophe Ansatzpunkt für neue Erschließungsmaßnahmen zum Bau von Stauseen und Wasserreservoirs.

2.3.4
Intensivierung der Landwirtschaft durch Bewässerung: das Murray-Flußsystem

Die Ausdehnung des Regenfeldbaus im Weizengürtel des Südostens war sehr erfolgreich. Durch Rotation von Weizenanbau und Grünland mit Schafhaltung konnte diese Form der Landwirtschaft noch ertragreicher und krisensicherer gemacht werden. Dürreperioden aber zeigten immer wieder die Grenzen für den Anbau auf. Die am weitesten vorgeschobenen Zonen des Weizenanbaus mußten zurückgenommen werden oder konnten nur sehr extensiv genutzt werden, was Erosionsschäden zur Folge hatte. Diese Erfahrungen führten zum Aufbau einer Bewässerungslandwirtschaft.

Die wasserwirtschaftliche Ausgangssituation in Australien schafft nur in einigen Teilräumen günstige Voraussetzungen für eine Bewässerung. Hervorzuheben ist der große Gegensatz zwischen dem weitgehend abflußlosen Innern des Kontinents und den küstennahen Zonen im Norden, Nordwesten und Osten mit zumindest periodisch wasserführenden Flüssen. Die großen Unterschiede in der Wasserführung machen es schwierig und sehr kostspielig, Oberflächenwasser für die Bewässerung zu nutzen. Die durchschnittlichen jährlichen Abflußmengen der Flußsysteme des Südostens sind: Südostküste mit 39,4 Mrd. m^3, Tasmanien mit 49,8 Mrd. m^3, Murray-Darling mit 22,3 Mrd. m^3, südaustralischer Golf mit 0,98 Mrd. m^3(210, S. 147).

Abb. 9: Snowy-Mountains-Projekt

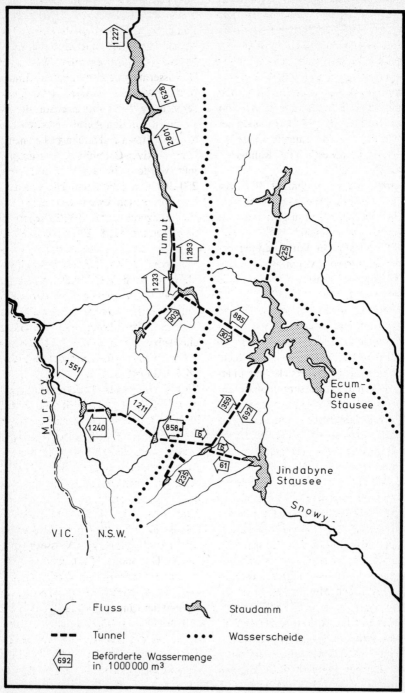

Quelle: 214, 1981, S. 439

Die Flüsse der Südostküste entspringen im küstennahen Randgebirge. Sie führen ganzjährig Wasser, wenn auch mit unterschiedlichem Wasserstand. Sie bieten günstige Voraussetzungen für die wasserwirtschaftliche Nutzung, Elektrizitätsgewinnung, Trinkwasserversorgung und Bewässerung. Besondere Bedeutung für die Bewässerung hat der Snowy River. Beträchtliche Wassermassen seines Oberlaufes werden umgeleitet in das Murray-Flußsystem westlich des Randgebirges (Abb. 9).

Das *Murray-Flußsystem* umfaßt 106 Mio. ha. Die unregelmäßige Wasserführung des Murray und seiner Nebenflüsse macht eine Nutzung zur Bewässerung schwierig. So wurden im Murray vor der Fertigstellung von Talsperren in einem extrem nassen Jahr (1917) 16,9 Mrd. m^3 Wasser und dagegen in einem extrem trockenen Jahr (1914) nur 1,1 Mrd. m^3 Wasser gemessen (81, S. 6). Die Variabilität der Wasserführung im Flußsystem des Murray ist so groß, daß er z. B. im Dürrejahr 1914 das Meer überhaupt nicht erreichte. Verdunstung, Versickerung in artesische Becken und Wasserentnahme zur Bewässerung führen auch in normalen Jahren dazu, daß der Murray nur etwa 1/4 seiner im Einzugsbereich aufgenommenen Niederschläge zum Meer bringt. Noch ungünstiger sind die Verhältnisse beim Darling, der vom Norden her in den Murray mündet. Dieser Nebenfluß mit einer Länge von 2450 km verliert in seinem Mittel- und Unterlauf in sehr ausgeprägten Trockengebieten infolge der Verdunstung und Wasserabgabe an artesische Becken soviel Wasser, daß oft nur noch 1–2% der Niederschläge seines Einzugsbereiches in den Murray gelangen (97, S. 69). Demgegenüber führen die Wasserverhältnisse des Darling in extrem nassen Jahren zu sehr großen Überschwemmungen. Wasserregulierende Maßnahmen dienen daher nicht nur der Bewässerung, sondern auch dem Schutz vor Überflutungen. Die ersten Projekte einer Bewässerungslandwirt-schaft entstanden nach der Dürreperiode Mitte der 1880er Jahre. Nach kalifornischem Vorbild wurden 1887 zwei Bewässerungsgebiete Renmark/Südaustralien und Mildura/Victoria begonnen. Weitere private Bewässerungsprojekte folgten. Inzwischen sind der Murray und seine Nebenflüsse wasserwirtschaftlich voll ausgebaut, die Organisation ist von den Anrainerstaaten Neusüdwales, Victoria und Südaustralien in der sog. Murray-River-Commission zusammengefaßt worden. In einem Gebiet mit nur 250–300 mm jährlichem Niederschlag und ehemals nur sehr extensiver viehwirtschaftlicher Nutzung waren 1932/33 schon 259307 ha bewässert (81, S. 20). An der Weiterentwicklung der Bewässerungslandwirtschaft nach dem 2. Weltkrieg sind vor allem Einwanderer (Italiener, Griechen) beteiligt, die spezielle Erfahrungen aus der Bewässerungslandwirtschaft ihrer Heimatländer mitbrachten. Sie führten neue Bewässerungs- und Anbaumethoden ein. 1951/52 hatten die Bewässerungsflächen bereits eine Größe von 750900 ha (81, S. 20).

Wegen des hohen Wasserbedarfs wurden bereits nach dem 2. Weltkrieg Planungen begonnen, um Wasser aus dem Snowy-Flußsystem in das Flußsystem des Murray umzulenken. Der Snowy-Fluß, der nach Osten entwässert, entspringt in einem über 1800 m hoch gelegenen Gebiet der australischen Alpen, das einen Jahresniederschlag von 2000–3000 mm erhält. Dort bleibt der Schnee bis zu 8 Monaten im Jahr liegen, wodurch ein gesicherter Wasserstand gegeben ist. Das Snowy-Montains-Projekt führte zu einem Verbund von drei Flußsystemen (Abb. 9), nämlich den Quellflüssen des Murray und des Murrumbidgee an der Westseite und dem Snowy-Fluß an der Ostseite der Great Dividing Range. Die Stauseen östlich der Wasserscheide liegen 900–1200 m hoch, die Stauseen westlich der Wasserscheide nur 300–400 m hoch. Die Wassermassen des Snowy-Flusses werden durch Tunnel in das

Abb. 10: Wasserwirtschaftliche Nutzung im Murray-Murrumbidgee-Gebiet (1980)

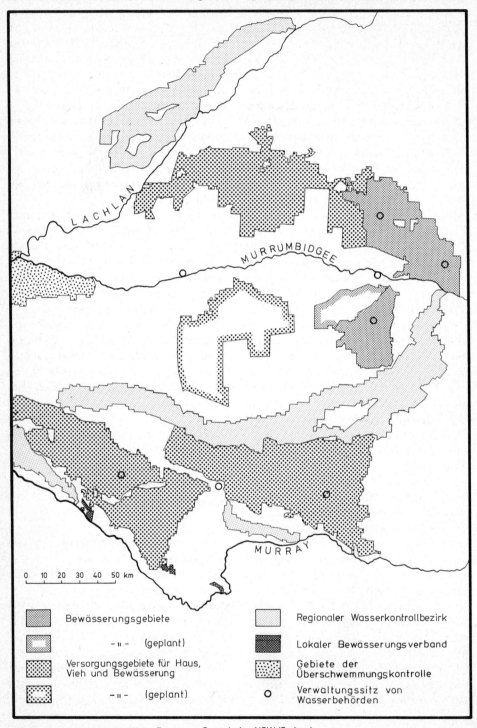

Quelle: nach Unterlagen der Water Resources Commission NSW (Sydney)

tiefer gelegene Murray-Flußsystem einge-führt, dabei wird dieses Gefälle genutzt und elektrischer Strom in einer Größenordnung von 4–5 Mio. kW erzeugt. Das aus dem Snowy-Fluß abgeleitete Wasser (2,3 Mrd. m³) wird zu 2/5 dem Murray-Fluß und zu 3/5 seinem Nebenfluß, dem Murrumbidgee zu-geführt. Mit diesen zusätzlichen Wassermen-gen aus dem Snowy-Mountains-Projekt und durch weitere Baumaßnahmen im Murray-Flußsystem konnten neue Flächen bewässert werden: Die Bewässerungsgebiete im Süd-osten Australiens erreichten 1974/75 eine Fläche von 1217349 ha (214, 1976/77, S. 876ff.).

Für die Bewässerung werden unterschiedli-che Methoden angewandt: die Flutung der Flächen steht mit 72% an 1. Stelle. Zumeist unter Ausnutzung von Flutwellen wird das Wasser auf die zu bewässernden Flächen ge-leitet. Daneben sind die Flächenberieselung (16%) und die Furchenbewässerung (9%) verbreitet. Beim Weideland (810400 ha) do-miniert die Flutbewässerung. Bei den Futter-flächen, insbesondere Luzerne (76112 ha) und dem Gemüseanbau (37354 ha) über-wiegt die Beregnung. In den Obstplantagen (43593 ha) wird Beregnung und Furchenbe-wässerung gleichermaßen praktiziert. Für die Bewässerung der Weingärten (44071 ha) er-weist sich die Furchenbewässerung als geeig-net. Das gleiche gilt für die Baumwollplanta-gen, die in den letzten Jahrzehnten in Neu-südwales stark zugenommen haben (28886 ha 1974/75). In den Bewässerungsgebieten mit spezialisiertem Obst- und Gemüseanbau haben die Betriebe eine Größenordnung von 4–20 ha; im übrigen Bewässerunggebiet mit gemischter Landwirtschaft erreichen sie Größen zwischen 160–200 ha (6, S. 20). Der Obst- und Gemüseanbau ist sehr arbeitsin-tensiv. Als Mittelpunkte dieser spezialisier-ten Anbaugebiete entstanden neue Städte.

Bei intensivem Obst- und Gemüseanbau, be-sonders bei Zitrusfrüchten, kommt es zu ei-ner Versalzung des Bodens. Besonders das

Bewässerungsverfahren der Flutung läßt kei-ne optimale Anpassung der Wassergaben an den Verbrauch der Pflanzen zu und erhöht die Gefahr der Versalzung. Ein Verfahren, das wirkungsvoll gegen die Versalzung an-gewandt werden kann, ist das sog. „drain-away"-Verfahren. Das Salz wird aus dem Boden ausgespült und das stark mit Salz angereicherte Wasser kann in den Fluß zu-rückkommen. Schon jetzt ist der Salzgehalt im Unterlauf des Murray wesentlich höher als im Oberlauf, was in ungünstigen Jahren die Trinkwasserversorgung von Adelaide gefährden kann.

Die wasserwirtschaftlichen Maßnahmen im Gebiet des Murray-Flußsystems haben zu einer differenzierten Inwertsetzung dieses Trockenraumes geführt (Abb. 10). Die land-wirtschaftlichen Produktionsbedingungen wurden verbessert oder es wurden über-haupt erst die Voraussetzungen für eine landwirtschaftliche Nutzung geschaffen. Weit entfernt von den großen Verdichtungs-räumen der Küstenzone entstanden neue Städte in den Bewässerungsgebieten als Ausgangspunkte einer Dezentralisierungs-politik.

2.4
Entwicklungsbeispiel Südwesten – Landwirtschaftliche Entwicklung durch Staatsinitiative

Im Südwesten war es James Stirling, der nach ausführlichen Erkundungsreisen 1827 für den Mündungsbereich des Swan-Flusses (Fremantle/Perth) ein Konzept entwickelte, das sich markant von den Kolonien im Osten des Kontinents abhob. Von Anfang an war eine differenzierte Wirtschaftsstruk-tur mit Landwirtschaft, Handwerk, Handel und Dienstleistungen geplant. Mittelpunkt eines so erschlossenen Gebietes sollte eine Stadt nach festgelegtem Konzept sein. Man wollte die Raumorganisation verwirklichen, die man von England her kannte. Die Vorstellungen von einer neuen Kolonie mit dichterer Besiedlung als im Osten Australiens fanden Zustimmung bei der englischen Bevölkerung. James Stirling gelang es, finanzkräftige Kreise im Mutterland für sein Siedlungskonzept zu gewinnen. Die englische Regierung war zurückhaltend, stimmte aber der Gründung der Swankolonie im Jahre 1829 zu.

2.4.1
Kolonie ohne Perspektiven

Die neue Konzeption Stirlings, aber auch günstige Landabgabebedingungen – 16 ha für 3 Pfund Sterling und 81 ha für jede finanzierte Arbeitskraft – brachten schon 1829 mehrere Schiffe mit Siedlern an die Mündung des Swanflusses. 1829 noch wurden 13 000 ha vergeben, bis Juni 1837 waren es bereits 614 000 ha, obwohl die Kosten für die Landvergabe ab 1831 verdoppelt wurden (55, S. 5). Die 1172 Siedler, die 1830 in der Swankolonie lebten, hatten wenig Erfolg bei ihren Kultivierungsarbeiten. Sie erlebten zahlreiche Mißernten, nur an wenigen begünstigten Stellen gelang eine ackerbauliche Nutzung. Bei einer Landvergabe von 614 000 ha (1837) war lediglich eine Fläche von 716 ha als Ackerland genutzt (552 ha Weizen). Die Weizenanbaufläche konnte bis 1850 auf 1780 ha gesteigert werden, doch die Felder waren im ganzen Südwesten verstreut, mit Schwerpunkten im Hinterland von Perth, Bunbury, Albany und Geraldton.

Man hatte große Schwierigkeiten mit der naturgeographischen Ausgangssituation des Raumes, insbesondere mit den Bodenverhältnissen und dem Wassermangel. Für eine Verknüpfung der landwirtschaftlichen Kerngebiete fehlte die Verkehrsinfrastruktur, die aus Mangel an Kapital und an Arbeitskräften nicht ausgebaut werden konnte. Die Er-

schließung des Raumes nach dem System und den Formen der englischen Landwirtschaft war gescheitert, die Kolonie hatte große Mühe, die eigene Bevölkerung zu ernähren. Das Konzept einer Siedlungskolonie Westaustralien, das auf eine Wiederholung der vorindustriellen Verhältnisse in England – wenn auch in kleinerem Maßstab – hinauslief, verursachte in den späten 40er Jahren des 19. Jahrhunderts große wirtschaftliche Schwierigkeiten. (65, S. 7)

Um Arbeitskräfte für die Landwirtschaft und den Aufbau der notwendigen Verkehrsinfrastruktur zu gewinnen, gab man die Konzeption einer Kolonie freier Siedler auf und holte seit 1850 Sträflinge ins Land. Von 1850 bis 1868 kamen 9688 Sträflinge nach Westaustralien. Damit gewann man die dringend benötigten Arbeitskräfte und auch Kapital, da England für die Haftdauer der Gefangenen Zahlungen leistete. Über die Hälfte der Bevölkerungszunahme von 1850 bis 1868 machten allein die Sträflingstransporte aus. Die Landwirtschaft begann sich auf Schafhaltung zu spezialisieren. Die Schafhaltungsgebiete mußten durch Verkehrswege mit den Verladestandorten Albany, Bunbury, Geraldton und Perth verbunden werden, ebenso war eine Verknüpfung dieser Zentren mit Perth durch Eisenbahn und Straße erforderlich. Mit der Arbeitskraft der Sträflinge konnte das durchgeführt werden. Auch für den Ausbau der Stadt Perth wurden Sträflinge herangezogen; zahlreiche öffentliche Gebäude gehen auf diese Bauperiode zurück.

Die Viehhaltung (Schafe, Rinder) bildete die wirtschaftliche Grundlage der Kolonie. Die Flächen, die durch Pachtverträge für die viehwirtschaftliche Nutzung vergeben wurden, nahmen kontinuierlich zu: 4,8 Mio. ha 1870, 18 Mio. ha 1880, 42 Mio. ha 1890. Entsprechend vergrößerte sich der Schafbestand von 0,6 Mio. (1870) auf 2,5 Mio. (1890) und der Rindviehbestand von 45 000 (1870) auf 131 000 (1890). Die intensive

landwirtschaftliche Nutzung durch Ackerbau hingegen konnte nicht entscheidend gesteigert werden: 22000 ha 1870, 28000 ha
1890. Dieser wirtschaftlichen Entwicklung
entsprach ein allmählicher Bevölkerungsanstieg von 25000 (1870) auf 49000 (1890)
Bewohner (55, S. 14).

Eine Krise zeichnete sich gegen Ende der
1880er Jahre ab, nicht so spektakulär wie in
den 40er Jahren, doch unübersehbar, denn
die Belebung der Wirtschaft durch engli-
sches Kapital und Sträflingsarbeit führte nur
zu einer Scheinblüte (63, S. 237). In dieser
Situation wurde 1887 eine Agrarkommission
gebildet, die sich vor allem mit den Möglichkeiten eines intensiven Weizenanbaus in
den Gebieten beschäftigen sollte, die bisher
nur als Naturweiden für Schafe und Rinder
genutzt wurden. In vierjähriger Arbeit entwickelte diese Kommission das Konzept einer gemischten Landwirtschaft: Weizenanbau mit Viehhaltung. Durch eine Fülle kon-
kreter Vorschläge wurde damit das Verfahren des Regenfeldbaus auch im Südwesten
Australiens anwendbar.

2.4.2
Wirtschaftsaufschwung durch Goldfunde

Noch ehe mit einer Neuorientierung der
Landwirtschaft begonnen werden konnte,
wurde Südwestaustralien vom Goldfieber erfaßt. Dieser Goldboom erreichte, nach Victoria, Neusüdwales, Queensland und dem
Nordterritorium, über den Norden Westaustraliens, seit 1890 auch den Südwesten, das
Kerngebiet der Kolonie (Abb. 6). Die Wertschöpfung war enorm, die wie vorher in den
anderen Kolonien innerhalb weniger Jahre
erreicht wurde. 1890 wurden 23000 Unzen,
1903 2 Mio. Unzen Gold gewonnen. Insgesamt wurden in Westaustralien bis 1903
12410774 Unzen Feingold produziert (40, S.
70). Erste Goldfelder wurden 1889 in Southern Cross entdeckt. Es folgten Murchison
1891, Coolgardie 1892 und dann die „golden
mile" bei Kalgoorlie 1893. Die ergiebigen
Goldfelder um Coolgardie und Kalgoorlie,
556 km von Perth entfernt, wurden zum
Bevölkerungsschwerpunkt der Kolonie. Von
anderen, nicht mehr so ergiebigen Goldfeldern im Norden Australiens, aus den Kolonien im Osten des Kontinents, aber auch aus
aller Welt strömten Goldsucher in das Gebiet der „golden mile", so daß die Bevölkerung Westaustraliens von 44000 (1889) auf
138000 (1896) und 180000 (1900) anstieg.

Die Regierung in Perth war intensiv bemüht,
eine Separation der Goldbergbaugebiete um
Kalgoorlie zu verhindern. In diesem Zusammenhang war es wichtig, daß Westaustralien
im „Constitution Act" 1890 eine eigenständige Regierung mit Regierungssitz in Perth
erhalten hatte. Diese Bevorzugung mußte
Perth nun gegenüber den Goldbergbaugebieten verteidigen. Perth gelang es, seine
Zentralität durch eine leistungsfähige Stra-
ßen- und Eisenbahnverbindung zwischen
Perth und dem 556 km entfernten Goldberg-
baugebiet auszubauen; diese trat anstelle
der Kamelkarawanen zur Versorgung der
Goldbergbausiedlungen. Damit war Perth
mit seinem Hafen Fremantle zum Versor-
gungshafen der neuen Bevölkerungskonzentration im Landesinnern geworden und
nicht der nur 373 km entfernte Hafen Esperance an der Südküste. Die Ausrichtung des
Goldbergbaugebietes auf die Westküste mit
Perth verstärkte sich durch den Bau einer
Wasserleitung vom Mundaring-Stausee östlich von Perth bis nach Kalgoorlie. Aus der
Auseinandersetzung um den Vorrang in der
Kolonie war Perth gestärkt hervorgegangen.
In einer sehr kurzen Entwicklungsperiode
hatte die westaustralische Regierung den
Aufbau der Infrastruktur so beeinflußt, daß
die ursprünglich polyzentrische Siedlungs-
struktur der Kolonie zu einer monozentri-
schen mit Dominanz der Hauptstadt Perth
wurde.

2.4.3
Verkehrsinfrastruktur des Goldbergbaus als Basis der landwirtschaftlichen Raumerschließung

Der Goldboom ging nach seinem Höhepunkt im Jahre 1903 schnell zurück. Die Goldförderung wurde in aufwendigen Schachtanlagen von großen Bergbaugesellschaften mit wenigen Beschäftigten weitergeführt. Um eine Abwanderung größten Ausmaßes zu verhindern, versuchte die westaustralische Regierung, Goldsucher in der Landwirtschaft zu binden. Dies konnte nur durch eine Vielzahl von Familienbetrieben mit intensiver gemischtwirtschaftlicher Ausrichtung geschehen. Man knüpfte dabei an die Konzeption der Agrarkommission von 1891 an. Rationelle Verfahren der Rodung, neue Arbeitsgeräte wie vierscharige Pflüge und Mähbinder, neue Saatzüchtungen und Düngeverfahren wurden zunächst auf staatlichen Versuchsfarmen weiterentwickelt. Wichtig wurde der Anbau von Sommergetreide in der Winterperiode, in der im Südwesten die Niederschläge fallen. Durch neue schnellwüchsige Getreidesorten paßte man sich der kurzen Vegetationsperiode an. Die Verwendung von Superphosphat als Dünger machte auch ungünstige Böden fruchtbar. Damit war der Weizenanbau in großen Räumen des Südwestens möglich geworden.

Voraussetzung für die Entstehung des Weizengürtels war die Eisenbahnerschließung (Abb. 11). Die Eisenbahn von Perth in die Goldbergbaugebiete wurde Ausgangspunkt für sog. Landwirtschaftsbahnen, die jeweils für einen 40 km breiten Korridor die Weizenanbaugebiete erschlossen. In diesen Distanzen war mit Pferdegespannen der Transport von Weizen zu den Verladestationen rentabel. Solche „Landwirtschaftsbahnen" konnten an ein Eisenbahnnetz mit den Hauptlinien von Perth nach Süden (Albany) und Norden (Geraldton) angebunden wer-

den. Das dichte Netz der Landwirtschaftsbahnen konnte durch die Erträge im Weizenanbau allein nicht finanziert werden. Es handelte sich vielmehr um ein Erschließungskonzept, das auf Kosten des Staates die Landwirtschaft subventionierte. Hinzu kamen das Angebot billigen Landes und eine finanzielle Unterstützung in der Anfangsphase der Rodung.

Durch das Engagement des Staates wurde die Landwirtschaft zum Träger der wirtschaftlichen Entwicklung im Südwesten Australiens. Nach Dahlke (62, S. 12) lassen sich folgende Phasen der landwirtschaftlichen Raumerschließung (1900–1930) unterscheiden:

– Eine erste Phase (1900–1908): vorherrschend individuelle Landnahme.

Oft wurde erst nach Inbesitznahme eine Landvermessung durchgeführt. Leitlinien in dieser Phase waren die Zonen entlang der damals bestehenden Eisenbahnen.

– Die Hauptphase (1908–1914): ausschließlich staatlich gelenkte Besiedlung.

Vermessung und Landvergabe bedeuten nicht, daß auch Rodung und landwirtschaftliche Nutzung unmittelbar einsetzen. Die Rodung war oft schwierig und die wechselnde Bodenqualität führte dazu, daß nicht alle Flächen ackerbaulich genutzt wurden. Entsprechend den jeweiligen Bodenverhältnissen war nach mehrjährigem Weizenanbau eine einjährige Brache notwendig. Das Weizenanbaugebiet konnte von 30000 ha (1900) auf 700000 ha (1915) ausgeweitet werden. Dank überdurchschnittlich hoher Niederschläge lag der Ertrag über 600 kg pro ha. Der Weizenexport, der seit 1905 jedes Jahr gestiegen war, endete abrupt im Dürrejahr 1914 nach dem Rückgang des Ertrages um 80%. Anschließend führte der Erste Weltkrieg zu einem Mangel an Arbeitskräften, so daß die Zeit 1914–19 eine Stagnationsphase war. Die Weizenanbaufläche ging von 700000 ha auf 420000 ha zurück (55, S. 28).

– Die Periode nach dem Ersten Weltkrieg

Abb. 11: Eisenbahn und Weizenanbau im Südwesten (bis 1971)

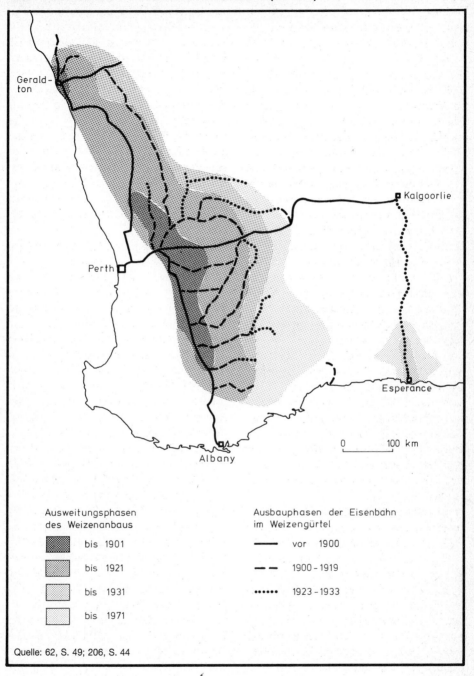

Ausweitungsphasen
des Weizenanbaus

- bis 1901
- bis 1921
- bis 1931
- bis 1971

Ausbauphasen der Eisenbahn
im Weizengürtel

- —— vor 1900
- – – 1900 - 1919
- •••••• 1923 - 1933

Quelle: 62, S. 49; 206, S. 44

(1919–1930) war wieder durch staatliches Engagement gekennzeichnet, besonders im Bereich des Eisenbahn- und Straßenbaus, aber auch durch finanzielle Unterstützung der Farmer.

Die Weizenanbaufläche steigerte sich bis 1930 auf 1,6 Mio. ha (Tab. 7).

Das Rückgrat der staatlichen Raumerschließung blieb auch in dieser Phase die Eisenbahn (Abb. 11). Das engmaschige Netz von Landwirtschaftsbahnen, das in zahlreichen Schleifen von der Bahnlinie Perth-Kalgoorlie und in vielen Stichbahnen von der Linie Perth-Albany seinen Ausgang nahm, konnte erst dann weitmaschiger gebaut werden, als Lkws zur Verfügung standen. Die maximale Entfernung der Farm von der Eisenbahnverladestelle durfte nun auch 20 km übersteigen. Das heutige Eisenbahnnetz im Südwesten mit einer Gesamtlänge von 6800 km (1976) ist also überwiegend in den ersten drei Jahrzehnten des 20. Jahrhunderts entstanden.

Die durchscnittliche Farmgröße lag bei 600 ha. Die Farmer konzentrierten sich zunächst ausschließlich auf Weizenanbau; Schafhaltung war kaum möglich, weil die meisten Farmen in Trockenperioden des Sommers nicht genügend Wasser hatten. Nach 1920 kam es zu einer Ausweitung des Weizenanbaugebietes mit Farmgrößen um 1000 ha und

zu einer Intensivierung durch verstärkte Anwendung von Kunstdünger. Die Verwendung von Superphosphat stieg von 67000 t (1920) auf 240000 t (1930) (Tab. 7). Die Möglichkeiten einer Ertragssteigerung durch Anwendung der Brache wurde ebenfalls gewählt, die Brachflächen wuchsen von 309000 ha (1920) auf 1143000 ha (1930). Den entscheidenden Fortschritt bei der Intensivierung der Landwirtschaft im Weizengürtel brachte die Kombination von Getreideanbau und Schafhaltung. Erste Ansätze zur Nutzung der Brache als Grünland zeigten sich bereits bei der Steigerung der Grünlandflächen von 7000 ha (1920) auf 137000 ha (1930). Die Grünlandnutzung im Brachejahr stützte sich inzwischen fast ausschließlich auf den sog. bodenfrüchtigen Klee (Trifolium subterraneum). Dieser Klee kommt im Mittelmeerraum als Wildpflanze vor, er wurde in Australien züchterisch weiterentwickelt und den spezifischen Bedingungen angepaßt. Die Zweifelderwirtschaft mit jährlichem Wechsel zwischen Weizenanbau und Grünland mit Schafhaltung hat sich inzwischen überall dort durchgesetzt, wo durch farmeigene Wasserversorgung oder durch ein Pipelinesystem die Wasserversorgung in der Sommerperiode gesichert ist.

Ausgangspunkt für den Ausbau eines Pipelinenetzes war die Pipeline vom Munda-

Tab. 7: Daten zur landwirtschaftlichen Raumerschließung im Südwesten

Jahr	Zahl der Farmen in 1000	Gerodete Flächen in Mio. ha	Weizen-fläche in Mio. ha	Brache in 1000 ha	Grünland in 1000 ha	Super-phosphat-düngung in 1000 t	Schafe in Mio.
1900	5,7	0,49	0,03	18	1	12	2,43
1910	13,3	2,1	0,24	120	3	33	5,16
1920	16,1	3,1	0,52	309	7	67	6,53
1930	21,9	5,8	1,60	1143	137	240	9,88
1940	20,3	6,4	1,06	925	483	260	9,51
1950	19,3	6,8	1,29	905	1454	366	11,36
1960	21,9	10,4	1,63	756	3113	612	16,41
1970	22,6	14,2	2,36	593	6988	1162	33,63

Quelle: 55, S. 43

Abb. 12: Weizengürtel und Wasserversorgung (1976)

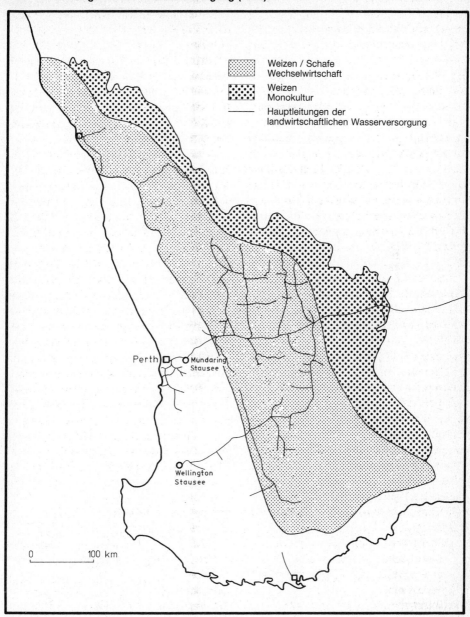

Weizen / Schafe
Wechselwirtschaft

Weizen
Monokultur

Hauptleitungen der
landwirtschaftlichen Wasserversorgung

Perth

Mundaring
Stausee

Wellington
Stausee

0   100 km

Quelle: 206, S. 72, 76, 80

ring-Stausee östlich Perth bis Kalgoorlie. Von diesem System ausgehend ist inzwischen (1975) ein Pipelinenetz von 8151 km aufgebaut worden, das Farmen in einem Gebiet von 2 300 000 ha versorgt (214, 1976/77, S. 890). Ein weiteres System, vom südlich gelegenen Wellington-Stausee ausgehend, hat inzwischen eine Ausdehnung von 1596 km erreicht und versorgt Farmen in einem Gebiet von 600 000 ha. Zur Sicherung der Wasserversorgung sind beide Systeme zu einem Verbund zusammengefaßt (Abb. 12).

Die landwirtschaftliche Raumerschließung im Südwesten stellte keine kontinuierliche Entwicklung dar, sie hatte auch Stagnationen (z. B. 1914–19), ja sogar Rückzugsphasen (z. B. 1931–45) aufzuweisen (62, S. 22 ff., 133 ff.). Naturgeographische und marktwirtschaftliche Abhängigkeiten werden in diesen Krisen sichtbar.

Ein Preisverfall von Weizen 1931–45 führte zu einer Verringerung der Weizenanbaufläche im Südwesten von 1,6 Mio. ha (1930) auf 0,7 Mio. ha (1947). Dadurch wurde das am weitesten in das Landesinnere vorgeschobene Randgebiet des Weizengürtels mit ungünstigen klimatischen Bedingungen zur Problemzone. Eine Verbesserung der Rentabilität durch die Kombination von Weizenanbau und Schafhaltung war in diesem Randgebiet aus Wassermangel nicht möglich. Viele Farmer gaben auf und wanderten ab. So konnte ursprünglich noch für ausreichend gehaltene Anbaubedingungen „plötzlich einen unzureichenden Charakter annehmen und damit auf eine Einengung des landwirtschaftlichen Nutzungsraums hinwirken". (62, S. 168)

In einem umfangreichen landwirtschaftlichen Erschließungsprogramm der westaustralischen Regierung nach 1945 wurde die Problemzone des Weizengürtels erneut erschlossen, wobei weitere Gebiete am östlichen Rand einbezogen wurden. Tiefe Sandböden, die vorher als unfruchtbar galten, konnten durch neue Bodenkultivierungs- und Düngemethoden der landwirtschaftlichen Nutzung zugänglich gemacht werden (206, S. 81). Durch Verwendung von Spurenelementen gelang es, ein Gebiet von etwa 500 000 ha nördlich von Esperance zu kultivieren. Bei allen Phasen der Ausweitung und Intensivierung landwirtschaftlicher Nutzung im Südwesten Australiens hat der Staat eine entscheidende Rolle gespielt.

2.5
Die Viehwirtschaftsregionen des Kontinents

Bis 1900, in Westaustralien bis etwa 1920, dauerte es, ehe sich feste Zuordnungsräume für die Viehhaltung herausgebildet hatten. Veränderungen wurden durch die Ausdehnung der Ackerflächen im Südosten und im Südwesten des Kontinents ausgelöst.

2.5.1
Extensive Schaf- und Rinderweide

Die Pionierzeit der „Squatter", die große Weideflächen ohne Eigentums- und Besitzrechte nutzten, war 1847 vorbei. Auf der Grundlage des „Waste Lands Act" wurden zunächst in Neusüdwales (1847) Festlegungen getroffen, die zu einem klar geregelten Besitzrecht in den Weidegebieten führten. Danach wurde Neusüdwales in drei Siedlungszonen eingeteilt: In besiedelten (settled) Gebieten betrug die Pachtdauer ein Jahr, in benachbarten Distrikten (intermediate) acht Jahre und in entfernt liegenden, unbesiedelten Gebieten (unsettled) betrug die Pachtdauer 14 Jahre. Die Vorteile des Gesetzes für die Viehfarmer erwiesen sich bald geringer als erwartet. Der Bevölkerungszustrom nach Victoria und Neusüdwales im Goldboom führte zu dichterer Besied-

50

Abb. 13: Weidewirtschaftliche Erschließung (1830–1920)

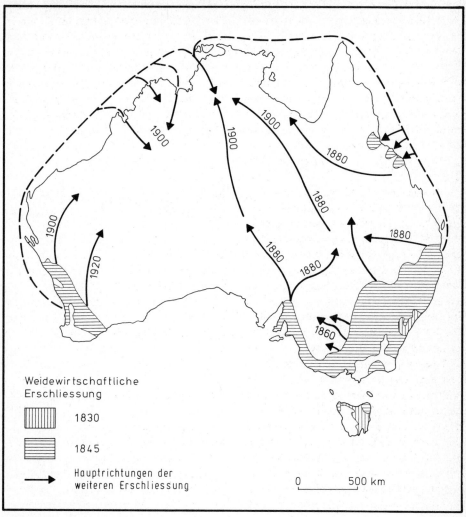

Quelle: 101, S. 269

lung und zu zahlreichen neuen Siedlungs-gründungen. In Gebieten mit günstigen Niederschlagsverhältnissen im Südosten konnte von den Viefarmern oft nur die kurze Pachtdauer von einem Jahr durchgesetzt werden. Nach Auslaufen dieser Verträge kam es auf den Landverkaufsauktionen zu Preisen, die von den „Gewinnern des Goldbooms" bezahlt werden konnten, nicht mehr aber von den Viehfarmern.

Der drohende Verlust der Weidegebiete, auf denen durch Wassererschließung und Einzäunung beträchtliche Investitionen erbracht waren, veranlaßte die Viehfarmer, weiter ins Landesinnere zu ziehen, wo durch langfristige Pachtverträge (14 Jahre) kontinuierliche Nutzungsmöglichkeiten gewährleistet waren. Bei einem Pachtzins von 10 Pfund Sterling für je 4000 Schafe pro Jahr hatten sie günstige Chancen. Neben Woll-

51

schafen wurden auch Fleischschafe gehalten, wenn es Verkehrsverbindungen zu den wachsenden Bevölkerungszentren gab.

Die gestiegene Nachfrage nach Fleisch führte zu verstärkter Rindviehhaltung, außerdem konnten sie in großen Herden über weite Entfernungen zu den Schlachtereien in den Küstenstädten getrieben werden. So dehnte sich die extensive Nutzung der Naturweiden durch Schafe und Rinder immer weiter in das Landesinnere aus (Abb. 13). In Gebieten mit weniger als 250 mm Jahresniederschlag war die Wasserversorgung schwierig und konnte häufig nur in Korridoren entlang der periodisch wasserführenden Flüsse gesichert werden. Wegen der zumutbaren Entfernung zu den Wasserstellen (bei Schafen 5–8 km, bei Rindern bis 24 km) zog man in solchen Bereichen die Rinderhaltung der Schafhaltung vor.

Rückschläge bei Dürreperioden waren bei dem weiten Ausgreifen der Weidegebiete ins trockene Landesinnere unvermeidlich. Nach günstigen Jahren (um 1860), mit einer markanten Ausweitung der Schaf- und Rindviehweiden in Queensland, führte die Dürre von 1864–66 zu einem jähen Rückschlag: die großen wasserlosen Ebenen im Binnenland von Queensland mußten wieder aufgegeben werden. Durch verlassene kleinere Viehfarmen konnten die verbleibenden Schaf- und Rinderfarmen vergrößert werden. Die Durchschnittsgröße lag 1870 schon über 50 000 ha. Bei Farmen dieser Größenordnung war es leichter möglich, Extremsituationen zu überstehen.

Die Entdeckung artesischer Wasservorkommen in großen Bereichen von Queensland und im nördlichen Neusüdwales führte zu einer Konsolidierung der weidewirtschaftlichen Nutzung in diesen Gebieten. Nach 1883 wurde das artesische Wasserreservoir durch zahlreiche Bohrstellen angezapft. Da nur große Viehfarmen diese Investitionen durchführen konnten, finanzierte der Staat selbst eine Vielzahl von Bohrungen, vor allem entlang der neuen Viehdriftwege zu den Küstenstädten. Durch die Erschließung von artesischem Wasser konnte die extensive viehwirtschaftliche Nutzung in das trockene Landesinnere ausgeweitet werden (Abb. 2). Riesige Viehherden wurden in die neuen Weidegebiete getrieben oder auch per Schiff von Norden und Nordwesten heran transportiert (Abb. 13). Schafherden kamen von Süden und von Osten her in die neuen Weidegründe. Um 1900 waren die räumlichen Grenzen der weidewirtschaftlichen Nutzung in Australien erreicht; nur in Westaustralien gab es in den folgenden Jahrzehnten noch eine Ausweitung der extensiven Schaf- und Rinderweide.

Diesen extensiven viehwirtschaftlichen Nutzungsformen wurde die Landvergabe durch Pacht angepaßt (101, S. 259). In den Pachtverträgen ist nur die weidewirtschaftliche Nutzung gestattet; im Nordterritorium kann mit ausdrücklicher Genehmigung der Regierung auch ackerwirtschaftliche Nutzung betrieben werden. Die Vertragsdauer beträgt in Queensland 30 Jahre, in Südaustralien für Neuverträge 21 Jahre, für Fortsetzungsverträge 42 Jahre, im Nordterritorium 50 Jahre, in Westaustralien 50 Jahre. Bei den Pachtverträgen wird in Queensland und in Südaustralien kein Größenlimit gesetzt; im Nordterritorium können bis 800 000 ha und in Westaustralien bis zu 250 000 ha je Pachtvertrag vergeben werden. In der Regel werden von der Regierung in den Pachtverträgen gewisse Mindestinvestitionen verlangt. Regelungen darüber gibt es in Südaustralien, Westaustralien und im Nordterritorium. In Südaustralien sollen bis zum 21. Pachtjahr etwa 46 A\$ pro km^2 investiert sein, im Nordterritorium 100 000 A\$ für die gesamte Pachtfläche und in Westaustralien bis zum 10. Pachtjahr 20 A\$ je 250 ha. Kontrollen hinsichtlich giftiger Pflanzen und Schädlinge für Pflanzen und Tiere werden von allen Staaten verlangt. Nutzungskontrollen durch staatliche Stellen gibt es nur bezüglich des

Abb. 14: Landwirtschaftliche Nutzflächen (1976)

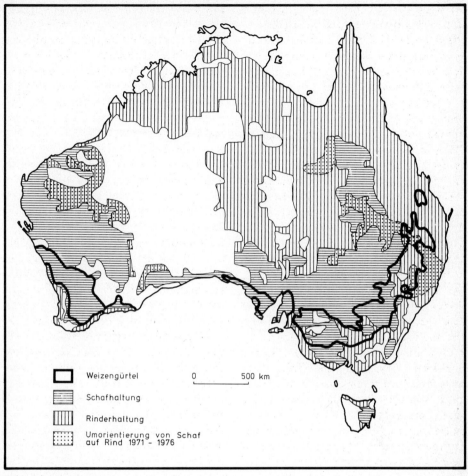

Weizengürtel   0   500 km

Schafhaltung

Rinderhaltung

Umorientierung von Schaf
auf Rind 1971 – 1976

Quelle: 101, S. 254; 21, S. 3, 10

maximalen und minimalen Viehbesatzes, eine Residenzpflicht für den Pächter wird von keinem Staat verlangt.

Die Landvergabe durch Pacht gibt einer kleinen Gruppe von Viehfarmern und Farmgesellschaften für große Teile des australischen Kontinents fast unbeschränkte wirtschaftliche Nutzungsmöglichkeiten. Andererseits kann in einem Gebiet vielfältiger naturgeographischer Extremsituationen eine weitgehend unkontrollierte kommerzielle Nutzung leicht zu Schäden des naturgeographischen Potentials führen. Seit den 1970er Jahren verstärkt sich daher die Tendenz, in die Pachtverträge Umweltschutzbestimmungen einzubeziehen. Bei der ökologischen Grenzsituation der Vegetation in diesen Schaf- und Rinderweidegebieten können schon geringe Veränderungen der Umweltbedingungen die Lebensmöglichkeiten der Pflanzen einschränken oder gar zerstören. Sicherlich können solche Veränderungen durch naturgeographische Extremsituationen (natural hazards), wie z. B. mehrjährige

Dürreperioden, große Flächenbrände, Starkregen mit großen Überschwemmungen verursacht werden. Häufiger aber werden Veränderungen in den Lebensbedingungen der Pflanzen durch menschliches Handeln (man made hazards) verursacht. Eine intensive viehwirtschaftliche Nutzung läßt den Pflanzen nicht genügend Spielraum zur Regeneration unter den extremen ariden Bedingungen.

Die Gefahren und Auswirkungen einer Überweidung wurden durch die *Kaninchenplage* offensichtlich. Von England zu Jagdzwecken eingeführt, breiteten sich die Kaninchen seit Mitte des 19. Jahrhunderts mit einer enormen Geschwindigkeit aus, weil ihnen in Australien ihre natürlichen Feinde fehlten. Durch den Bau langer Zäune versuchte man ihr Eindringen in noch kaninchenfreie Gebiete zu verhindern. Sehr umfangreich war dieses Bemühen vor allem in Westaustralien, wo mit enormem Aufwand der Bau von Kaninchenzäunen in einer Länge von 3250 km durchgeführt wurde. Die Viehweideregionen waren am stärksten betroffen. Die Vegetation wurde bis in die Wurzeln hinein abgefressen, so daß durch Wind und Wasser schwere Erosionsschäden entstanden. Durch die gezielt eingeführte Kaninchenseuche Myxomatose wird seit 1950 die Kaninchenplage erfolgreich bekämpft; sie halten sich nur noch in kleinen, sehr trockenen Gebieten im Zentrum Australiens auf, wo es keine Insekten als Überträger des Myxomatosevirus gibt.

Nicht zuletzt die Kaninchenplage mit ihren drastischen Gefahren für die Vegetation hat dazu geführt, auch ökologische Aspekte in den Pachtverträgen für die Viehweidegebiete zu berücksichtigen. Eine Gefahr für die Schafweidegebiete stellen die australischen Wildhunde (Dingos) dar; vor allem Schafe werden von ihnen gerissen. Vergiftungsaktionen und Abschußprämien brachten nicht den erwarteten Erfolg. Durch einen aufwendigen Dingozaun von Südaustralien bis nach Queensland hinein wurden die Schafweidegebiete geschützt. Außerhalb dieses Gebietes werden wegen der Dingogefahr keine Schafherden gehalten. Mit dem Bau des Dingozaunes war ein fest umgrenztes Schafweidegebiet entstanden, das erst in den letzten Jahrzehnten durch die Ausweitung der Rinderhaltung Veränderungen erfuhr (Abb. 14).

Kritische Verhältnisse für die viehwirtschaftliche Nutzung verursachten seit 1890 Streiks, die den ganzen Kontinent erfaßt hatten und die Ausfuhr von Wolle und anderen Produkten, aber auch die Einfuhr von Farmzubehör blockierten. Als schließlich die gesamte australische Wirtschaft in eine Depression geriet (1892–94), waren viele Viehfarmen von Bankzusammenbrüchen betroffen. Als Folge davon gingen noch mehr Farmen in den Besitz von Gesellschaften über, Neuorganisationen erfolgten in noch größeren Einheiten (Abb. 15).

Sehr zu leiden hatten die Weidegebiete unter der langanhaltenden Dürreperiode 1895–1902. Die Weidewirtschaft hatte ihre Grenzen erreicht; wie sich in der Dürreperiode zeigte, waren die Grenzen in Teilräumen wie im Westen von Neusüdwales und im Nordwesten von Queensland bereits überschritten. Vor allem in diesen Gebieten war nicht genügend Futter vorhanden. Die Kaninchen, die überall in großer Zahl als Konkurrenten der Viehherden auftraten, verstärkten noch die katastrophalen Auswirkungen der Dürre. Der Schafbestand in Australien ging von 105 Mio. (1894) auf 55 Mio. (1903) zurück, der Rindviehbestand verringerte sich von 12 Mio. (1894) auf 7 Mio. (1903) (153, S. 56f.).

2.5.2
Viehhaltung im Weizengürtel

In den Gebieten, in denen es nach dem „Waste Land Act" von 1846 nicht zur Ver-

Abb. 15: Landwirtschaftliche Betriebsgrößen (1976)

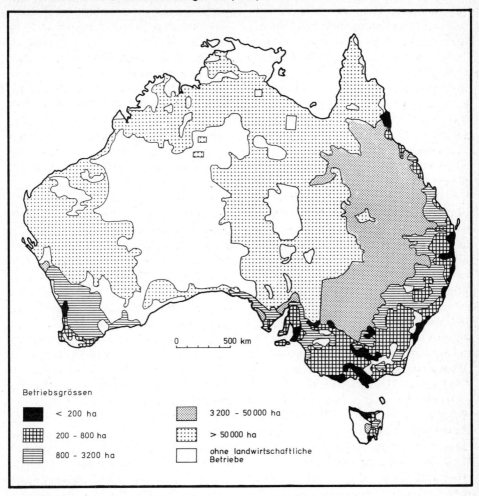

Betriebsgrössen

◼ < 200 ha

▦ 200 - 800 ha

▤ 800 - 3200 ha

▨ 3 200 - 50 000 ha

⬚ > 50 000 ha

☐ ohne landwirtschaftliche Betriebe

0   500 km

Quelle: 21, S. 22

längerung der Pachtverträge für die viehwirtschaftliche Nutzung gekommen war, setzten sich nach dem Verkauf der Landflächen intensive Landnutzungsformen durch. Es entstanden landwirtschaftliche Familienbetriebe, die viel kleiner als die früheren Viehfarmen waren. In der Nähe der Städte konnten diese Familienbetriebe durch Belieferung der städtischen Märkte existieren. Auch der Weizenanbau wurde lohnend, da Brotgetreide für die wachsende Bevölkerung immer höhere Preise erzielte. Der rentable Anbau von Weizen unterstützte das Bemühen der Kolonialverwaltung, die Bevölkerung auf Familienbetrieben im ländlichen Raum zu halten.

Zunächst versuchte man den Weizenanbau in Monokultur. Doch für den jährlichen Getreideanbau reichte die Bodenfruchtbarkeit auf die Dauer nicht aus. Es kam zu Mißernten und in Dürrezeiten zu Erosionsschäden. Eine kritische Phase Mitte der 1860er Jahre

55

hatte viele der einseitig auf Weizen ausgerichteten Betriebe zur Aufgabe gezwungen. Eine Stabilisierung der landwirtschaftlichen Familienbetriebe wurde durch die Kombination von Weizenanbau und Schafhaltung in jährlichem oder zweijährigem Wechsel erreicht. Verbesserte Gras- und Kleesorten, die im Wechsel mit Weizen angesät wurden, vergrößerten die landwirtschaftlichen Nutzungsmöglichkeiten.

55% der gesamten Schafhaltung konzentrierte sich 1983 auf die Weizenanbaugebiete mit Schafhaltung (183, S. 57). Ein Teil der Betriebe hat inzwischen den Weizenanbau auch mit anderen Formen der Viehhaltung (Rindvieh, Mastlämmer) kombiniert. Dadurch wurden die Betriebe krisensicherer und konnten sich besser an wechselnde Marktbedingungen anpassen. Die Betriebsgrößen reichen von durchschnittlich 500 ha in Südaustralien bis hin zu 1500 bis 2000 ha im südlichen Queensland. Im Weizenanbaugebiet Westaustraliens, das sich erst im 20. Jahrhundert entwickelt hat, reichen die Betriebsgrößen ebenfalls bis 2000 ha.

2.5.3
Küstennahe Zone intensiver Viehhaltung

An das Gebiet der Wechselwirtschaft mit Weizen und Viehhaltung schließt sich zur Küste hin eine Zone intensiver Viehhaltung an. Sie erstreckt sich entlang der Küste vom nördlichen Queensland bis nach Südaustralien; auch die Südwestecke von Westaustralien und das gesamte Tasmanien gehören dazu. In Teilen dieser Gebiete mit hohen Niederschlägen war früher Weizen angebaut worden. Nach der Verlagerung des Weizengürtels weiter in das Landesinnere hinein (Abb. 8), entwickelte sich hier eine intensive Viehhaltung, denn die Grünflächen dieser regenreichen Zone konnten durch neue Gras- und Kleesorten sehr verbessert werden. Gutes Dauergrünland ist Voraussetzung für die Milchviehhaltung. Mit Ausnahme einiger bewässerter Weidegebiete im Landesinnern wird das gesamte Milchvieh (1976: 3,6 Mio. Kühe) in dieser küstennahen Zone gehalten. Die australische Milchwirtschaft kann mit den Produkten des Auslands (bes. Neuseelands) nur bei optimalen Nutzungs- und Absatzbedingungen konkurrieren. Deshalb kam es seit den 1930er Jahren zu einem Konzentrationsprozeß bei der Milchviehhaltung. 62% des gesamten australischen Milchviehbestandes werden 1980 in Victoria und Tasmanien gehalten, 1939 waren es in beiden Staaten erst 30%. Demgegenüber ist der Anteil der Milchviehhaltung in Queensland von 31% (1939) auf 13% (1980) und in Neusüdwales von 31% (1939) auf 16% (1980) zurückgegangen. Es können sich dort nur die Milchwirtschaftsgebiete halten, die im Einzugsbereich der großen Städte Sydney und Brisbane liegen. Kaum Veränderungen gab es bei der Milchviehhaltung in Süd- und Westaustralien, wo nur in der Nähe von Adelaide und Perth kleine Bereiche mit Milchviehhaltung existieren. Der Konzentrationsprozeß der Milchviehhaltung auf Standorte mit den besten Nutzungs- und Absatzbedingungen hält noch an.

Günstige Voraussetzungen bietet die küstennahe Zone auch für die Schafhaltung. Etwa 80% der Schafweide hier sind kultiviertes Dauergrünland und erlauben einen hohen Viehbesatz (durchschnittlich 4,5 Schafe pro ha Weidefläche). 32% des australischen Schafbestandes werden hier gehalten. Dank der verbesserten Weidebedingungen setzt sich in Teilen der küstennahen Zone eine intensive Rindviehhaltung durch. Die Farmer stellen sich von Schafhaltung auf Rinderhaltung um oder betreiben beides, teils noch ergänzt durch Rindermast. Der Rückgang des Schafbestandes und die Zunahme des Rindviehbestandes sind vor allem auf diese Veränderungen der Viehhaltung in der

küstennahen Zone zurückzuführen. In Neusüdwales z. B. entfielen bei einer Zunahme
des Rindviehbestandes von 3 Mio. auf 8
Mio. (1966–1976) 85% der Zunahme auf die
küstennahe Zone mit intensiver Viehhaltung.

2.6
Sonderformen landwirtschaftlicher Raumerschließung: Bewässerungslandwirtschaft

Die vorangehenden Fallstudien zur landwirtschaftlichen Erschließung dokumentieren Erfolge und Rückschläge, die wesentlich
durch die naturgeographischen Extreme des
Kontinents, vor allem durch die Variabilität
der Niederschläge bedingt sind. Dürreperioden haben immer wieder einen Rückzug aus
der Fläche erzwungen, aber auch Gegenmaßnahmen angeregt (98, S. 308 ff.). So hat
sich z. B. beim Regenfeldbau nach der Dürre
von 1965–67 verstärkt das sog. „contour-
draining" durchgesetzt. Die letzte Dürreperiode im Südosten (1981–83) hat zur Aufgabe von Acker- und Weideflächen geführt,
aber auch Anstoß zum Bau neuer Stauseen
und Wasserreservoirs gegeben.

2.6.1
Die wasserwirtschaftliche Ausgangssituation

Australien ist der trockenste Kontinent. Im
Jahresdurchschnitt fallen auf der Erde 650
mm Niederschläge, in Australien sind es nur
420 mm. Bei 70% der Fläche Australiens
sind in keinem Monat des Jahres die Niederschläge größer als die Verdunstung. 89% der
Wassermenge, die der Kontinent als Niederschläge erhält, fließen nicht ab, sondern ver-
dunsten von der Oberfläche des Bodens, der
Pflanzen, des Wassers oder versickern ins
Grundwasser.

Die Wasserführung aller australischen Flüsse
beläuft sich jährlich auf etwa 343 Mrd. m³.
Die Nutzbarkeit der Wasserressourcen wird
durch große Unterschiede in der Wasserführung stark beeinträchtigt. Der Abfluß des
Wassers erfolgt im Norden des Kontinents
ausschließlich in den Sommermonaten (Regenzeit), im Süden liegt das Maximum in der
Winterperiode. Nur in kleinen Teilen des
Landes sind Flußsysteme mit kontinuierli-
cher Wasserführung vorhanden. Unterschieden werden können Flußsysteme mit Entwässerung zu den Ozeanen, interne Abflußsy-
steme und Gebiete mit ungeordneter Entwässerung.
Bei einer Einteilung in 12 Flußsysteme
(Abb. 16, Tab. 8) konzentrieren sich 77%
der Wasserführung auf 4 Systeme. Es sind
dies: Nordostküste mit 82,5 Mrd. m³, Timorsee mit 74,3 Mrd. m³, Carpentariagolf mit
58,2 Mrd. m³ und Tasmanien mit 49,8 Mrd.
m³ durchschnittlicher Wasserführung pro
Jahr. Die Wasserressourcen dieser 4 Flußsysteme sind weitgehend ungenutzt. Zu erwähnen ist die Stromgewinnung in Tasmanien,
die etwa 3,45% des Wassers nutzt. Im Flußsystem Nordostküste, das über die größten
Wassermengen verfügt, sind in den letzten
Jahren mehrere Bewässerungsgebiete entwickelt worden, u. a. westlich von Cairns
und im zentralen Hochland von Queensland
bei Emerald. Doch auch in Zukunft wird die
wasserwirtschaftliche Nutzung hier nicht
über 4% liegen.
Das Ord River-Projekt im Gebiet der Timorsee ist ein großangelegter Versuch zur
Nutzung der Wassermassen in den Flußsystemen des Nordens. Der Ord River wurde
zu einem Wasserreservoir von 5,6 Mrd. m³
aufgestaut, und bis 1978 wurde ein Bewässerungsgebiet von 60 000 ha erschlossen. Doch
ist das Ord River-Projekt ein Beleg für die
Problematik inselhafter Ausweitung landwirtschaftlicher Nutzung durch Bewässerung, wenn Absatzmöglichkeiten fehlen.
Durch das Ord River-Projekt und einige

Abb. 16: Entwässerungssysteme – Bewässerungsgebiete (1977)

Quelle: 214, 1983, S. 389ff.

weitere viehwirtschaftlich genutzte Bewässerungsprojekte sind 4,15% der Wassermenge des Flußsystems der Timorsee einer planmäßigen Nutzung zugeführt.

Im Südosten des Kontinents mit den Flußsystemen Südost mit 39,4 Mrd. m³, Murray-Darling mit 22,3 Mrd. m³ und Südaustralischer Golf mit 0,98 Mrd. m³ durchschnittlicher Wassermenge wird bereits ein großer Teil des Wassers planmäßig genutzt: Südost 6,74% (geplant 10,01%), Murray-Darling 71,60% (geplant 75,17%) und Südaustrali-

scher Golf 13,70% (geplant 17,65%) (Tab. 8). Schon jetzt zeigt sich hier die Konkurrenz zwischen einer Ausweitung der landwirtschaftlichen Bewässerungsgebiete und dem steigenden Wasserbedarf der großen Städte und der Industrie, denn dieselben Wasserressourcen werden zur Energieversorgung, von der Bewässerungslandwirtschaft, der Bevölkerung in den Städten und der Industrie in Anspruch genommen (Abb. 17).

Im Südwesten des Kontinents erreicht das

Tab. 8: Wassermengen und ihre Nutzungsmöglichkeit

Flußsysteme	Fläche in Mio. ha	Abflußmenge in Mio. m³	potentiell nutzbare Menge in Mio. m³	kontrollierte Nutzung in Mio. m³ (in Planung)		Nutzungsgrad in % der Abflußmenge (in Planung)	
1. Nordostküste	45	82 500	25 566	2 595	(761)	3,14	(4,06)
2. Südostküste	27	39 396	15 992	2 658	(1 287)	6,74	(10,01)
3. Tasmanien	7	49 799	35 495	1 722	(73)	3,45	(3,60)
4. Murray-Darling	106	22 261	18 372	15 941	(793)	71,6	(75,17)
5. Südaustr. Golf	8	980	283	135	(38)	13,7	(17,65)
6. Südwestküste	31	7 290	1 841	343	(27)	4,7	(5,08)
7. Indischer Ozean	52	4 160	490	–	(75)	–	(1,80)
8. Timor See	55	74 260	16 423	3 083	(45)	4,15	(4,21)
9. Carpentaria Golf	64	58 230	10 094	76	(86)	0,13	(0,28)
10. Eyresee	117	3 260	129	9	(–)	0,27	(–)
11. Bulloo-Bancannia	10	540	–	3	(–)	0,55	(–)
12. Westliches Plateau	264	–	–	–	(–)	–	(–)
1.–12. Australien	768	342 676	124 685	26 565	(3 185)	7,75	(8,68)

Quelle: 214, 1981, S. 360

Flußsystem Südwestküste eine jährliche Durchschnittsmenge von 7,3 Mrd. m³. Etwa 4,7% davon werden einer kontrollierten Nutzung zugeführt, sie dienen dem Industrie- und dem städtischen Bedarf im Ballungsraum Perth, der Bewässerung in dem Milchwirtschaftsgebiet der Küstenzone und in einem Pipelinenetz zur Sicherung der Wasserversorgung im Weizengürtel des Südwestens. Die Nutzungsmöglichkeiten im Raum Perth sind ausgeschöpft, größere Ressourcen stehen weiter südlich noch zur Verfügung.

Sehr unregelmäßige Wasserführung haben die Flüsse in Nordwestaustralien im Entwässerungssystem Indischer Ozean. Durch Starkregen, oft in Verbindung mit Wirbelstürmen, wird in kurzen Zeiträumen eine jährliche Abflußmenge von durchschnittlich 4,2 Mrd. m³ erreicht. Etwa 1,8% dieses Wassers soll genutzt werden. Ein kleines Bewässerungsgebiet um Carnarvon (500 ha Gemüse, 200 ha Bananen) zapft in ca. 8 m Tiefe den Grundwasserstrom des meist trokkenen Gascoyneflusses an. Bananen und Frischgemüse werden nach Perth und besonders in die Bergbaustädte der Pilbararegion

geliefert. Aus den meist trockenen Flußbetten dieses Systems wird auch das Wasser für das Bergbaugebiet der Pilbara gewonnen.

Um unter den naturgeographischen Bedingungen Australiens das Wasser der Flüsse einer geordneten wasserwirtschaftlichen Nutzung zuzuführen, sind vielfältige Baumaßnahmen notwendig. Das Ausmaß des wasserwirtschaftlichen Ausbaus dokumentiert eine Übersicht über die größeren Projekte in den australischen Staaten (Tab. 9).

Grundwasser / Artesisches Wasser

Fast die Hälfte des australischen Kontinents wird von abflußlosen Flußsystemen eingenommen. In diesen Gebieten ist zwar ein Flußsystem ausgebildet, doch eine meßbare Wasserführung findet nur selten und nur für ganz kurze Zeit statt. Das gilt insbesondere für den westlichen Teil der abflußlosen Gebiete, die westaustralische Platte. Zwar sind auch hier Reste eines ehemaligen Flußsystems vorhanden, doch nur sehr selten kommt es in kleinen Teilbereichen zu einer kurzfristigen Wasserführung, die in abflußlosen Sammelbecken endet. Die Wasserversorgung für eine viehwirtschaftliche Nutzung

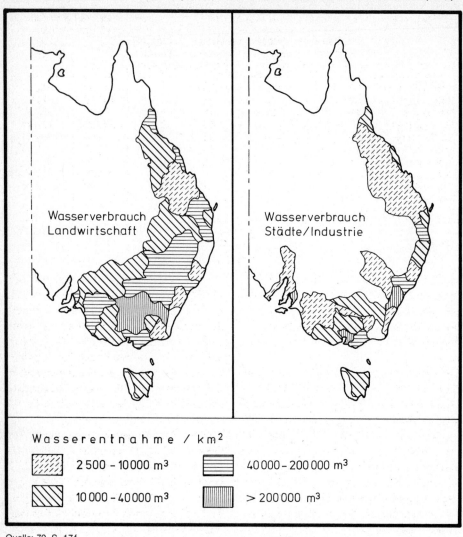

Wasserverbrauch Landwirtschaft

Wasserverbrauch Städte/Industrie

Wasserentnahme / km²

- 2 500 – 10 000 m³
- 10 000 – 40 000 m³
- 40 000 – 200 000 m³
- > 200 000 m³

Quelle: 79, S. 17f.

des Trockenraumes kann sich nur in geringem Maß auf diese Systeme ungeordneter Entwässerung stützen.

Wesentlich wichtiger sind die Grundwasserverhältnisse in Form artesischen Wassers. Das artesische Wasser ist vor allem in großen unterirdischen Becken unter Queensland, Neusüdwales und Südaustralien vorhanden (Abb. 2). Die artesischen Becken reichen vom Rand her weit in den Trockenraum hinein. Alle artesischen Wasservorkommen Australiens zusammen sind durch mehr als 200 000 Brunnen und Bohrstellen erschlossen (6, S. 22). Die Bohrtiefen reichen von 4 m bis 2300 m, doch sind in der Regel die Bohrlöcher nicht tiefer als 600 m. Der Grundwasservorrat aus den artesischen Brunnen ist nicht unbegrenzt. Aus dem

Tab. 9: Talsperren/Speicherseen und ihre Nutzung (1975 fertiggestellt oder im Bau)

Flußsysteme	Anzahl	Hauptzweck				Kapazität in Mio. m^3	kontrollierte Abflußmenge Mio. m^3
		Bewässerung	Stromerzeugung	Wasserversorgung	Flutregulierung, Erholung		
Nordostküste	33	12	1	20	–	4 100	1 300
Südostküste	99	5	5	87	2	10 700	2 700
Tasmanien	43	1	31	11	–	19 500	8 700
Murray-Darling	104	34	15	53	2	20 700	10 500
Südaustr. Golf	24	–	–	23	1	240	150
Südwestküste	24	8	–	15	1	870	360
Indischer Ozean	1	–	–	1	–	–	–
Timor See	8	5	–	3	–	6 100	1 900
Carpentaria Golf	4	–	–	4	–	140	10
Eyresee	2	1	–	1	–	–	–
Australien insges.	342	66	52	218	6	62 350	25 620

Quelle 214, 1983, S. 394

nachlassenden Druck, mit dem das Wasser an die Oberfläche tritt und durch das Versiegen von Brunnen am Rande der artesischen Becken zeigt sich, daß das entnommene Wasser nicht in vollem Umfang ergänzt wird.

Die Erschließung des artesischen Wassers auf den Viehfarmen oder entlang der Viehtriften schuf die Voraussetzungen zur viehwirtschaftlichen Nutzung großer Gebiete im Landesinnern. Außer der Versorgung großer Weidegebiete im ariden Australien durch artesisches Wasser wird Grundwasser für zahlreiche Bewässerungsprojekte genutzt. Entscheidend sind die Grundwasservorkommen für die Bergbaugebiete im Innern des Landes.

1977 wurden in Australien 2,4 Mrd. m^3 Grundwasser und 14,8 Mrd. m^3 Oberflächenwasser verbraucht (Tab. 10). Beim Grundwasser benötigten 19,5% die Städte und die Industrie, 66,8% verbrauchten die Bewässerungslandwirtschaft und 13,7% der übrige ländliche Raum. Das Oberflächenwasser verteilte sich zu 16,9% auf Städte/Industrie, 78,1% auf Bewässerung und 5,0% auf den übrigen ländlichen Bedarf.

Die Erschließung von Oberflächenwasser kann nur großräumig und kapitalaufwendig durchgeführt werden, deshalb ist der Staat zumeist Träger dieser Maßnahmen (71,3% des genutzten Oberflächenwassers stehen unter staatlicher Kontrolle). Die Erschließung von Grundwasser dagegen erfordert kaum überregionale Aufwendungen, es überwiegt deshalb hier die private Trägerschaft und umfaßt 90,8% des verbrauchten Grundwassers (79, S. 19 ff.).

Durch einen Versorgungsverbund von Grund- und Oberflächenwasser konnte bisher der steigende Wasserbedarf gedeckt werden. Der Verbrauch von Städten und Industrie lag bei 18%, für die Versorgung des ländlichen Raumes, besonders für Bewässerungsgebiete wurden 82% aufgewendet.

2.6.2
Bewässerungslandwirtschaft in den Staaten Australiens

Die Bewässerungslandwirtschaft begann auf privatwirtschaftlicher Basis. Nach kalifornischem Vorbild wurden 1887 in Renmark/Südaustralien und in Mildura/Victoria die ersten Bewässerungsflächen angelegt. Weite-

Tab. 10: Wasserverbrauch (1977)

Flußsysteme	Oberflächenwasser			Grundwasser		
	Gesamt-verbrauch in Mio. m³	% Städte/ Industrie	% Bewäs-serung/ Farmen/ ländliche Siedlungen	Gesamt-verbrauch in Mio. m³	% Städte/ Industrie	% Bewäs-serung/ Farmen/ ländliche Siedlungen
1. Nordostküste	861	45,1	54,9	710	5,6	94,4
2. Südostküste	2030	68,9	31,1	545	22,9	77,1
3. Tasmanien	292	53,8	46,2	0,5	100	–
4. Murray-Darling	11000	2,6	97,4	778	5,4	94,6
5. Südaustr. Golf	70	52,8	47,2	79	11,4	88,6
6. Südwestküste	431	43,4	56,6	210	86,7	13,3
7. Indischer Ozean	1	50,0	50,0	47	76,6	23,4
8. Timorsee	87	16,1	83,9	25	60,0	40,0
9. Carpentaria Golf	22	90,9	9,1	16	93,7	6,3
10. Eyresee	5	40,0	60,0	16	62,5	37,5
11. Bulloo-Bancannia	–	–	–	–	–	–
12. Westl. Plateau	1	50,0	50,0	26	19,2	80,8
1.–12. Australien	14800	16,9	83,1	2452	19,5	80,5

Quelle: 214, 1983, S. 391

re private Unternehmungen folgten am Murrumbidgee und Murray. Auch in Queensland sind die ersten Bewässerungsprojekte auf private Initiative zurückzuführen. Zahlreiche dieser privaten Unternehmungen schlugen fehl, nur die Bewässerungsgebiete um Renmark und Mildura bestehen als Irrigation Trusts bis heute. Durch staatliches Eingreifen wurden verschiedene Irrigation Commissions gebildet: State Rivers and Water Supply Commission of Victoria 1905, Water Conservation and Irrigation Commission of New South Wales 1913, Irrigation and Water Supply Commission of Queensland 1926 und später noch Engineering Water Supply Department of South Australia; Ministry of Water Works, Western Australia; Rivers and Water Supply Commission Tasmania.

Die landwirtschaftlichen Bewässerungsgebiete von 1655000 ha (214, 1983, S. 372) bestehen überwiegend (zu 56,9%) aus „state irrigation schemes" (942000 ha), wobei man zwischen „irrigation areas" und „irrigation districts" unterscheiden kann. Bei „irrigation areas" wird das Gebiet vom Staat übernommen und nach der Durchführung des Bewässerungsprojektes neu aufgeteilt. Bei „irrigation districts" werden zwar die wasserwirtschaftlichen Maßnahmen vom Staat durchgeführt, doch die Eigentumsverhältnisse bleiben unverändert. Dieses Vorgehen wird bevorzugt, wenn in landwirtschaftlich bereits erschlossenen Räumen Bewässerungsprojekte realisiert werden. Eine Fläche von 370000 ha wird durch private Ableitung von Wasser aus Flüssen, Bächen und Seen bewässert; mit farmeigenen Bewässerungsprojekten können 92000 ha versorgt werden. Auf insgesamt 1404000 ha wird Oberflächenwasser genutzt, auf 251000 ha wird Grundwasser zur Bewässerung verwendet. Die staatliche Kontrolle der privaten Bewässerungslandwirtschaft ist in den einzelnen Staaten unterschiedlich und beschränkt sich im wesentlichen auf eine Genehmigungspflicht, soweit z. B. Flußwasser durch Pumpen genutzt wird. In den „proclaimed areas", vom Staat kontrollierten Gebieten, sind auch die Nutzung von Grundwasser und der Bau von Dämmen auf der eigenen Farm genehmigungspflichtig. Durch solche

Tab. 11: Bewässerungslandwirtschaft (1980/81)
– Wasserressourcen/Anbaufläche/Bewässerungsverfahren

	Vic	NSW	Qld	WA	SA	TAS	Australien insg.	
Bewässerungsfläche in 1 000 ha	547	715	256	25	79	33	1 655	% Anteil
Bereitstellung des Wassers (für Flächen in 1 000 ha)								
staatliche Systeme	440	414	53	14	19	2	942	56,9
private Ableitung	56	229	51	2	18	14	370	22,4
Farmdämme	25	20	22	5	4	16	92	5,5
Versorgungsnetz (Pipeline)	11	3	–	–	–	–	14	1
Grundwasser	15	49	130	4	38	1	237	14,2
Anbaufläche in 1 000 ha								
Grünland inkl. Luzerne	459	310	34	13	36	15	867	52,4
Kornfrüchte	33	296	49	1	2	1	382	23,1
Gemüse	20	11	19	3	6	11	70	4,2
Obst	13	15	8	4	13	3	56	3,4
Rebflächen	15	9	–	1	20	–	45	2,7
sonstiger Anbau	7	74	146	3	2	3	235	14,2
davon Zuckerrohr			102					
davon Baumwolle			21					
davon Tabak	2		3					
Bewässerungsverfahren								
Flächen-/Furchenbewäss.	463	577	101	14	28	7	1 190	71,9
Beregnung	71	114	136	7	44	23	395	23,9
Tröpfchenbewässerung	2	4	3	2	4	1	16	1
gemischte Verfahren	11	20	16	2	3	2	54	3,2

Quelle: 214, 1983, S. 372, S. 401 ff.

Maßnahmen soll eine gleichmäßige Verteilung und sorgfältige Nutzung der Wasserressourcen gesichert werden (117, S. 3ff.). Am wasserwirtschaftlichen Gesamtkonzept wirken mehr als 800 staatliche Institutionen mit unterschiedlichen Zuständigkeiten mit. Zusätzlich werden zahlreiche Verbandsorganisationen verschiedener Verwaltungsebenen und private Einrichtungen einbezogen.

Victoria
Erste wasserwirtschaftliche Baumaßnahmen wurden zur Versorgung der Goldfelder um Bendigo in den 1860er Jahren durchgeführt. In privater Initiative entwickelte sich eine kleinräumige Bewässerungslandwirtschaft: um 1900 bestanden 33 Bewässerungsverbände und 18 weitere lokale Verbandsorganisationen zur Sicherung des ländlichen Wasserbedarfs. Diese Einrichtungen verfügten aber letztlich nicht über die notwendige finanzielle Leistungsfähigkeit, um größere wasserbauliche Maßnahmen durchzuführen. Seit Beginn des 20. Jahrhunderts (Water Act 1905) kam es zu einem stärkeren wasserwirtschaftlichen Engagement des Staates Victoria.

1975 hatte der Staat unmittelbare oder zumindest mittelbare Beeinflussungsmöglichkeiten für ein Gebiet von 917 580 ha; Einwirkungsmöglichkeiten des Staates zur Sicherung der ländlichen und städtischen Wasserversorgung aber erfaßten ein Gebiet von 4 867 000 ha. Flutkontrollbezirke wurden für ein Areal von 60 200 ha eingerichtet (214, 1976/77, S. 878). Durch umfangreiche wasserwirtschaftliche Baumaßnahmen wurde die Kapazität von Talsperren und Speicherseen von 212 Mio. m³ im Jahr 1906 auf 6221 Mio. m³ im Jahr 1975 erhöht. Ein großer Teil dieser Maßnahmen dient der Bewässerungslandwirtschaft. Die landwirtschaftliche Bewässerungsfläche steigerte sich von 42 490 ha (1906) auf 583 402 ha (1974/75) (214, 1976/77, S. 879), ging jedoch bis 1980/81 (214, 1983, S. 372) auf 546 573 ha zurück. Auch bei den Hauptnutzungen ergeben sich Verschiebungen zwischen 1974/75 und 1980/81: Grünland mit Luzerne 458 891 ha (1980/81) statt 517 141 ha (1974/75); Gemüseanbau 19 932 ha statt 16 975 ha; Obstanbau 13 484 ha statt 16 648 ha; Rebanlagen 15 368 ha statt 16 683 ha; Kornfrucht, darunter bes. Reis 32 765 ha statt 7657 ha.

Neusüdwales

Die günstige Entwicklung der Bewässerungslandwirtschaft in Victoria blieb nicht ohne Auswirkungen auf die angrenzenden Gebiete in Neusüdwales. Nach dem Vorbild von Mildura wurde im nördlich angrenzenden Wentworth 1890 ein Bewässerungsgebiet angelegt. Weitere kleine Gebiete folgten, doch ein stärkeres Eingreifen des Staates wurde erst durch die Dürreperiode 1895–1902 ausgelöst. Wasserwirtschaftliche Maßnahmen am Murrayfluß wurden zusammen mit Victoria und unter Einbeziehung der Interessen von Südaustralien durchgeführt. Auch im Bereich des Murrumbidgee griff der Staat direkt ein, nachdem in großräumigen privaten Bewässerungsprojekten die Chancen der Bewässerungslandwirtschaft bewiesen wa-

ren. Im Bewässerungsgebiet um Leeton und Griffith wurden 1912–14 die ersten 9700 ha Bewässerungsland an Farmer vergeben. 1924 waren etwa 48 000 ha um Leeton und Griffith in eine intensive Bewässerungslandwirtschaft einbezogen. Neben Obst-, Zitrus- und Rebanlagen begann man 1925/26 mit dem Reisanbau, zunächst auf 810 ha. Im Anbaujahr 1974/75 sind daraus 27 775 ha geworden. Am Gesamtproduktionserlös ist in der Murrumbidgee Irrigation Area (1974/75) der Reis mit 37% beteiligt, danach folgen Zitrusplantagen mit 11,3% und Rebflächen mit 10,6% (Angaben der Water Resources Commission NSW). Die günstige Entwicklung im Reisanbau mit Absatzmöglichkeiten auch im Export hat zum Ausbau weiterer Bewässerungsgebiete südlich von Griffith und Leeton geführt. Die Reisanbaufläche erreichte in der Murrumbidgee Irrigation Area 116 000 ha (1981/82). Die gesamte Bewässerungsfläche betrug 1980/81 714 604 ha statt 555 000 ha im Anbaujahr 1974/75 (214, 1976/77, S. 876 und 1983, S. 401). An erster Stelle steht auch in Neusüdwales Grünland einschließlich Luzerne auf 310 537 ha (1980/81) statt 329 960 ha (1974/75); es folgen Kornfrucht, insbesondere Reis auf 296 169 ha statt 140 601 ha; Gemüseanbau auf 11 028 ha statt 14 491 ha. Wie in Victoria geht auch in Neusüdwales der Anteil der bewässerten Weideflächen zurück. Reisfelder und Baumwollplantagen dagegen nehmen zu.

Queensland

Der Ausbau von Talsperren und Wasserreservoirs hat in Queensland nicht die Größenordnung erreicht wie in Victoria und Neusüdwales. Die besonderen Verhältnisse in Queensland lassen es zu, daß nahezu 51% der Bewässerungsflächen Grundwasser, besonders in Form artesischen Wassers nutzen. Die private Bewässerung dominiert auch bei der Ausnutzung des Oberflächenwassers, wobei Wasser aus den Flüssen abgeleitet oder in Reservoirs auf den Farmen gespeichert wird. Das Gesamtareal des bewässerten Landes ist mit 255 707 ha für 1980/81 anzusetzen gegenüber 197 143 ha für 1974/75 (214, 1976/77, S. 882 und 1983, S. 404). In der Nutzung der bewässerten Fläche steht den klimatischen Verhältnissen entsprechend Zuckerrohr an erster Stelle mit 101 715 ha (1980/81) statt 73 968 ha (1974/75); es folgen Grünland einschließlich Luzerne auf 33 704 ha statt auf 40 847 ha; Kornfrucht auf 49 455 ha statt auf 33 760 ha (Zunahme vor allem durch Sorgum-Hirse); Gemüseanbau auf 19 456 ha statt auf 18 418 ha; Baumwolle auf 20 728 ha statt auf 6933 ha.

Nordterritorium

Die Bewässerungslandwirtschaft im Nordterritorium ist unbedeutend. Vergebene Lizenzen für die Bewässerung von 2536 ha (Stand 1976) durch Ableitung von Flußwasser wurden bisher nicht ausgeschöpft. Daneben gibt es Farmen, die durch Grundwassererschließung bewässern, besonders im Raum um Alice Springs. 8986 Bohrlöcher und Quellen sind im Nordterritorium registriert, die der Wasserversorgung in den Viehhaltungsgebieten, der Versorgung in den Siedlungen, in den Bergbaugebieten und der landwirtschaftlichen Nutzung dienen. Die Ausgangslage für eine Bewässerungslandwirtschaft ist bei den Flüssen Daly und Adelaide River nicht ungünstig, es gibt aber Probleme ähnlich dem benachbarten Ord River in Westaustralien.

Westaustralien

Wichtig für die Entwicklung der Wasserwirtschaft Westaustraliens war der Mundaring-Stausee östlich von Perth. Die Pipeline, die von hier aus die Goldbergbaugebiete um Calgoorlie versorgte, ist zu einem Verbundsystem für Städte und landwirtschaftliche Gebiete erweitert worden. Das Pipelinenetz hat eine Gesamtlänge von 8151 km erreicht und versorgt 94 Siedlungen und 2 300 000 ha

Farmland mit Wasser für den häuslichen Bedarf und die Viehhaltung (Schafe, Rinder). Vom südlich gelegenen Wellington-Stausee werden weitere 12 Siedlungen und 600 000 ha Farmland in gleicher Weise versorgt. Das südliche System hat eine Ausdehnung von 1596 km und wurde inzwischen mit dem nördlichen System des Mundaring-Stausees zu einem Verbund zusammengefaßt. Dieses Versorgungsnetz (Abb. 12) schuf die Voraussetzung dafür, daß in großen Teilen des Weizengürtels eine intensive Zweifelderwirtschaft mit jährlichem Wechsel von Weizenanbau und Schafhaltung betrieben werden kann. In der Küstenebene südlich von Perth sind mehrere Projekte zur Bewässerung von Weideland durchgeführt worden, die Bewässerungsfläche beträgt um 15 000 ha. Bei diesen Projekten hat die Bewässerung für Obst- und Gemüseanbau nur untergeordnete Bedeutung. Ein weiteres Bewässerungsgebiet liegt im Nordwesten bei Carnarvon, in der Größe von 700 ha. Das Projekt am Ord River im Norden des Landes ist erst in Teilabschnitten verwirklicht. Ob es zu einem weiteren Ausbau kommt, ist noch fraglich, denn die Entwicklung dieses Gebietes ist durch Schwierigkeiten in der Anpassung der Nutzpflanzen (Reis, Baumwolle, Zuckerrohr) an die naturgeographischen Bedingungen des Raumes und durch die isolierte Lage weitab von den großen Absatzmärkten (151) bestimmt.

Bewässerte landwirtschaftliche Nutzflächen umfassen in Westaustralien 24 701 ha (1980/81) statt 28 058 ha (1974/75) (214, 1976/77, S. 890 und 1983, S. 409). An erster Stelle liegt Grünland einschließlich Luzerne auf 13 187 ha statt auf 14 829 ha; es folgen Obstanbau auf 4044 ha statt auf 4920 ha und Gemüseanbau auf 2878 ha statt 3828 ha.

Südaustralien

Die wasserwirtschaftliche Ausgangssituation in Südaustralien ist ungünstig, im wesentlichen kommen nur das Wasser des

Murrayflusses und Grundwasser für Bewässerung infrage. Die erste Bewässerungssiedlung von ganz Australien entstand 1887 in Renmark am Murray. Heute umfaßt der Renmark Irrigation Trust eine Bewässerungsfläche von 4000 ha. 79 474 ha Bewässerungsland (1980/81; 78 948 ha 1974/75) (214, 1976/77, S. 887 und 1983, S. 407) stehen in staatlicher Verwaltung oder werden von kleineren Kooperationen, Gesellschaften und Privateigentümern kontrolliert. Die Bewässerung erfolgt durch Ableitung von Flußwasser (23%), bevorzugt jedoch durch die Nutzung von Grundwasser (48%).

Nach der Nutzung gliedert sich die landwirtschaftliche Bewässerungsfläche so: Grünland einschließlich Luzerne auf 36 585 ha (1980/81) statt auf 39 414 ha (1974/75); Rebanlagen auf 20 253 ha statt auf 17 987 ha; Obstanbau auf 12 627 ha statt auf 13 263 ha.

Tasmanien

Die Wasserwirtschaft Tasmaniens dient in erster Linie der Stromerzeugung. Die Bewässerungslandwirtschaft spielt wegen der klimatischen Verhältnisse mit ausreichenden Niederschlägen kaum eine Rolle. Die Bewässerungsflächen erreichen insgesamt eine Größe von 32 748 ha (1980/81) gegenüber 23 286 ha (1974/75) (214, 1976/77, S. 892 und 1983, S. 411 f.). Der größte Teil entfällt auf Grünland einschließlich Luzerne auf 14 976 ha statt auf 12 123 ha, es folgen Gemüseanbau auf 11 301 ha statt auf 7376 ha und Obstanbau auf 2475 ha statt auf 2605 ha.

Seit 1974/75 hat es insgesamt eine Zunahme der Bewässerungsflächen von 1 466 000 ha auf 1 655 000 ha (1980/81) gegeben. Da Wasser jedoch nicht unbegrenzt zur Verfügung steht, geht die Grünlandbewässerung mit hohem Wasserverbrauch zurück. Durch exportorientierte Intensivkulturen auf bewässertem Ackerland kann das Wasser effektiver genutzt werden. Die Flächen des Ackerbaus mit Bewässerung erweiterten sich deshalb von 511 000 ha (1974/75) auf 788 000 ha (1980/81). Insbesondere haben Reisfelder, Baumwoll- und Zuckerrohrplantagen stark zugenommen. Intensive Nutzungsformen sind meist nur bei zusätzlicher Bewässerung möglich. Die standörtliche Verteilung der Intensivkulturen ist daher weitgehend identisch mit der Verbreitung der Bewässerungslandwirtschaft.

2.7
Betriebsstrukturen der Landwirtschaft

Bei der Erschließung des australischen Kontinents wollte man das neue Land gleichmäßig in Familienbetriebe aufteilen. Wenn sich auch in neuerer Zeit die Tendenz zu immer größeren Farmeinheiten durchgesetzt hat, so werden doch noch immer mehr als 90% aller Betriebe von Farmern und ihren Familien bewirtschaftet.

Der Mechanisierungsgrad in der australischen Landwirtschaft ist sehr hoch, rationeller Einsatz von Großmaschinen führt zu höchster Arbeitsproduktivität. Mechanisierung und Spezialisierung verlangen große Betriebseinheiten zur optimalen Nutzung. Als Folge der Betriebsvergrößerungen ist es zu einem starken Freisetzungseffekt gekommen, große Teile der ländlichen Bevölkerung sind in die hauptstädtischen Verdichtungsräume an der Küste abgewandert. So ist der Anteil der ländlichen Bevölkerung von 37,5% (1921) auf 13,8% (1976) zurückgegangen (210, S. 76).

Die Durchschnittsgröße der australischen Farm beträgt ca. 3000 ha (1973/74), in den USA 200 ha. Diese enorme Durchschnittsgröße wird durch die extrem großen Schaf- und Rinderfarmen im Landesinnern und im Norden mit mehr als 50 000 ha verursacht. Weniger als 1% aller landwirtschaftlichen Betriebe nehmen 62% der landwirtschaftlich genutzten Fläche ein (Tab. 12).

Tab. 12: Farmtypen und Betriebsgrößen 1973/74

Farmtypen	Prozentanteile der Betriebe nach Größenklassen (in ha)							
	<10	10–50	50–200	200–800	800–3200	3200–12500	12500–50000	>50000
Rinderfarmen	–	4	31	36	17	7	3	2
Milchviehbetriebe	1	19	62	17	1	–	–	–
Schaffarmen	–	1	16	45	22	7	6	2
Schweinemastbetriebe	19	31	30	17	3	–	–	–
Geflügelhaltung	59	25	10	5	1	–	–	–
Schaf-/Getreide-Farmen	–	–	5	48	41	5	–	–
Getreidefarmen	–	1	13	50	32	4	–	–
Zuckerrohrplantagen	1	38	51	10	1	–	–	–
Weinbaubetriebe	30	61	7	2	–	–	–	–
Obstplantagen	28	51	18	3	–	–	–	–
Kartoffelanbau	7	34	45	12	1	–	–	–
Gemüseanbau	42	32	18	7	1	–	–	–
Tabakplantagen	5	43	41	8	3	–	–	–
Prozentanteil der Betriebe insgesamt	5	13	27	32	16	4	2	1
Prozentualer Flächenanteil	–	–	1	5	9	8	15	62

Quelle: 21, S. 21

Auf der anderen Seite erlauben intensiv bewirtschaftete Farmen in klimatisch begünstigten Räumen oder in den Bewässerungsgebieten auch kleinere Betriebseinheiten. In der Größenklasse unter 10 ha liegen z. B. 42% der Gemüseanbaubetriebe, in der Größenklasse 10–50 ha liegen 61% der Weinbaubetriebe, 51% der Obstplantagen und 43% der Tabakplantagen. In der Größenklasse 50–200 ha liegen 51% der Zuckerrohrplantagen und 45% der Kartoffelanbaubetriebe. Das gleiche gilt für die 25330 Betriebe mit intensiver viehwirtschaftlicher Nutzung. So liegen 59% der Betriebe mit Geflügelhaltung unter 10 ha, 31% der Schweinemastbetriebe in der Größe von 10–50 ha und 62% der Milchviehbetriebe in der Größe von 50–200 ha (Tab. 12).
Von insgesamt 179100 landwirtschaftlichen Betrieben 1979/80 (21, S. 22) sind 30900

Ackerbaubetriebe mit Sonderkulturen. 19650 Betriebe sind reine Getreideanbaubetriebe (Weizenfarmen). 28600 Betriebe sind auf Getreideanbau kombiniert mit Viehhaltung ausgerichtet. Reine Viehhaltungsbetriebe gibt es 92880, davon mit intensiven Nutzungsformen in Verbindung mit kleinen Betriebsgrößen 5130 Geflügelfarmen und Schweinemastbetriebe, ebenso 20200 Milchviehbetriebe. Die Schaf- und Rinderfarmen liegen im Gebiet nur extensiv nutzbarer Naturweiden und haben teils enorme Größenordnungen, so daß 5% der Rinderfarmen und 8% der Schaffarmen zusammen 77% der gesamten landwirtschaftlichen Nutzfläche Australiens einnehmen (Tab. 12).
In den Betriebsgrößen, die auf dem Kontinent ringförmig von außen nach innen größer werden (Abb. 15), spiegelt sich die landwirt-

Abb. 18: Wert der landwirtschaftlichen Produktion pro ha (1976)

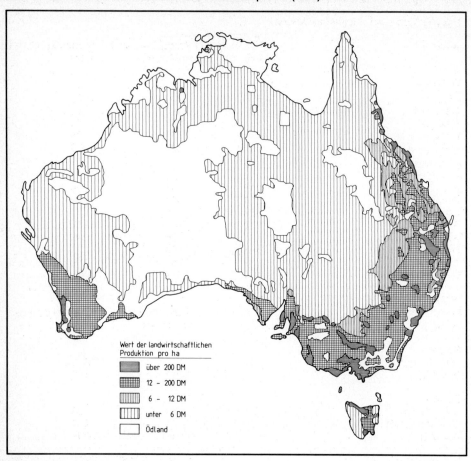

Wert der landwirtschaftlichen
Produktion pro ha

- über 200 DM
- 12 – 200 DM
- 6 – 12 DM
- unter 6 DM
- Ödland

Quelle: 21, S. 21ff.

schaftliche Produktivität (Abb. 18). In den Milchviehgebieten und den Regionen mit Sonderkulturen vor allem in den Bewässerungsgebieten bleibt die durchschnittliche Betriebsgröße unter 200 ha, der Wert der landwirtschaftlichen Produktion aber liegt weit über 200 DM (über 100 A$) pro ha. In den Viehhaltungsgebieten der regenreichen Küstenzone und im Weizengürtel mit Wechsel zwischen Getreideanbau und Viehhaltung wird pro ha ein landwirtschaftlicher Produktionswert von 12–200 DM (6–100A$) erreicht. In kleineren Bereichen, die zum Landesinnern hin an den Weizengürtel an-

schließen, liegt dieser Wert zwischen 6 und 12 DM (3–6 A$) pro ha. In den weiten Räumen mit extensiver Schaf- und Rinderhaltung beträgt der landwirtschaftliche Produktionswert weniger als 6 DM (3 A$) pro ha (Abb. 18).

2.8
Agrarproduktion und Export

Gebiete mit Spezialkulturen sind die niederschlagsbegünstigten küstennahen Zonen, vor allem aber die Bewässerungsgebiete.

Tab. 13: Landwirtschaft (1981/82)   Produktionswert/Exportwert

Hauptgruppen ackerbaulicher Nutzung

Anbauart	Anbaufläche in 1000 ha	Produktionswert in Mio. A$	davon Exportwert in Mio. A$ *
Getreide			
Weizen	11 880	2 480	1 720
Gerste	2 677	493	244
Hirse	651	143	156
Hafer	1 387	161	24
Mais	59	25	2
Spezialkulturen			
Reis	116	92	194
Zuckerrohr	316	604	752
Ölfrüchte	268	84	–
Baumwolle	90	159	117
Tabak	6	64	8
Obst/Zitrusfrüchte	102	463	122
Trauben	70	158	63
Gemüse	136	529	28

Hauptgruppen viehwirtschaftlicher Nutzung

Tierart	Anzahl in Mio.	Produktionswert in Mio. A$	davon Exportwert in Mio. A$
Rinder			
Fleischrinder	21,7	1,531	1 033
Milchvieh	2,7	1,011	138
Schafe			
Schaffleisch	137,4	559	155
Lebendexporte	–	214	214
Wolle	–	1 754	1 917

		Produktionswert in Mio. A$	davon Exportwert in Mio. A$
Landwirtschaftliche Nutzung insgesamt		12 400	7 300
davon			
ackerbauliche Nutzungen		6 100	3 500
viehwirtschaftliche Nutzungen		6 300	3 800

Quelle: 214, 1983, S. 316–369   *) Wertsteigerung durch Verarbeitung

In der Küstenebene liegen Gemüseanbaubetriebe und Obstplantagen, die ihre Absatzmärkte in den nahen großen Städten finden. Weiter entfernt von diesen Absatzmärkten können sich Gebiete mit Spezialkulturen nur bei günstigen naturgeographischen Verhältnissen halten, wie etwa Kartoffel- und Gemüseanbau in Küstenbereichen von Victoria und Tasmanien oder Bananen- und Ananasplantagen an der Küste im nördlichen Neusüdwales und im südlichen Queensland. Der größte Teil der intensiv genutzten Flächen aber liegt in den Bewässerungsgebieten. Durch Spezialisierung und Mechanisierung können sehr hohe Produktionswerte pro ha erreicht werden. Oft fehlt in Australien ein entsprechender Absatzmarkt. Die australische Agrarindustrie ist deshalb stark exportorientiert, und Veränderungen der Weltmarktsituation beeinflussen sofort die Produktion in Australien.

2.8.1
Exportorientierter Ackerbau

Obst und Zitrusfrüchte sind ein Beispiel dafür, wie stark und schnell sich Krisen auf dem Weltmarkt für Australien auswirken. Nach dem EG-Beitritt Großbritanniens 1973 konnte Australien wegen der neuen Zollbarrieren auf dem angestammten britischen Markt nicht mehr konkurrenzfähig anbieten. Der Anteil am Umsatz ging schlagartig zurück, wie der Zahlenvergleich 1972/73 und 1975/76 ergibt: Die Apfelernte schrumpfte von 426 000 t auf 274 000 t, weil die Ausfuhr von 177 000 t auf 64 000 t zurückging. Bei anderen Obstsorten ließen Anbau und Export ebenfalls stark nach. Auch die Verarbeitungsbetriebe für Obstkonserven gerieten in Schwierigkeiten, der Export fiel bei Pfirsichkonserven von 70 000 t auf 34 000 t, bei Birnenkonserven von 54 000 t auf 28 000 t (183, S. 97). Dementsprechend geringer wurde auch die Verarbeitungskapazität in den Konservenfabriken. 1975/76 lag der Exportanteil bei Obst und Zitrusfrüchten nur bei 21,5% des Ernteertrages. Inzwischen konnte durch die Erschließung neuer Märkte der Exportanteil auf 27,2% gesteigert werden (1980/81) (183, S. 98). Zugenommen hat die Verarbeitung von Obst zu Saft, vor allem dank steigender Nachfrage im eigenen Land. 1972/73 wurden 215 Mio. Liter Obstsaft erzeugt, 1979/80 waren es 244 Mio. Liter.

Im Gegensatz zu den schrumpfenden Anbauflächen für Obst und Zitrusfrüchte nahmen die *Rebflächen* zu, von ca. 55 000 ha (1950/51) auf ca. 70 000 ha (1979/80) (21, S. 18). Diesem Flächenzuwachs entsprechend stieg die Weinerzeugung von 266 Mio. Liter

(1972/73) auf 414 Mio. Liter (1979/80) (183, S. 97). Etwa 2/3 der Traubenernte werden zu Wein verarbeitet, der Rest wird als Sultaninen, Korinthen und Rosinen getrocknet. Die größten Rebflächen liegen in den Bewässerungsgebieten des Murray und des Murrumbidgee, größere Rebflächen außerhalb der Bewässerungsgebiete gibt es nördlich und nordöstlich von Adelaide und im Hinterland von Newcastle.

Der *Baumwollanbau* weitete sich seit den 1960er Jahren vor allem in den neuen Bewässerungsgebieten aus. Aus ca. 16 000 ha (1963/64) sind inzwischen 83 000 ha (1980/81) geworden. 59,3% der produzierten Baumwolle gehen in den Export (183, S. 92). Der Baumwollanbau liegt weitgehend in den Händen großer Farmgesellschaften, von denen die hohen Kosten für die Vollmechanisierung aufgebracht werden konnten. Auch die Kosten für die meist aus der Luft durchgeführte Schädlingsbekämpfung sind sehr hoch. Mit modernsten Anbaumethoden wurde erreicht, daß die australische Baumwolle beim Flächenertrag weltweit an 3. Stelle steht (28, S. 85).

Zuckerrohr kann in einigen Küstenbereichen im Norden Queenslands wegen der günstigen klimatischen Bedingungen innerhalb eines Jahres zur Reife kommen. In den Küstengebieten des südlichen Queensland dauert der Anbau 2 Jahre, auch ist zusätzliche Bewässerung erforderlich. Der monokulturartige Zuckerrohranbau verlangt große Düngermengen und umfangreiche Maßnahmen zur Schädlingsbekämpfung. Jedes 4. Jahr muß eine Unterbrechung durch stickstoffanreichernde Grünpflanzen (bes. Lupinen) erfolgen. Zur Sicherung des Absatzes wird der Anbau durch eine Quotenregelung auf durchschnittlich 50 ha pro Farm beschränkt. Die Verarbeitung des Zuckerrohrs erfolgt in kleineren Fabriken, die von den Plantagen durch „Zuckerrohrbahnen" zu erreichen sind. Australien produzierte 1980/81 3,3 Mio. t Rohzucker, wovon 75,8% vor allem nach Japan, Kanada, Malaysia und Südkorea exportiert wurden (28, S. 77).

Mit dem *Reisanbau* begann man 1924 im Murrumbidgee-Bewässerungsgebiet auf 62 ha. Auch in zwei weiteren Bewässerungsarealen in Neusüdwales hat sich inzwischen der Reisanbau durchgesetzt. 95% des Reisanbaus konzentrieren sich in Neusüdwales. Kleinere Reisanbauflächen liegen in Queensland und im Bereich des Ord River in Westaustralien. In sorgfältig planierten Bewässerungsbecken wird der Reis Ende Sept./Anfang Okt. eingesät. Bis zur Ernte im März–Mai werden die Pflanzen in 100–150 mm Wasser gehalten. Die Flächen können dann so entwässert werden, daß große schwere Erntemaschinen einsetzbar sind. Durch rationelle Anbaumethoden kann der Reis konkurrenzfähig auf dem Weltmarkt angeboten werden. Der Reisanbau dehnte sich deshalb kontinuierlich aus: 41 000 ha (1970/71), 92 000 ha (1976/77), 116 000 ha (1981/82). Begrenzende Faktoren sind das verfügbare Wasser und die Verarbeitungs- und Lagerkapazität der großen Reismühlen. Durch eine Quotenregelung wird der expandierende Reisanbau diesen Gegebenheiten angepaßt. Dadurch ist auch der für die Schädlingsbekämpfung wichtige Wechsel von Reis mit Weizen und Grünland gesichert. Der Reisexport konnte von 96 000 t (1970/71) auf 254 000 t (1976/77) und auf 596 000 t (1981/82) gesteigert werden (183, S. 93; 214, 1983, S. 333). Der Exportanteil stieg von 48,4% (1976/77) auf 76,2% (1981/82). Trotz dieser Steigerung macht der australische Reisexport nur 3% des Welthandels mit Reis aus.
Bei den exportorientierten Spezialkulturen wurden 1981/82 folgende Exportwerte erzielt (1976/77 zum Vergleich):
Zucker 752,5 Mio. A$ (637,5 Mio. A$); Reis 194,5 Mio. A$ (57,1 Mio. A$); Obst und Zitrusfrüchte 122 Mio. A$ (72 Mio. A$); Baumwolle 117,1 Mio. A$ (7,2 Mio. A$) (214, 1983, S. 333 ff.).
Weitere Spezialkulturen wie Tabak, Ölsamen, Erdnüsse, Sojabohnen, Kartoffeln, Feldgemüse und Weintrauben sind im wesentlichen auf den einheimischen Markt ausgerichtet. Während die Weinerzeugung zu 97% im Land bleibt, exportiert Australien als viertgrößter Produzent von getrockneten Weintrauben über 60% der Ernte an Rosinen etc. nach Kanada, in die Länder der EG, nach Neuseeland und Japan.
Durch ihre einseitige betriebliche Ausrichtung sind die australischen Betriebe mit Spezialkulturen auf dem Weltmarkt wettbewerbsfähig, doch sie sind auch voll vom Weltmarkt abhängig. Preisverfall und Absatzschwierigkeiten wirken sich unmittelbar aus. Wegen ihrer Spezialisierung können sich die Betriebe kaum anderen Produktionszweigen zuwenden. Besonders deutlich wurde diese weltwirtschaftliche Abhängigkeit bei der Absatzkrise für Obst und Zitrusfrüchte nach dem EG-Beitritt Großbritanniens. Inzwischen sind für fast alle landwirtschaftlichen Produktionsbereiche unter Beteiligung der erzeugenden und der verarbeitenden Betriebe Regelungen getroffen worden, die diese Abhängigkeit vom Weltmarkt auffangen sollen. Es handelt sich dabei im wesentlichen um Kontingentierungen durch Anbau- und Abnahmebeschränkungen sowie um Abnahmegarantien für bestimmte Erzeugermengen zu Mindestpreisen (183, S. 113 ff.).

Extensiver Getreideanbau
Weizen wird in Australien im Herbst (April–Juni) gesät und im Norden im Frühjahr (Okt./Nov.), im Süden im Sommer (Dez./Jan.) geerntet. Die Ernteerträge sind von der Menge der Winterniederschläge und ihrer zeitlichen Verteilung abhängig. Trotz der kontinuierlichen Steigerung der Anbauflächen gab es bei den Ernteerträgen große

Abweichungen, die durch die Variabilität der Niederschläge verursacht wurden. Nur so sind die großen Schwankungen bei den Weizenerträgen zu erklären, z. B. 11,8 Mio. t (1976/77), 9,3 Mio. t (1977/78), 18 Mio. t (1978/79), 16 Mio. t (1979/80), 10,8 Mio. t (1980/81) und 16,3 Mio. t (1981/82) (214, 1983, S. 328). Die Zahl der Weizenfarmen ist in den vergangenen 20 Jahren relativ stabil bei ca. 48000 Betrieben geblieben. Den Weizenfarmern geht es um die höchstmögliche Arbeitsproduktivität, nicht so sehr um höchstmögliche Flächenproduktivität. Durch verbesserte Weizensorten und Anbaumethoden konnte dennoch der Flächenertrag von 1,23 t je ha (um 1960) auf 1,29 t je ha (1976/77–1980/81) gesteigert werden.

Der australische Weizenexport unterliegt wegen der sich ändernden Nachfrage auf dem Weltmarkt großen Schwankungen. Er betrug 1976/77 7,9 Mio. t, 1977/78 10,9 Mio. t, 1978/79 nur 6,8 Mio. t, 1979/80 14,8 Mio. t, 1980/81 10,5 Mio. t und 1981/82 10,9 Mio. t. Auch bei den Zielgebieten des Exports sind Verschiebungen häufig. 1979/80 gingen die Exporte in folgende Länder: VR China 3,6 Mio. t, UdSSR 2,7 Mio. t, Irak 1,2 Mio. t, Ägypten 1,7 Mio. t. 1981/82 gingen in die UdSSR 2,4 Mio. t, nach Ägypten 1,6 Mio. t, in die VR China 1,4 Mio. t, nach Japan 0,9 Mio. t (214, 1983, S. 330). In der Weltrangliste der Weizenproduzenten steht Australien mit 16,3 Mio. t (1979) an 8. Stelle. In der Liste der Weizenexportländer dagegen liegt es mit 10,9 Mio. t (1981/82) an 3. Stelle nach USA und Kanada (Tab. 30).

Wegen der Exportorientierung ist Australien sehr an einem umfassenden internationalen Weizenabkommen interessiert. Wesentliche Ziele dabei sind Preisstabilität durch international koordinierte und von den Haupterzeugerländern (USA, Kanada, Australien, Argentinien und Länder der EG) durchgeführte Vorratshaltung, wodurch auch die Nahrungsmittelversorgung in den Entwicklungsländern besser gesichert

werden könnte. Doch bisher wurde ein solches Abkommen als Ersatz für das weitgehend unverbindliche Weizenabkommen von 1971 nicht erreicht. Da der australische Weizenfarmer die Risikofaktoren des weltwirtschaftlichen Weizenmarktes nicht allein tragen kann, wird die Vermarktung des Weizens von dem Australian Wheat Board (AWB) übernommen. Für die Dauer von fünf Anbaujahren (1. 10. 1979 – 1. 10. 1984) wurde ein Mindestpreis garantiert, der sich von einem Jahr zum anderen um nicht mehr als 15% verändern konnte. Durch einen Finanzierungsfond der Reserve Bank wurde dieser Mindestpreis finanziert, Überschüsse wurden an die Farmer ausbezahlt.

Besondere Preisregelungen für den im Inland abgesetzten Weizen führen zu einem gespaltenen Weizenpreis: 1974/75 lag der Inlandpreis bei 83 A$ je t, der Exportpreis bei 122 A$ je t, der Preis, den der AWB an die Farmer zahlte, lag bei 104 A$. 1976/77 war der Inlandspreis 105 A$, der Exportpreis 92 A$, der Preis des AWB 79 A$. 1978/79 betrug der Inlandpreis 116 A$, der Exportpreis 133 A$, der Preis des AWB 126 A$. 1980/81 war der Inlandpreis 156 A$, der Exportpreis 155 A$, der Preis des AWB 143 A$ (183, S. 74).

Der Anbau von *Gerste, Hafer, Hirse* wurde wegen der Anbaubeschränkungen für Weizen von 1969 bis 1973 interessant.
Gerste gab es vor 1950 fast nur als Braugerste in Südaustralien und Victoria. Als Auswirkung der Weizenquoten setzte sich der Anbau von Gerste im Weizengürtel stärker durch. Die Anbaufläche von 0,9 Mio. ha (1965/66) wurde auf 2,3 Mio. ha (1975/76) erweitert. 1981/82 wurden auf 2,6 Mio. ha 3,5 Mio. t Gerste produziert, wovon 1,6 Mio. t exportiert wurden (214, 1983, S. 332)
Hafer als anspruchslose Getreidesorte kann auch bei schlechten Klima- und Bodenbedingungen noch angebaut werden. Haferflächen dienen oft auch als Viehweide. Auf 1,4

Mio. ha wurden 1981/82 1,6 Mio. t Hafer produziert. Davon wurden 0,3 Mio. t exportiert. *Hirse* (Sorgum) kann wegen ihrer weitverzweigten Wurzeln auch noch unter sehr trockenen Bedingungen angebaut werden. Sie ist deshalb verbreitet im zentralen Queensland auf den Rodungsflächen zu finden. 1980/81 wurden auf 1,7 Mio. ha 1 Mio. t Hirse produziert, von der fast die Hälfte exportiert wurde.

Im Weizengürtel ist es zu einer stärkeren Betonung der Viehwirtschaft gekommen, immer stärker setzt sich der Wechsel zwischen einjährigem Weizenanbau und zweijähriger Grünlandnutzung durch. Im Norden des Weizengürtels mehren sich die Betriebe mit Weizenanbau und Rinderhaltung. Der ausschließliche Getreideanbau bleibt auf die Gebiete beschränkt, in denen die Wasserversorgung für die Viehherden fehlt oder der Klee wegen der langen Sommertrockenheit nicht gedeiht. Das gilt vor allem für den Weizengürtel des Südwestens zum Landesinnern hin.

2.8.2
Exportorientierte Viehwirtschaft

Die Viehwirtschaft wird in Australien exportorientiert betrieben (Wolle seit 1820, Fleischprodukte seit 1890). Mit Viehhaltung befaßten sich 1979/80 121480 Betriebe (21, S. 22). Dabei lassen sich unterscheiden: 40425 Rinderfarmen, 26275 Schaffarmen, 20850 Milchviehbetriebe, 28600 Betriebe mit Getreideanbau und Schaf-/Rinderhaltung mit 5130 Spezialbetriebe mit Schweinemast oder Geflügelhaltung (Mast, Eiererzeugung).

Die *Schafhaltung* war von Anfang an exportorientiert. Die Erschließung großer Weideflächen im Landesinnern ließ den Schafbestand von 20 Mio. (1861) auf 97 Mio. (1891) anwachsen. Den größten Schafbestand gab es 1970 mit 180 Mio. Tieren; 1982 waren es 137 Mio. Schafe (214, 1983, S. 348). Die Schafhaltung entwickelte sich keineswegs kontinuierlich. Rückschläge wurden durch die Abhängigkeit vom Weltmarkt für das Hauptprodukt Wolle verursacht, vor allem aber gab es Einbrüche durch Dürreperioden. Als Folge der langen Trockenheit von 1895 bis 1903 ging der Schafbestand von fast 100 Mio. auf etwa die Hälfte zurück. Als Folge der Dürre von 1911 bis 1916 verringerte sich die Zahl der Schafe um etwa 19 Mio. auf 80 Mio. Auch 1939 bis 1945 waren die Schafweidegebiete von Dürren betroffen, der Schafbestand ging von 125 Mio. (1942) auf 96 Mio. (1945) zurück. Die Trockenheit von 1965 bis 1967 brachte erneut einen Verlust von 20 Mio. Tieren. Die letzte Dürrekatastrophe von 1982/83 ist in ihren Auswirkungen mit der Dürre von 1895–1903 vergleichbar (214, 1983, S. 348).

Australien ist weltweit der größte Produzent und Exporteur von Schafwolle. Die Wollproduktion erreichte 1981/82 710700 t, davon wurden 90,7% exportiert (214, 1983, S. 360, 364). Hauptimportländer für australische Wolle waren 1979/80 Japan mit 142300 t, UdSSR mit 79300 t, Italien mit 52900 t, Frankreich mit 42800 t und die Bundesrepublik Deutschland mit 39800 t. Der Verkauf der Wolle erfolgt zu 80% auf öffentlichen Wollauktionen, der Rest wird direkt vom Erzeuger an den Abnehmer verkauft.

Die Merinowollschafe werden vor allem auf den extensiven Naturweiden im Landesinnern gehalten. Zur Küste hin, im Weizengürtel und in der feuchten Küstenzone selbst gibt es Fleischschafe und Wollschafe gleichermaßen. Ein Bestand von 30 Mio. Fleischschafen ist in den letzten Jahrzehnten zur Grundlage eines bedeutenden Schaffleischmarktes geworden. (304000 t Schaffleisch, 285000 t Lammfleisch, 1980/81). 61,5% des Schaffleisches gehen in den Export, das Lammfleisch wird wegen stärkerer

Inlandnachfrage nur zu 14,7% ausgeführt (183, S. 61). Schaffleisch wird vor allem nach Japan (ca. 50%), aber auch in die arabischen Staaten, nach Südkorea und Kanada exportiert. In den letzten Jahren hat sich der Export von lebenden Schafen in arabische Länder (Iran, Kuwait, Saudiarabien) sehr ausgeweitet. Die Hauptexporthäfen sind Adelaide, Esperance und Fremantle/Perth. Von 3 Mio. Schafen (1977) hat sich dieser Export auf 6,3 Mio. Tiere (1982) vergrößert (214, 1983, S. 351).

Rinderhaltung

Die steigende Nachfrage nach „Hamburger"-Fleisch in den USA eröffnete seit 1960 einen wachsenden Absatzmarkt für australische Fleischprodukte. Große Flächen natürlichen Weidelandes im Norden Australiens wurden von Farmgesellschaften gepachtet und neue riesige Rinderfarmen eingerichtet. Es kam zu sehr extensiven Nutzungsformen in immer größeren Farmbereichen. Diese große Viehfarmen führen dazu, daß nur 1% aller landwirtschaftlichen Betriebe – riesige Rinder- und auch Schaffarmen – 62% der landwirtschaftlich genutzten Fläche einnehmen (Tab. 12). Die großräumigen Weidegebiete sind nicht mehr durch Einzäunungen zu sichern; die sich freibewegenden Viehherden werden vom Hubschrauber aus oder durch den Einsatz mobiler Camps überwacht. Neue, auf den Versand von Gefrierfleisch spezialisierte Schlachtereien entstanden in den Küstenstädten des Nordens, die durch einen aufwendigen Straßenausbau mit den Weidegebieten verbunden wurden (Lkw-Transport). Der Gesamtbestand an Rindern stieg von 18,3 Mio. (1964/65) auf 25,2 Mio. (1980/81) (183, S. 62). Die Rindviehhaltung setzte sich auch in ausgesprochenen Schafhaltungsgebieten durch, die Grenze zwischen beiden Räumen verschob sich zugunsten der Rindviehhaltung (Abb. 14). Immer mehr Farmen kombinierten Schaf- und Rinderhaltung, etwa 12 500 Be-

triebe konnten 1979/80 dieser Mischform zugeordnet werden. Auch im Weizengürtel erfolgten ähnliche Veränderungen zugunsten der Rindviehhaltung. Die Kombination von Weizenanbau mit Rinderhaltung nahm 1979/80 auf 5250 Betriebe zu (21, S. 22). Die Rindfleischindustrie hat sich erst seit den 1960er Jahren im großen Maßstab entwickelt. Die Schlachtungen nahmen von 1964/65 von 5,7 Mio. auf 12,9 Mio. 1977/78 zu und fielen dann 1980/81 wieder auf 8,4 Mio. 1980/81 wurde eine Rind- und Kalbfleischproduktion von 1,4 Mio. t erreicht, ins Ausland gingen davon 0,5 Mio. t (183, S. 62). Etwa die Hälfte davon gehen in die USA, danach folgen Japan und Kanada. Mengenbeschränkungen in diesen drei Staaten bedeuten ein Risiko für den australischen Fleischexport.

Die Weideflächen Australiens weisen einen sehr unterschiedlichen Nutzungsgrad auf. In den niederschlagsreicheren küstennahen Gebieten und im angrenzenden Weizengürtel (etwa 13% der Fläche Australiens) sind die Naturweiden durch kultiviertes Grünland ersetzt, im Wechsel mit Weizen werden ertragreiche Kleesorten angebaut. Etwa 2/3 des gesamten Rindviehbestandes werden hier gehalten. Der Viehbestand ist sehr viel dichter, die Schlachtreife wird wesentlich schneller erreicht als auf den extensiven Naturweiden. Deshalb werden oft Rinderherden aus dem Landesinnern zur schnellen Mast auf gutes Weideland im Weizengürtel oder in Bewässerungsgebieten gebracht.

Bei den Betrieben mit *Milchviehhaltung* hat es einen Schrumpfungsprozeß gegeben, verbunden mit einer räumlichen Konzentration im Bereich der Hauptstädte, vor allem im Umland von Melbourne. Allein von 1976/77 bis 1979/80 ging die Zahl der Milchviehbetriebe von 26950 auf 20850 zurück, die Durchschnittsgröße der Betriebe stieg dafür von 80 ha auf 150 ha. Der markante Rückgang beim Milchviehbestand – 4,5 Mio. Tiere 1966, 3,6 Mio. 1976, 2,7 Mio. 1982 (21, S. 10; 214, 1983, S. 349), konnte durch eine Steigerung der Jahresmilchleistung von 2577 l (1970/71) auf 2891 l (1980/81) nicht ausgeglichen werden. Die Gesamtmilchleistung ging von 7,2 Mrd. l (1970/71) auf 5,4 Mrd. l (1980/81) zurück.

Etwa 21% der australischen Molkereiprodukte gehen in den Export: Butter nach Saudiarabien, Singapur und Hongkong, Käse nach Japan und Saudiarabien, Milchpulver nach Taiwan, Indonesien, Malaysia und den Philippinen. Das Marktvolumen bei Milch und Milchprodukten unterliegt großen Schwankungen, hervorgerufen durch kurzfristige Verschlechterung der Produktionsbedingungen (z. B. Dürre) und durch die Wettbewerbsverzerrungen auf dem Weltmarkt (z. B. Butterverkäufe der EG an UdSSR). Zum Schutz der eigenen Milchwirtschaft greift der australische Staat regulierend ein mit unterschiedlichen Maßnahmen bis hin zu Preisgarantien und Produktionsbeschränkungen.

Die *Schweinehaltung* auf der Basis von Getreidemast erlebte 1969–1973 einen Boom, als durch die Quotenregelung bei Weizen Überschußproduktionen in der Schweinemast verwendet werden konnte. Als 1974 die Quotenregelung gelockert wurde, war nicht mehr genug billiger Weizen vorhanden, so daß die Schweinemast auf Milchviehfarmen und Getreidefarmen als Nebenerwerb aufgegeben wurde. Bis 1979/80 entstanden stattdessen 300 hochspezialisierte Schweinemästereien. Diese Betriebe können den relativ geringen Schweinefleischverbrauch in Australien decken. Von 234 000 t Schweinefleisch (1980/81) gingen nur 3000 t in den Export (183, S. 77), hauptsächlich nach Japan und Papua-Neuguinea.

Während sich die Schweinemastbetriebe in den Gebieten mit Futtergetreideanbau konzentrieren, vor allem im Südwesten von Queensland, findet sich die *Geflügelhaltung* in der Nähe der großen Städte. Der Absatz von Geflügelfleisch, besonders von Hähnchen, stieg erst Ende der 1960er Jahre stark an. 1965/66 wurden 69 000 t Geflügelfleisch produziert, 10 Jahre später waren es 204 000 t, 1980/81 300 000 t (183, S. 79). Vor allem Grillhähnchen haben den Konsum von 6,2 kg (1965/66) pro Person auf 21,1 kg (1980/81) anwachsen lassen. 680 Geflügelfarmen waren 1979/80 auf Geflügelfleisch spezialisiert. 1150 Betriebe waren auf Eierproduktion ausgerichtet (21, S. 22). Die Eiererzeugung lag 1965/66 bei 1,6 Mrd., 1980/81 erreichte sie 2,4 Mrd. Davon wurden 13% exportiert, vor allem nach Japan.

Für viele Produkte der australischen Landwirtschaft gibt es keinen ausreichenden Markt im eigenen Land. Durch Spezialisierung und Rationalisierung versuchen die australischen Farmer, ihre Produkte wettbewerbsfähig zu machen. Die landwirtschaftliche Produktivität Australiens insgesamt ist wegen der ungünstigen Klima- und Bodenbedingungen und trotz großer Fortschritte in der Anpassung an die naturgeographische Ausgangssituation gering, das gilt besonders für die Flächenerträge im Vergleich zu anderen Ländern. Die viehwirtschaftliche Tragfähigkeit aller Weidegebiete zusammen liegt im Durchschnitt 75% niedriger als die durchschnittliche Tragfähigkeit in den USA. Der durchschnittliche Weizenertrag in Australien ist um die Hälfte geringer als der Durchschnittsertrag in den USA und liegt 75% unter den Durchschnittserträgen in Westeuropa (21, S. 21). Um mit den günstigeren Ertragsverhältnissen in Europa und in den USA konkurrieren zu können, wurden die Produktionseinheiten in Australien entsprechend vergrößert. Dieses Relationsverhältnis dokumentiert sich im Vergleich der räumlichen Verteilung der Farmgrößen und der räumlichen Verteilung der landwirtschaftlichen Produktivität (Abb. 15, 18).

2.9
Flächenbilanzen und Landnutzungszonen

Das Resultat landwirtschaftlicher Erschließung kann durch Flächenbilanzen und durch klimatische Landnutzungszonen zusammenfassend gekennzeichnet werden.

Flächenbilanzen

Zur Typisierung unterscheidet die australische Statistik folgende Nutzungsformen:
Ödland: Areale ohne jegliche landwirtschaftliche Nutzung, insbesondere Kronland, das nicht durch Pacht vergeben ist. Dazu gehören ebenfalls Reservate, wenn sie nicht von Aborigines viehwirtschaftlich genutzt werden.
Schutzgebiete: Nationalparks und Naturschutzgebiete etc.
Wald: Waldgebiete, die auch zur Holzgewinnung genutzt werden.
Weide: Flächen für die weidewirtschaftliche Nutzung, auch zur Grünfutter- und Heugewinnung. Die Nutzungsintensitäten sind sehr unterschiedlich und werden nach dem Viehbesatz in 5 Stufen gegliedert (Tab. 14). Danach handelt es sich z.B. um Weideland 5. Klasse, wenn für ein Rind mehr als 64 ha Weidefläche benötigt werden und um Weideland 1. Klasse, wenn für ein Rind weniger als 1 ha Weideland ausreicht.
Ackerland: Ackerflächen mit Fruchtanbau.
Stadtgebiete: Areal der Stadtgebiete von Städten mit mehr als 2500 Einwohnern (1976).

Bei einer Gesamtfläche von 768 Mio. ha gelten für die verschiedenen Landnutzungen Australiens (Abb. 19) folgende Größenordnungen (19, S. 16ff.; 166, S. 206ff.):
Ödland, ungenutztes Land sind ca. 200 Mio. ha. Hierzu zählen die großen Wüsten- und Steppengebiete im trockenen Landesinnern, aber auch unzugängliche Bereiche im tropischen Norden.
Nationalparks und *Naturschutzgebiete* in einer Größe von 27 Mio. ha sind über den gesamten Kontinent verteilt.
Waldflächen in einer Größe von 15 Mio. ha werden überwiegend forstwirtschaftlich genutzt. An Bedeutung gewinnen Erholungsflächen in den Forstgebieten, aber auch die Walderhaltung in den Wassereinzugsgebieten der großen Städte. Neue Baumarten wurden eingeführt, um den Bedarf der Papier- und der Bauindustrie zu decken. Für diese Zwecke wurden trotz der Gefährdung durch Buschfeuer große Flächen mit Kiefern aufgeforstet.
Landwirtschaftliche Nutzflächen erreichen 516 Mio. ha, 67% der Gesamtfläche des Kontinents. Nur 15 Mio. ha davon werden als Ackerland genutzt, die übrigen Flächen dienen als Weideland. Die Nutzungsintensität der Weideflächen zeigt eine enorme Variationsbreite (Tab. 14). Die weiträumigen Naturweiden (Weide 5. Klasse) in der trockenen Mitte und im Norden Australiens machen 41% der Weideflächen aus, ernähren

Tab. 14: Intensitätsstufen weidewirtschaftlicher Nutzung

Weideklasse (5.–1. Kl. Weide)	Fläche in ha je Tier Schaf	Rind	Milchkuh
5. Kl. Weide	>8 ha	>64 ha	–
4. Kl. Weide	2–8 ha	16–64 ha	–
3. Kl. Weide	0,5–2 ha	4–16 ha	–
2. Kl. Weide	0,125–0,5 ha	1–4 ha	1,5–6 ha
1. Kl. Weide	<0,125 ha	< 1 ha	<1,5 ha

Quelle: 19, S. 19

aber nur 5% des gesamten Viehbestandes. Die Weiden 1. Klasse in der regenreichen Küstenzone haben dagegen einen dichten Viehbesatz, weshalb hier auf nur 3% des Weidelandes insgesamt 25% des gesamten Viehbestandes gehalten werden können. Die Naturweiden sind hier ersetzt durch kultiviertes Dauergrünland in einem Umfang von 27 Mio. ha.

Die *Städte* Australiens mit mehr als 2500 Einwohnern nehmen eine Gesamtfläche von ca. 1 Mio. ha ein. In der Nähe der großen Städte und in den gut erschlossenen Fremdenverkehrsgebieten der Küstenzone ist es in den letzten Jahrzehnten zu einer Aufteilung landwirtschaftlicher Flächen in sogenannte Hobbyfarmen (um 50 ha) gekommen. Diese Hobbyfarmen werden auf eine Gesamtfläche von etwa 10 Mio. ha geschätzt (19, S. 17).

Die Verkehrsinfrastruktur – Eisenbahn, Straßen, Wege – hat der Größe des Kontinents entsprechend einen Flächenbedarf von etwa 9 Mio. ha, was insbesondere durch die Notwendigkeit der Verbindung der Viehhaltungsregionen und der Bergbaugebiete im Landesinnern mit den Hauptstädten in der Küstenzone bedingt ist.

Landnutzungszonen

Die Gesamtfläche Australiens von 768 Mio. ha und die Gesamtbevölkerung von 13,55 Mio. (1976) verteilen sich sehr unterschiedlich auf die einzelnen klimatischen Landnutzungszonen (Abb. 19 und 20):

Humide Zone
Fläche: 45 Mio. ha (5,8% der Gesamtfläche)
Bevölkerung: 10,1 Mio. (74,7% der Gesamtbevölkerung)
Hier sind die klimatischen Bedingungen für Land- und Forstwirtschaft gut. Die Niederschläge liegen über 500 mm und fallen in weiten Gebieten über das ganze Jahr verteilt, jedoch mit Schwerpunkt als Sommer-

regen im Norden und als Winterregen im Südosten und Südwesten. Bei einer Wachstumsperiode von 9 Monaten sind die Voraussetzungen für Milchviehhaltung gut. Nach der Rodung von Eukalyptuswäldern im Süden und tropischen Regenwäldern im Norden sind leistungsfähige Milchviehgebiete in den Küstenbereichen von Victoria, Neusüdwales und Queensland entstanden. Die durchschnittliche Größe der Milchviehbetriebe liegt in Victoria bei 140 ha, in Neusüdwales bei 150 ha und in Queensland bei 180 ha. Die hier vorhandenen Weideflächen mit höchster Leistungsstufe schaffen auch gute Voraussetzungen für Schaf- und Rinderfarmen, die in der Größenordnung von 500 ha (Victoria) bis zu durchschnittlich 1000 ha (Neusüdwales, Queensland) reichen. Trotz umfangreicher Rodungen für die viehwirtschaftliche Nutzung sind große Areale von geschlossenen Eukalyptusforsten und im Norden von tropischen Regenwäldern bedeckt. Die Wälder im Südosten sind vor allem für den Wasserhaushalt in den Einzugsbereichen der Flüsse wichtig, die die Wasserversorgung in den Bewässerungsgebieten und in den großen Städten sichern. In einigen Küstenbereichen von Queensland mit ganzjährig hohen Niederschlägen und günstigen Temperaturverhältnissen gedeihen tropische Früchte (Zuckerrohr, Ananas, Bananen). Der Zuckerrohranbau dominiert im Norden, da dort zur Reife nur ein Jahr nötig ist. In den Küstenbereichen des südlichen Queensland dagegen dauert die Reifeperiode des Zuckerrohrs länger, auch ist zusätzliche Bewässerung erforderlich. Die durchschnittliche Größe der Zuckerrohrfarmen liegt bei 100 ha. Daneben gibt es Ananas- und Bananenplantagen. Bis auf die Waldflächen, die durch forstwirtschaftliche Nutzung in ihrem Bestand verändert wurden, ist die natürliche Vegetation in der humiden Zone weitgehend verschwunden.

Abb. 19: Landnutzungszonen (1975/76). Übersichten

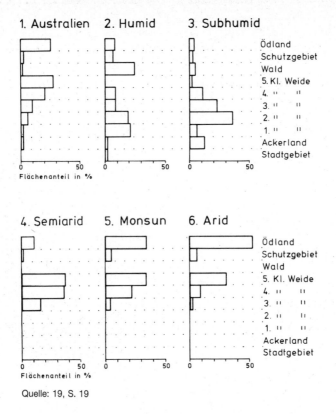

1. Australien   2. Humid   3. Subhumid

Ödland
Schutzgebiet
Wald
5. Kl. Weide
4. "   "
3. "   "
2. "   "
1. "   "
Ackerland
Stadtgebiet

Flächenanteil in %

4. Semiarid   5. Monsun   6. Arid

Ödland
Schutzgebiet
Wald
5. Kl. Weide
4. "   "
3. "   "
2. "   "
1. "   "
Ackerland
Stadtgebiet

Flächenanteil in %

Quelle: 19, S. 19

Subhumide Zone
Fläche: 105 Mio. ha (13,7% der Gesamtfläche)
Bevölkerung: 2,92 Mio. (21,6% der Gesamtbevölkerung)
Diese Zone liegt zwischen den feuchten Küstenbereichen und den semiariden Inlandflächen. Dieses Gebiet im Osten, Südosten und Südwesten ist ein Raum mit starker Entwicklungsdynamik, er ist inzwischen zum landwirtschaftlichen Kerngebiet geworden. Die umfassenden agrarischen Innovationen des letzten Jahrhunderts haben sich in dieser Zone am stärksten ausgewirkt. Der gesamte Getreideanbau des Kontinents ebenso wie der Anbau von Ölsamen und Baumwolle, aber auch der größte Teil der Bewässerungsgebiete mit ihrem vielfältigen Anbau gehören zur subhumiden Zone. Durch Anbaurotation von Weizen und Grünland mit Viehhaltung konzentrieren sich auch 60% des gesamten Schafbestandes und 40% des gesamten Rindviehbestandes in dieser Zone.

Semiaride Zone
Fläche: 290 Mio. ha (37,8% der Gesamtfläche)
Bevölkerung: 0,43 Mio. (3,1% der Gesamtbevölkerung)
In dieser Zone ist die naturgeographische Ausgangssituation markant ungünstiger. Die Zeitdauer der nutzbaren Niederschläge bleibt im gesamten Gebiet unter 5 Monaten. Diese Vegetationsperiode reicht zum An-

Abb. 20: Landnutzungszonen (1975/76). Räumliche Verteilung

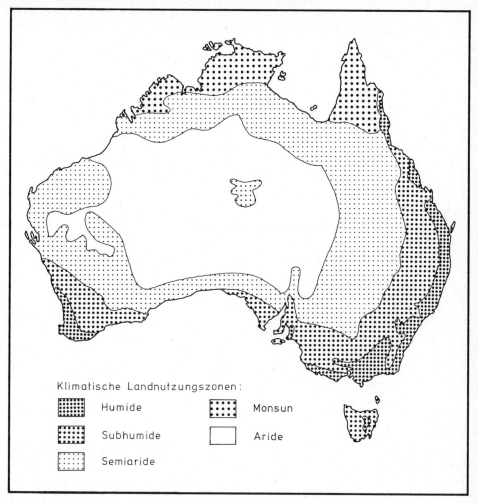

Klimatische Landnutzungszonen:

Humide

Subhumide

Semiaride

Monsun

Aride

Quelle: 19, S. 18

bau von Getreide nicht mehr aus; nur eine extensive viehwirtschaftliche Nutzung der natürlichen Vegetation in der Gras- und Dornbuschsteppe ist möglich. Der Mangel an Wasser kann durch die artesischen Wasservorkommen gemildert werden, so daß 86% der semiariden Zone als Schafweide im Süden und als Rindviehweide im Norden genutzt werden. Die durchschnittliche Betriebsgröße beträgt 125 000 ha. Im Gegensatz zur humiden und subhumiden Zone hat es

hier kaum innovative Entwicklungen gegeben. Trotz intensiver Bemühungen konnte wegen der physisch-geographischen Extremsituation keine Verbesserung der Nutzung erreicht werden, die Viehhaltung ist eher in weiten Gebieten rückläufig. Um Katastrophen bei Dürreperioden zu vermeiden, hat man nicht mehr den hohen Viehbesatz wie in den ersten Jahrzehnten der viehwirtschaftlichen Erschließung von 1880–1900. Dennoch kommt es in Dürreperioden, wie

z. B. in der letzten von 1981–83, zu sehr kritischen Situationen, verbunden mit hohen Verlusten bei den Viehherden und Degeneration oder gar Zerstörung der spärlichen Vegetation.

Monsunzone
Fläche: 60 Mio. ha (7,8% der Gesamtfläche)
Bevölkerung: 0,08 Mio. (0,6% der Gesamtbevölkerung)
Die Nutzungsverhältnisse dieser Zone sind durch die scharfe Trennung von Regenzeit im Sommer (wet season) und Trockenzeit im Winter (dry season) bestimmt. Etwa 34% dieser Zone ist ungenutzt, ein großer Teil dieser Flächen liegt in Reservaten der Aborigines, die zum Teil noch in traditioneller Weise als Jäger und Sammler leben. Das in der Monsunzone vorherrschende hohe Gras verdorrt in der langen Trockenperiode des Winters. Der Viehbesatz beträgt etwa ein Rind auf 50 ha, die durchschnittliche Größe der Viehfarmen liegt über 50000 ha. Von hier aus werden die Fleischfabriken in Darwin und Wynham beliefert, die vor allem in die USA exportieren.

Aride Zone
Fläche: 268 Mio. ha (34,9% der Gesamtfläche)
Bevölkerung: 0,02 Mio. (0,1% der Gesamtbevölkerung)
Die trockenste Zone des Kontinents hat eine sehr hohe Variabilität der Niederschläge. Wenn Niederschläge fallen, so sind es im Süden überwiegend Winterregen, in der Nordhälfte vor allem Sommerregen. Die Effektivität dieser Niederschläge ist wegen der hohen Verdunstung gering. 53% der ariden Zone sind ungenutzt, etwa 1/4 dieses ungenutzten Landes liegt in Reservaten der Aborigines. 6% der Fläche sind als Schutzgebiete (Nationalparks) ausgewiesen. Die verbleibenden 41% sind extensiv viehwirtschaftlich genutzt, im Süden durch Schafe, im Norden durch Rinder. Für ein Rind sind etwa 64 ha

notwendig. Große Flächen der Gras-, Salz- und Dornbuschsteppe sind von Spinifexgras bedeckt, das die Tiere nicht fressen können. Wegen diesen ungünstigen Bedingungen vergibt die Regierung Pachtverträge für Viehfarmen in der Größe um 200000 ha.

In den verschiedenen klimatischen Landnutzungszonen werden häufig Grenzsituationen für die acker- und viehwirtschaftliche Nutzung erreicht, wodurch es in großen Teilen Australiens zu Degradation von Vegetation und Böden kommen kann.

2.10
Gefährdung von Ökosystemen durch Landnahme und Landwirtschaft

Die Pflanzen- und Tierwelt, vor der europäischen Besiedlung, hatte sich in einem langen Entwicklungsprozeß an Oberflächenform, Bodenverhältnisse und klimatische Bedingungen angepaßt. Die Lebens- und Wirtschaftsweise der Ureinwohner war in diese Anpassung einbezogen. Selektionsprozesse in der Tierwelt durch die Jagd der Ureinwohner gelten als wahrscheinlich, Veränderungen der Flora durch die Verwendung des Feuers als sicher.
Seit der Landnahme durch die Europäer sind die Vegetationsverhältnisse markant verändert worden. Nur etwa 1/3 der Fläche Australiens ist von den Aktivitäten der Weißen relativ unberührt geblieben. Starken Veränderungen unterlagen die Waldgebiete im Osten und Südwesten, 80–90% dieser Areale wurden gerodet oder doch so stark ausgedünnt, daß sich ihre Formenspezies stark veränderte. Zum Landesinnern hin wurde in den „Woodlands/Scrublands" mit der Kultivierung des Weizenanbaugebietes eine neue von Menschen geprägte Landschaft geschaffen.

Tab. 15: Vegetationsveränderungen 1770 – 1970

Vegetationsgebiet	Flächenanteil 1770	Flächenanteil 1970	Veränderung 1770 – 1970
Wüste	12 %	12 %	0
Wüste mit Grasslands	0,8%	0,8%	0
Grasslands	23 %	3 %	−87%
Grasslands mit Scrublands	4 %	0,4%	−90%
Grasslands mit Woodlands	25,2%	6,3%	−75%
Scrublands	8 %	5 %	−37%
Scrublands mit Woodlands	3 %	1,5%	−50%
Woodlands	17 %	2 %	−88%
Wald (Hartlaubwald)	5 %	1,5%	−70%
Trop. Regenwald	1,8%	0,2%	−90%
Sonstige Gebiete (alpine Zone, küstennahe Überschwemmungsgebiete)	0,1%	0,1%	0

Quelle: 100, S. 194

Den veränderten Nahrungsbedingungen durch intensive landwirtschaftliche Nutzung konnte sich die einheimische Tierwelt oft nicht anpassen und mußte auf die „Grasslands" im Landesinnern ausweichen, die allein schon durch diese stärkere Beweidung Veränderungen erfuhren. Intensiver allerdings waren die Beeinträchtigungen durch die Ausdehnung der Schaf- und Rinderweide Ende des 19. Jahrhunderts. Nach Heathcote (100, S. 13) sind die Veränderungen der Ökosysteme von ca. 1770 bis 1970 enorm (Tab. 15). Etwa 2/3 der Landfläche Australiens haben danach die ursprüngliche Vegetation verloren. Nur die Gebiete, die wegen ihres extrem ungünstigen Klimas für eine landwirtschaftliche Nutzung nicht geeignet waren, blieben unverändert. Diese Rückzugsgebiete der natürlichen Vegetation sind statistisch als Ödland und als Schutzgebiete annähernd erfaßt. Danach liegen in der humiden Zone 3,5 Mio. ha, in der subhumiden Zone ebenfalls 3,5 Mio. ha, in der semiariden Zone 40,5 Mio. ha, in der Monsunzone 24,5 Mio. ha und in der ariden Zone 160 Mio. ha mit einer Vegetation, die noch etwa dem Zustand von 1770 entspricht (19, S. 19ff.). Das Ödland ist ungenutzt und befindet sich als Kronland weitgehend im Eigentum des Staates.

In Teilbereiche dieses Ödlands von insgesamt ca. 200 Mio. ha haben sich Gruppen von Ureinwohnern zurückgezogen, die hier in traditioneller Weise leben. Explorationstrupps von Bergbaugesellschaften arbeiten in den ungenutzten Räumen des Nordens und der Mitte; auch durch sog. „Outback-Safaris" werden diese Gebiete berührt.

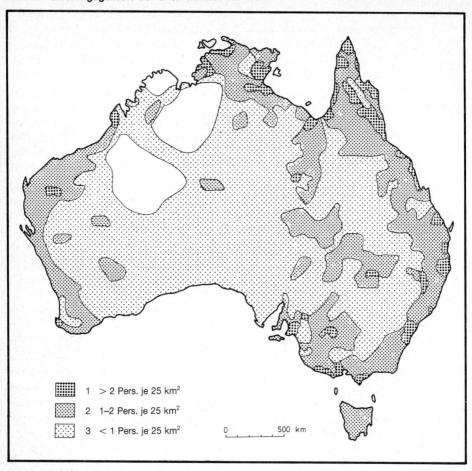

1 > 2 Pers. je 25 km²

2 1–2 Pers. je 25 km²

3 < 1 Pers. je 25 km²

0   500 km

Quelle: 100, S. 52

2.10.1
Zerstörung des Lebensraums der Ureinwohner

Den ca. 300000 Ureinwohnern, die Australien vor der Besiedlung durch die Weißen bewohnten, stand die Pflanzen- und Tierwelt eines 768 Mio. ha großen Raumes zur Verfügung. 1980 gab es für 175000 Aborigines zwar freies Land in der Größe von 200 Mio. ha, doch liegt der größte Teil dieses freien Landes in der ariden Zone der toten Mitte Australiens mit den großen Wüsten und Spinifexsteppen. Nur 34% des freien Landes befinden sich in der Monsunzone mit Vegetationsverhältnissen, die für die Ureinwohner schon immer günstige Nutzungsmöglichkeiten boten (84, S. 220). Diese Landflächen mit ursprünglicher Vegetation können der Urbevölkerung auch heute noch zur Verwirklichung ihrer traditionellen Lebens- und Wirtschaftsweise dienen.

Die Ureinwohner hatten in ihren Territorien eine Lebens- und Wirtschaftsgemeinschaft, Eigentum oder ähnliche Zuordnungen waren ihnen unbekannt. Sie waren über den ganzen Kontinent verteilt (Abb. 21), so daß schon Cook bei seiner Landung in der Botany Bay 1770 auf Ureinwohner stieß. Ihrer Lebens- und Wirtschaftsordnung entsprechend, betrachteten die Ureinwohner die Haustiere und die Felder der neuen Siedler als gemeinschaftlichen Besitz und als ihr Jagd- und Sammelgebiet. Das mußte zwangsläufig zu Auseinandersetzungen führen, in deren Verlauf die Ureinwohner immer weiter ins Landesinnere zurückgedrängt wurden. Das Ordnungsgefüge der Urbevölkerung wurde im Kern getroffen, weil ihnen die Identität von Lebensordnung und Lebensraum genommen wurde. Es kam zu einem Rückgang der auf 300 000 geschätzten Ureinwohner, der durch kriegerische Auseinandersetzungen dramatisch beschleunigt wurde, vor allem aber auch durch Krankheiten der Europäer, gegen die die Aborigines keine Abwehrkräfte hatten (Tuberkulose, Masern, Grippe). So starb z. B. die Urbevölkerung Tasmaniens bis 1877 aus. In den ersten drei Jahrzehnten europäischer Besiedlung in Victoria wurde die Urbevölkerung von 10 000 auf 2000 reduziert. Überlebenschancen hatten die Aborigines in den weiten Wüsten und Steppen in der Mitte Australiens und im tropischen Norden. Das sind auch die Gebiete, in denen sie sich bis heute in ihrer traditionellen Lebensweise halten konnten.

Seit Mitte des 19. Jahrhunderts gab es Bemühungen von Missionsstationen und karitativen Institutionen, den besitzlos gewordenen Aborigines wieder Land zu überlassen. Diese ersten Ansätze von Reservaten wurden um die Jahrhundertwende vom Staat übernommen und ausgeweitet. Reservate wurden als Übergangslösungen im Rahmen einer bewußt forcierten Assimilierung der Urbevölkerung gesehen. Die Periode einer fast zweihundertjährigen Konfrontation mit der Zivilisation der weißen Australier, gekennzeichnet durch Vernichtung, Diskriminierung und erfolglose Hilfsmaßnahmen endete 1967, als in einer Volksabstimmung mit großer Mehrheit die Gleichberechtigung eingeräumt und eine aktive Politik begonnen wurde, die diese Gleichstellung der Ureinwohner verwirklichen und sichern soll. Dieser neue Weg trifft bei den Aborigines auf unterschiedliche Ausgangsverhältnisse.

Ein kleiner Teil der Urbevölkerung lebt weitab von besiedeltem Gebiet im Ödland der Mitte und des Nordens noch heute in steinzeitlicher Kultur als Jäger und Sammler. Eine Zwischenstufe nehmen die Aborigines ein, die sich auf Viehfarmen im Landesinnern und auf ehemaligen Missionsstationen aufhalten, die inzwischen der Staat übernommen hat. Sie finden Lebens- und Wirtschaftsmöglichkeiten, die ihren Traditionen nahestehen. Die größte Gruppe unter den Ureinwohnern lebt in den Städten. Nur durch verbesserte Ausbildung haben diese Ureinwohner eine Chance, Arbeitsmöglichkeiten im industriellen und handwerklichen Bereich zu finden. Doch es sind fast durchweg ungelernte Arbeiter, für die es wenige Möglichkeiten gibt. Sie leben als Fürsorgeempfänger meist in Ghettos am Rand der Städte, erreichen kaum das Existenzminimum und sind häufig dem Alkohol verfallen. Die Zahl der zugewanderten Ureinwohner in den Städten wächst, wie Erhebungen von 1966 und 1971 belegen (83, S. 360). Danach lebten 1966 27,3% der Ureinwohner in Städten, 1971 waren es bereits 53,5%.

Die heutige Situation der Urbevölkerung, verglichen mit den Verhältnissen von 1770, stellt die Frage, ob nach 200 Jahren einer weißen Besiedlung Australiens ohne Rücksichtnahme auf die Ureinwohner eine „Wiedergutmachung" überhaupt noch möglich ist. Sehr schwierig ist die 1967 begonnene Neuorientierung bei den Aborigines, die als Randgruppe ohne traditionelle Bindungen wurzellos in den Städten leben, mit geringen Chancen, in einer arbeitsteiligen Industrie-

Abb. 22: Siedlungsgebiete der Ureinwohner 1980

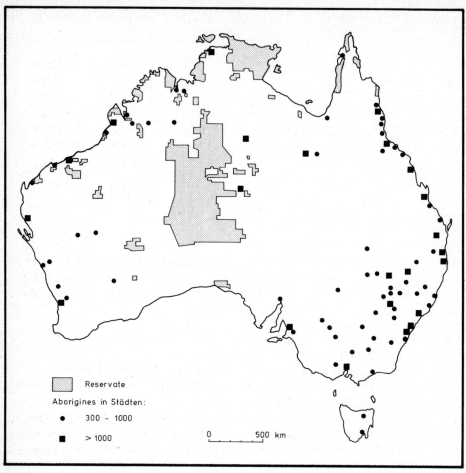

Quelle: Nat Map 1:5 000 000 Map series 1983

gesellschaft ihren Standort zu finden. Die Maßnahmen zur Veränderung der Verhältnisse setzen vor allem bei den Aborigines des ländlichen Raumes an. Hier sollen für die Ureinwohner standörtlich gesicherte Lebensbedingungen geschaffen werden. Im „Land Rights"-Gesetz von 1976 wird das Eigentumsrecht für die früher als Reservate zugewiesenen Gebiete auf die Aborigines übertragen. Damit können auch Eigentumsansprüche für Gebiete begründet werden, die von Ureinwohnern bewohnt sind. Ebenso

wird es möglich, Ansprüche auf ungenutztes Land (Crownland) unter Hinweis auf traditionelle Nutzungsverhältnisse geltend zu machen. Dieses „Land Rights"-Gesetz soll den Ureinwohnern ihre traditionelle Lebensweise auf eigenem Land erlauben.
Inzwischen sind 35,476 Mio. ha des Nordterritoriums und 10,675 Mio. ha in Südaustralien an die Urbevölkerung übereignet worden. Reservate für die Urbevölkerung gibt es in Westaustralien (19,216 Mio. ha) und in Queensland (2,065 Mio. ha). In diesen bei-

84

Tab. 16: Aborigines – Zuordnungsflächen (in 1 000 ha) und Bevölkerungszahl (Stand 1980)

Staat	Eigentums-fläche	Pacht-fläche	Reservate	Mission	zugeordnete Fläche insgesamt	Bevölkerung
Qld	0	873	2 065	–	2 938	45 000
NSW	12	9	–	–	21	45 000
Vic	2	–	–	–	2	16 000
Tas	–	–	–	–	–	3 000
SA	10 675	52	–	–	10 727	12 000
WA	1	2 696	19 216	65	21 978	28 000
NT	35 476	2 166	–	4	37 646	26 000
Austr. insges.	46 166	5 796	21 281	69	73 312	175 000

Quelle: Nat. Map, 1983 (1:5 000 000 Map series)

den Staaten, wie auch im Nordterritorium, sind weitere Gebiete auf Pachtbasis für die Urbevölkerung reserviert (Tab. 16, Abb. 22).

Mit der Zuweisung von insgesamt 73 Mio. ha an die Urbevölkerung ist ein räumlicher Rahmen für Selbstbestimmung und Initiativen für die Aborigines geschaffen worden. In den unterschiedlichen Rechtsformen der Zuweisung aber dokumentiert sich das Bemühen der einzelnen Staaten, für künftige Entwicklungen noch einen Spielraum offenzulassen. Die volle Tragweite einer Einräumung von Landrechten wie durch „Land Rights"-Gesetz 1976 im Nordterritorium und 1981 in Südaustralien ist noch nicht eindeutig geklärt. Umstritten und heiß diskutiert ist die Frage, ob Rohstoffvorkommen, vor allem Uran, in diesen Gebieten ausgebeutet werden dürfen oder nicht. Es scheint so, daß auch weiterhin das Verhältnis zu den Ureinwohnern Australiens stark von den ökonomischen Interessen der weißen Bevölkerung an den Ressourcen der jeweiligen Region bestimmt sein wird.

Das Engagement der Zentralregierung in Canberra hat nicht nur die rechtliche Gleichstellung zum Ziel, sondern versucht auch, das Gesundheits- und Sozialwesen für die Urbevölkerung zu verbessern. Die veränderte rechtliche und soziale Situation hat ein neues Selbstbewußtsein der Aborigines geweckt.

2.10.2 Landwirtschaft und Bodenzerstörung

Im Verlauf der Erschließung Australiens durch die Europäer, wurde die ursprüngliche Vegetation zerstört oder stark verändert. Nur in den Gebieten, die für eine ackerbauliche oder viehwirtschaftliche Nutzung ungeeignet waren – in den großen Wüsten und Teilen der Scrublands mit widerstandsfähigem Dorngestrüpp – konnte sich die natürliche Vegetation halten.

Die Ureinwohner hatten zwar auch durch die Anwendung des Feuers die Vegetation verändert, doch waren ihre Eingriffe ausgewogen, weil sie von Pflanzen- und Tierwelt nur das in Anspruch nahmen, was im normalen Regenerationsprozeß ersetzt wurde. Das änderte sich grundlegend durch die europäischen Siedler: Die Waldweideflächen dienten jetzt als Weide für die eingeführten Schaf- und Rinderherden. Einer so intensiven Nutzung war die Regenerationskraft der natürlichen Vegetation nicht gewachsen, es kam schnell zu Degradationserscheinungen bei den vom Vieh bevorzugten Gräsern und Sträuchern. Durch Viehverbiß, vor allem aber durch ausgedehnte Rodungen, schrumpfte der Wald immer mehr zugunsten neuer Weideflächen. Weite Areale wurden abgebrannt (Brandrodung), um durch die Aschedüngung leistungsfähige Weiden zu gewinnen. Diese Form der landwirtschaftlichen Erschließung entsprach zwar ganz den Praktiken im englischen Mutterland, doch stellte sie unter den australischen Bedingungen einen Raubbau dar, der in der Folgezeit eine der Ursachen für Krisen und Rückschläge bei der landwirtschaftlichen Nutzung war. Schädigung oder Zerstörung des Bodens durch Wasser- und Winderosion veranlaßten die Farmer schließlich, in ihrem eigenen wirtschaftlichen Interesse Nutzungsformen zu wählen, die besser an die Naturgegebenheiten angepaßt sind.

Neben der Variabilität ist vor allem die Intensität der Niederschläge für Australien kennzeichnend, besonders für den tropischen Norden. Starkregen führen sehr schnell zu Bodenerosion, wenn die Bodenoberfläche die Wassermassen nicht aufnehmen kann. Die Wasseraufnahmefähigkeit hängt vom Zustand der Vegetation und des Bodens selbst ab (149, S. 90ff.). Aus Langzeitbeobachtungen läßt sich schließen, daß große Erosionsschäden hauptsächlich durch einige wenige Starkregen entstehen.

Bodenabtragung

Die höchste bisher beobachtete Bodenabtragung gab es 1981 in einem tiefgelockerten Zuckerrohrfeld in Nordqueensland mit 382 t Abtragung pro ha. Bei einer Abdeckung des Bodens mit Pflanzenmaterial – in den Boden eingearbeitetes zerkleinertes Zuckerrohr – lagen die Abtragungswerte nur bei 90 t pro ha. Doch können solche Höchstbeträge nicht verallgemeinert werden. In der Land-

wirtschaft der USA liegen die höchsten Abtragungswerte bei 5–10 t pro ha und Jahr. Besonders hoch sind Erosionsschäden in den feuchten Gebieten des tropischen Nordens in Australien. Im südlichen Australien sind die Bodenverluste von Weide- und Ackerflächen geringer, außer in Gebieten, in denen die Bodenoberfläche nicht mit Vegetation bedeckt ist.

In einem Beobachtungsgebiet bei Wagga Wagga in Neusüdwales (7 ha, 561 mm Jahresniederschläge, 10,5–12,5% Gefälle) gab es in einem Beobachtungszeitraum von 22 Jahren einen durchschnittlichen Bodenabtrag von 0,4 t pro ha jährlich bei kultiviertem Grünland, das mit Geländekonturen gegen Erosion gesichert war, bei Naturweiden ohne Geländekonturen jedoch eine Erosion von jährlich 36 t pro ha.

Sehr unterschiedlich sind Abtragungswerte auch bei ackerbaulicher oder weidewirtschaftlicher Nutzung. Aus einem Beobachtungsgebiet wiederum bei Wagga Wagga (561 mm Niederschlag, 8% Gefälle) gab es für eine 30jährige Periode bei Weizenanbau im Wechsel mit Brache jährlich eine Abtragung von 63 t je ha, bei durchgehender weidewirtschaftlicher Nutzung jedoch einen jährlichen Abtrag von nur 1 t.

Noch extremer sind die Abtragungsunterschiede zwischen Ackerbau und Weide in einem Beobachtungsgebiet bei Gonnedah in Neusüdwales (644 mm Niederschlag, 8–9% Gefälle). Bei einer 26jährigen Beobachtungszeit gab es bei Weizen im Wechsel mit Brache 201 t je ha Bodenabtrag, bei durchgehender weidewirtschaftlicher Nutzung nur 0,7 t je ha (149, S. 95).

Für eine Gesamtübersicht zur Degradation landwirtschaftlicher Nutzflächen untergliedert Woods (213, S. 30ff.) in Ackerland und Weideland, jeweils differenziert nach intensiver und extensiver Nutzung. Nach diesen Untersuchungen sind über 50% der landwirtschaftlichen Nutzfläche Australiens,

Tab. 17: Art und Umfang der Bodenzerstörung (1975)

Art der Schädigung	intensiver Ackerbau	extensiver Ackerbau	humide Weidegebiete	aride Weidegebiete	Australien insgesamt
Betroffene Flächen (in 1 000 ha) in den Nutzungszonen					
Wassererosion	670	20 600	36 400	–	57 670
Winderosion	–	5 200	570	–	5 770
Wind- und Wassererosion	1	4 200	1 300	–	5 501
Versalzung bei Bewässerung	901	–	–	–	901
Versalzung in Trockengebieten	–	90	880	110	1 080
Überweidung (mit Erosionsschäden)	–	–	9 200	184 900	194 100
nicht spezifizierte Schädigung	1	47	1 300	–	1 348
Fläche mit Schäden	1 600	30 200	49 700	185 000	266 500
Fläche ohne Schäden	800	14 100	84 000	150 600	249 500
landwirtschaftliche Fläche insgesamt	2 400	44 300	133 700	335 600	516 000

Quelle: 213, S. 32ff., 86

nämlich 266 Mio. ha bereits durch Degradation geschädigt. 11,9% der geschädigten Flächen liegen im Ackerbaugebiet, 88,1% in der weidewirtschaftlich genutzten Zone.
Formen intensiven Ackerbaus (Tab. 17) gibt es in Australien in den Gebieten mit Spezialkulturen wie Reis, Zuckerrohr, Baumwolle, Obst und Zitrusfrüchte, Gemüse, Weintrauben. Von Wassererosion betroffen sind 670 000 ha, vor allem Anbauflächen in Queensland (360 000 ha) und in Neusüdwales (250 000 ha).
Die Bodenabschwemmung in den Bewässerungsgebieten hängt sehr stark von den Verfahren der Bewässerung ab. Die Tröpfchenbewässerung (211, S. 22 ff.) verhindert Schäden durch Wassererosion. Flächen mit diesem Bewässerungsverfahren nehmen deshalb in der Zeit von 1974/75 bis 1980/81 in Queensland um 1732 ha und in Südaustralien um 1908 ha zu. Die Tröpfchenbewässerung ist auch die wirksamste Vorsorge gegen die Versalzung des Bodens in den Bewässerungsgebieten.
In den großen Regenfeldbaugebieten mit extensivem Ackerbau (44,4 Mio. ha; Tab. 17) gibt es immer Zeitphasen, in denen der Boden ungeschützt der Erosion ausgesetzt ist. Sehr problematisch ist die Brache im Wechsel mit Getreideanbau. Zur Erholung des Bodens und zur Feuchtigkeitsspeicherung bei wiederholter Bearbeitung ist das Brachejahr sehr geeignet, bei intensiven Niederschlägen jedoch haben die Brachflächen keinen Schutz gegen die flächenhafte Bodenabtragung. Auch nach der Einsaat von Getreide ist die Gefährdung nicht sofort vorüber, denn erst nach dem festen Verwurzeln bietet das Getreide wirksam Schutz gegen Wassererosion. 20,6 Mio. ha im Weizengürtel sind bereits mehr oder weniger stark durch Wassererosion geschädigt. In

den trockeneren Bereichen des Weizenanbaugebietes sind große Flächen durch Winderosion geschädigt (Victoria 2,1 Mio. ha, Südaustralien 1,8 Mio. ha, Westaustralien 1,3 Mio. ha; 213, S. 35).

Versalzung

Bei der Flächenbewässerung und bei der Furchenbewässerung läßt sich die Wasserzuführung nicht exakt auf den Bedarf der Pflanzen abstimmen. Überschüssiges, durch die hohe Verdunstung mit Salz angereichertes Wasser erhöht den Grundwasserspiegel. Wegen des erhöhten Grundwasserspiegels kommt es zu einer Konzentration von Salz an der Bodenoberfläche durch Verdunstung. Nur ein Durchspülen des Bodens kann die Salzanreicherung auflösen und durch die Drainage abführen. Dadurch wird aber letztlich der Salzgehalt in den Flüssen erhöht. Die Kosten, die im Unterlauf des Murray durch den erhöhten Salzgehalt für die Wasserverbraucher (Landwirtschaft, Städte, Industrie) in Südaustralien entstehen, wurden schon Ende der 1970er Jahre auf 15–25 Mio. A$ jährlich beziffert (213, S. 93).

Andererseits hat die Diskrepanz zwischen Niederschlagsmenge und Verdunstungshöhe in weiten Teilen des australischen Trockenraums auch schon unabhängig vom Menschen zu einer Versalzung des Bodens geführt (dryland salinity). 28,2 Mio. ha sind davon betroffen. Dieser klimatisch bedingte Vorgang kann durch die landwirtschaftliche Nutzung beschleunigt werden und hat weitere Gebiete erfaßt (4,2 Mio. ha).

Landwirtschaftliche Nutzung leistet der Wind- und Wassererosion Vorschub, wodurch tiefer liegende Bodenschichten mit hohem Salzgehalt an die Oberfläche gebracht werden. Das ist inzwischen bei 3,8 Mio. ha, vor allem in Südaustralien (1,2 Mio. ha), geschehen. Auf der anderen Seite, kommt es in Trockengebieten nach der Rodung der ursprünglichen Busch- und Strauchvegetation mit ihrem tiefreichenden Wurzelwerk zum Ansteigen des Grundwassers und entsprechend stärkerer Verdunstung und Versalzung. Geschädigt sind bereits 0,4 Mio. ha, vor allem im Weizengürtel Westaustraliens (0,3 Mio. ha).

Insgesamt sind 68% des Ackerlandes von Bodendegradation betroffen. 50% des Weidelandes zeigen Auswirkungen von Boden- und Vegetationsdegradation (Tab. 17).

Maßnahmen gegen Erosion

Durch Veränderungen im Gelände, wie Konturen/Wälle, die höhenlinienparallel durch die Ackerflächen aufgeschoben werden, kann das Abfließen von Oberflächenwasser verlangsamt werden. Dadurch wird die Erosionsgefahr geringer und größere Wassermassen können im Boden versickern. Durch Differenzierung im Anbau sollten die Bracheperioden verkürzt und eine ganzjährige Bodenbedeckung durch Pflanzen gewährleistet werden. Um das zu erreichen, ist eine größere Variationsbreite bei den angebauten Früchten mit unterschiedlichen Aussaat- und Erntezeiten notwendig. Dazu reichen im trockenen Bereich des Weizengürtels zum Landesinnern hin die Niederschläge nicht aus. Eine geschlossene Pflanzendecke, etwa mit bodenfrüchtigem Klee, kann sich nicht halten. Die Bodendegradation weist hier auf eine Krisensituation hin, die auch durch Veränderungen im Anbau nicht abgefangen werden kann. Andererseits würde das Aufgeben der ackerbaulichen Nutzung den Bodenverlust durch unbehinderte Wind- und Wassererosion noch verstärken, wie sich bei der Aufgabe des Weizenanbaus im Norden Südaustraliens nach 1910 gezeigt hat (Abb. 8). In großen Bereichen des Weizengürtels kann aber durch Differenzierung im Anbau der Bodenerosion entgegengewirkt werden, was allerdings erhöhten Arbeitsaufwand und verminderte Arbeitsproduktivität bedeutet.

In den humiden Weidegebieten (Tab. 17) ist eine intensive viehwirtschaftliche Nutzung auf kultiviertem Grünland oder auf guten Naturweiden möglich. In den küstennahen Zonen sind die Weidegebiete durch Waldrodungen entstanden. So sind große Waldgebiete auf Tasmanien, im Südwesten und in einer breiten Zone entlang der Ost- und Südostküste auf nur 40,8 Mio. ha geschrumpft (1976 noch 43 Mio. ha). Eine Sicherung des Waldbestandes wird durch die Errichtung großflächiger Nationalparks im Waldgebiet versucht. Die staatlich geschützten Waldflächen vergrößerten sich von 2 Mio. ha (1976) auf 3,7 Mio. ha (1981). Die Sicherung des Waldbestandes dient der Erholungsfunktion, vor allem aber der Sicherung des Wassereinzugsbereiches für die zahlreichen Reservoirs zur Wasserversorgung der Städte und der Industrie in den Verdichtungsräumen der Küstenzone. Auf den Weideflächen, die durch Waldrodung entstanden sind, ist die Gefahr der Wassererosion bei Hanglagen sehr groß. Hier ist die Tiefenerosion Ausgangspunkt für umfassende Bodenabschwemmungen. Hauptmaßnahmen dagegen sind Geländekonturen und die Sicherung einer geschlossenen Grasnarbe, die den Wasserabfluß verlangsamen.

Für die ariden Weidegebiete mit sehr extensiver weidewirtschaftlicher Nutzung ist die Vegetationsdegradation die Hauptgefahr. Die Vegetation dieses Trockenraumes hat sich in langer Entwicklung an die extremen Bedingungen angepaßt. Bei Störungen durch Dürreperioden oder durch Überweidung kann die optimale Anpassung schnell und für lange Zeit verloren gehen. Die Empfindlichkeit des Ökosystems in den extensiven Weidegebieten führt zu großräumigen Schäden durch Überweidung. Über 50% der ariden Weidegebiete sind bereits betroffen, nicht nur durch Vegetationsveränderungen, sondern auch durch die folgende Erosion.

Die Vegetations- und Bodenzerstörung ist eines der Hauptprobleme bei der landwirtschaftlichen Erschließung. In der australischen Öffentlichkeit findet diese Problematik nicht viel Interesse, denn die Masse der Bevölkerung ist auf die großen Städte an der Küste konzentriert und von der Zerstörung des Landes nicht direkt betroffen. Nur extreme Ereignisse wie der große Sandsturm, der gegen Ende der letzten Dürre im März 1983 über Melbourne und weite Teile Victorias hinwegfegte, bringen die Problematik der Bodenerosion auch der Stadtbevölkerung zum Bewußtsein.

3 Australien – ein Kontinent der Städte

Die viehwirtschaftliche Erschließung des Kontinents, die Ausdehnung des Regenfeldbaus und die Intensivierung der Landwirtschaft durch Bewässerung konnten die Konzentration der Bevölkerung in den Städten nicht verhindern. Die gesamte organisatorische und wirtschaftliche Erschließung des Hinterlandes ging von den Küstenstädten aus. Die Bündelung wirtschaftlicher und administrativer Funktionen in den Hauptstädten der einzelnen Kolonien, machte sie auch zu bevorzugten Standorten für verarbeitendes Gewerbe und Dienstleistungen. Die Konzentration der Bevölkerung in einigen Großstädten an der Küste wurde von den großen Einwanderungswellen nach dem zweiten Weltkrieg getragen, in jüngerer Zeit kommt eine Abwanderung aus den ländlichen Gebieten Australiens dazu. Die australische Statistik versucht, diese Bevölkerungsbewegungen in bestimmte Gebietskategorien zu erfassen. Als Basiseinheit dienen die Zählbezirke. Diese Bezirke umfassen in städtischen Gebieten jeweils ca. 300 Wohnungen, in ländlichen Bereichen jedoch beträchtlich weniger, weshalb die Zahl der Einwohner in diesen Bezirken zwischen 200 und 800 Personen schwankt. Die Basiseinheiten werden ohne Berücksichtigung von administrativen Grenzen zu folgenden Gebietskategorien zusammengefaßt:

Großstädte / Verdichtungsgebiete
Alle Zählbezirke, die eine Bevölkerungsdichte von über 200 Personen je km^2 erreichen, werden hier zusammengefaßt, Enklaven mit geringerer Bevölkerungsdichte werden mit einbezogen. Wenn sich dabei Raumeinheiten mit 100 000 und mehr Einwohnern ergeben, werden sie als Großstädte

/ Verdichtungsgebiete, sog. Major Urban Areas (MUA) ausgewiesen.

Sonstige Städte
Wenn aus der Zusammenfassung von Zählbezirken mit mehr als 200 Einwohnern je km^2 sich Siedlungsgebiete von mindestens 1000 bis 99 999 Einwohner ergeben, werden sie als sonstige Städte – Other Urban Areas – ausgewiesen. Die in touristisch ausgerichteten Gebieten vorhandenen Feriensiedlungen mit mehr als 1000 Einwohnern, werden als städtische Gebiete zusammengefaßt, wenn in den Zählbezirken zumindest 50 Einwohner pro km^2 vorhanden sind.

Ländlicher Raum
Alle übrigen Bereiche Australiens werden als ländlicher Raum – Rural Areas – ausgewiesen.

Diese Abgrenzungen zwischen städtischen und ländlichen Gebieten gelten seit den 1960er Jahren. Eine Übersicht nach diesen Gebietskategorien dokumentiert, daß Australien ein Kontinent der Städte ist, denn 85,7% der Bevölkerung lebten 1981 in Städten, allein 63,5% in den Großstädten / Verdichtungsgebieten. Der Bevölkerungsanteil in den Verdichtungsgebieten stieg von 58,8% (1961) auf 64,6% (1976), im ländlichen Raum ging er im gleichen Zeitraum von 18,3% auf 14% zurück. Seit 1976 allerdings scheinen sich die Verhältnisse zu verändern. Der Bevölkerungsanteil in den Verdichtungsgebieten geht zurück von 64,6% (1976) auf 63,5% (1981); gleichzeitig aber nimmt der Bevölkerungsanteil im ländlichen Raum von 14,0% auf 14,3% zu (Tab. 18). Diese Ergebnisse der Volkszählung von 1981

Tab. 18: Bevölkerungsverteilung nach Gebietskategorien in Prozentanteilen (1961 – 1981)

Gebiet	Jahr	NSW	VIC	QLD	S.A.	W.A.	TAS	N.T.	A.C.T.	Australien insgesamt
Großstädt. Verdichtungs-gebiete	1961	65,4	65,3	40,9	60,7	57,0	33,1	–	–	58,8
	1966	67,1	68,7 (a)	43,2	66,7	59,8	32,2	–	–	61,4
	1971	69,1 (b)	71,7	44,8	69,0	62,3	33,3	–	97,8	64,5
	1976	67,9 (c)	71,1	48,4 (c)	68,9	63,9	32,6	–	98,4	64,6
	1981	65,9	70,6	47,0	68,7	63,5	30,7	–	99,0	63,5
sonstige Städte	1961	19,7	19,5	35,0	18,1	16,2	37,3	39,5	95,9	22,9
	1966	19,3	16,8 (a)	33,2	15,7	15,9	38,1	53,4	96,1	21,5
	1971	19,5 (b)	16,1	34,6	15,6	19,2	40,9	64,1	–	21,1
	1976	20,8 (c)	16,7	31,8	16,0	19,6	42,3	66,4	–	21,4
	1981	22,2	17,4	32,2	16,1	20,8	44,5	74,2	–	22,2
ländlicher Raum	1961	14,9	15,2	24,1	21,2	26,8	29,6	60,5	4,1	18,3
	1966	13,6	14,5	23,6	17,6	24,3	29,7	46,6	3,9	17,1
	1971	11,4	12,3	20,6	15,4	18,5	25,8	35,9	2,2	14,4
	1976	11,3	12,2	19,8	15,1	16,5	25,1	33,6	1,6	14,0
	1981	11,9	12,0	20,8	15,2	15,7	24,8	25,8	1,0	14,3

(a) Geelong/VIC: geänderte Zuordnung (Verdichtungsgebiete)
(b) Queanbeyan: geänderte Zuordnung (Verdichtungsgebiete)
(c) Gold Coast : geänderte Zuordnung (Verdichtungsgebiete)

Quellen: 20, S. 7 (1961–1976),
        91, S. 3 (1981)

werden in den ersten Analysen (93; 91) als Anzeichen einer Trendwende oder sogar als „rural renaissance" gewertet. Eine Untersuchung von Ursachen und Verlauf des städtischen Verdichtungsprozesses in Australien kann Hinweise geben, ob die jüngsten Bevölkerungsverlagerungen einen Rückzug aus den städtischen Verdichtungsgebieten darstellen. Das wäre vor allem als Erfolg der staatlichen Dezentralisierungspolitik zu sehen, die seit dem Zweiten Weltkrieg versucht, durch Förderung von Wachstumszentren in dafür ausgewiesenen Regionen dem Konzentrationsprozeß der Bevölkerung in den Großstädten entgegenzuwirken.

3.1
Die räumliche Organisation der Verwaltung

Die Entwicklung zu einem Kontinent der Städte war die Folge eines Konzentrationsprozesses, der schon in der Anfangsphase der australischen Kolonien einsetzte. Es entsprach dem britischen Kolonialkonzept, von einer städtischen Basis aus ein Hinterland zu erschließen und zu kontrollieren.

Als die Erschließung des Hinterlandes in den 1820er Jahren begann, wurde dieser Siedlungsvorgang von der Kolonialverwaltung kontrolliert und durch Neugründung von Siedlungen gefördert (z. B. Bathurst 1815, Goulburn 1833, Albury 1839, Wagga 1849, Armidale 1849). Folglich waren die ersten Siedlungen im neuerschlossenen Gebiet offizielle Gründungen der Kolonialverwaltung, z. B. 53 Siedlungsgründungen in Neusüdwales in den Jahren 1829 bis 1842 (100, S. 141). Das Voranschreiten der Siedlungsausweitung führte zur Planung einer dreistufigen Verwaltungsorganisation: Parishes mit 63 km^2, Hundreds mit 250 km^2 und Counties mit 4000 km^2. Im Rahmen dieser Gebietsorganisation wurden neuge-

gründete Städte zu Verwaltungsmittelpunkten ausgebaut. Öffentliche Verwaltungsgebäude prägen noch heute die Physiognomie dieser Orte im Hinterland der Küstenstädte. Die ersten 19 Counties, die 1829 von Sydney aus gebildet wurden, entsprechen diesem Konzept einer gleichmäßigen Verwaltungsgliederung. Weitere 5 Counties, die bis 1844 dazukamen, wichen in der Größe bereits deutlich davon ab (94, S. 37). Trotz Anpassung der Verwaltungsgliederung an die unterschiedliche Bevölkerungsverteilung dienten die Gebietseinheiten oft nur als Bezugsräume für die Landvermessung und für statistische Erhebungen.

Verwaltungsbezirke – etwa unseren Kreisen entsprechend – gibt es in allen Staaten, jedoch mit großen Unterschieden hinsichtlich Fläche und Bevölkerung. Eine Kreisorganisation fehlt in Streusiedlungsgebieten von Neusüdwales und Südaustralien sowie im Nordterritorium. Die Bezeichnungen für diese untere Verwaltungsebene sind nicht einheitlich: In Neusüdwales, Queensland und Westaustralien werden sie cities, towns, shires genannt, in Victoria cities, towns, boroughs, shires, in Südaustralien cities, corporate towns, district council areas, in Tasmanien und im Nordterritorium cities und municipalities. Die grundsätzlichen Aufgaben der Kreise sind: Straßen- Wegebau, Wasserver- und -entsorgung, Bauaufsicht, Grundversorgung im Gesundheitswesen, Freizeit- und Erholungseinrichtungen und – stark umstritten – Planung und Kontrolle des Umweltschutzes im Kreisgebiet. Wegen der enormen Größenunterschiede an Fläche und Bevölkerung kann die untere Verwaltungsebene diesem umfangreichen Aufgabenkatalog oft nicht gerecht werden. Die unterschiedliche Leistungsfähigkeit hat zur Einrichtung zahlreicher kreisübergreifender Sonderverwaltungen geführt, die ihren Sitz meist in der Hauptstadt selbst haben. Damit ist den Kreisen faktisch eine Reihe unterer Verwaltungsfunktionen entzogen und in den

Hauptstädten konzentriert worden. Ohnehin wird die Kreisverwaltung für die Gebiete ohne Kreisorganisation – wie das Nordterritorium – direkt von der Zentralverwaltung in der jeweiligen Landeshauptstadt wahrgenommen. Für 85% der Fläche Südaustraliens z.B. sind noch keine Kreise gebildet. Die Westhälfte von Neusüdwales wurde direkt von Sydney aus verwaltet, bis 1955 eine Kreisorganisation geschaffen wurde. Doch weiterhin bleiben etwa 12% von Neusüdwales ohne eigenständige Verwaltungsorganisation unterer Ebene. Zahlreiche kreisübergreifende Ordnungsaufgaben entstanden in den sich ausweitenden Verdichtungsgebieten der Hauptstädte. Durch die Abgrenzung hauptstädtischer Verdichtungsgebiete (Mayor Urban Areas) sind die Voraussetzungen für eine Zusammenarbeit der Kreise innerhalb des größeren Verflechtungsraumes verbessert worden. Die nur im Verbund zu lösenden Aufgaben werden von den Kreisen innerhalb der Mayor Urban Areas an kreisübergreifende Sonderbehörden übertragen.

Der weithin fragmentarische Charakter der administrativen Gebietsorganisation in Australien hat die Dominanz der Hauptstädte verstärkt. Ihre überragende Stellung ist einer der Gründe für die Stabilität der australischen Staatengliederung. Durch Abtrennung von Neusüdwales waren bis 1855 vier weitere Kolonien (Victoria, Queensland, Tasmanien, Südaustralien) entstanden, die dann zusammen mit Westaustralien 1901 das Commonwealth of Australia bildeten. Seitdem hat es kaum ernsthafte Versuche gegeben, diese Staatengliederung zu ändern (Abb. 5, Tab. 5).

3.2
Die Städte als Zentren der Wirtschaftsentwicklung im 19. Jahrhundert

Neben der administrativen Mittelpunktsfunktion wurde die überragende Rolle der Hauptstädte besonders durch die frühe wirtschaftliche Entwicklung gestützt. Der Goldboom und der dadurch ausgelöste Bevölkerungszustrom eröffneten günstige Aussichten für die Entwicklung eines gewerblich-industriellen Bereiches.

3.2.1
Victoria und Neusüdwales

Die Einwanderungswellen des Goldbooms brachten 1852–57 allein 260300 Einwanderer nach Victoria, überwiegend junge Männer. In den folgenden Jahrzehnten (1860–90) mit günstiger wirtschaftlicher Entwicklung nahm die Bevölkerungszahl durch Einwanderungen und vor allem durch eine hohe Geburtenrate weiter zu. Dieses Bevölkerungspotential war Reservoir für Arbeitskräfte und Absatzmarkt für die erzeugten Produkte. Das Bauhandwerk wurde zum wichtigsten Gewerbezweig, danach folgte das verarbeitende Gewerbe mit Tendenz zu industriellen Produktionsformen. Es lohnte sich, für den durch den Goldboom gewachsenen australischen Markt zu produzieren und dadurch Importe zu ersetzen (Tab. 19). Günstige Produktionsstandorte waren die Hauptstädte selbst. Hier hatte man den größten Absatzmarkt und konnte dank der verbesserten Verkehrsinfrastruktur auch die Siedlungen im Hinterland gut erreichen. Kleine Betriebe, meist noch handwerklicher Ausrichtung, konnten dagegen in den Landstädten nicht mehr konkurrenzfähig produzieren. Die Manufakturen und Fabriken in den Hauptstädten beschäftigten einen ständig steigenden Anteil der Bevölkerung. Bis in

Tab. 19: Gewerblich Beschäftigte in Victoria und Neusüdwales 1877 / 1889 / 1894

Gewerbebereich	Victoria			Neusüdwales		
	1877	1889	1894	1877	1889	1894
Bauhandwerk / Bauindustrie	6456	15964	6103	4238	8313	6705
Metallverarbeitung Maschinenbau	6836	14795	8926	5896	11346	9908
Bekleidung	7728	10178	10224	8903	9439	9116
Gerbereien	2067	1682	1755	2748	2819	2861
Nahrungsmittel	4687	7759	7726	5436	9715	8795
Gewerblich Beschäftigte insgesamt	32688	58287	41717	29396	49164	45680

Quelle: 40, S. 102

die Mitte der 1880er Jahre gab es in den australischen Kolonien – vor allem in Victoria und Neusüdwales – ein starkes Wirtschaftswachstum. Das Arbeitskräftepotential nahm stark zu: 628000 (1861) – 667000 (1871) – 823000 (1877) – 948000 (1881) – 1288000 (1889).

Nach dem Rückgang des Goldbooms, zunächst in Victoria, dann auch in Neusüdwales, suchten ehemalige Goldschürfer neue Arbeitsmöglichkeiten in den Hauptstädten. Um die Absatzmöglichkeiten und damit die Arbeitsplätze in der gewerblichen Wirtschaft zu sichern, schützte man sich in Victoria seit 1861 gegen die Konkurrenz der anderen australischen Kolonien und der Staaten des Auslandes durch Importzölle. Auch die Weizenfarmer in Victoria unterstützten diesen Protektionismus, der ihnen gegen die Einfuhr billigen Weizens aus Südaustralien half. Schließlich wollte die Kolonie Victoria mit diesen Einfuhrzöllen auch den Rückgang der Steuereinnahmen aus dem Goldbergbau auffangen. Im Gegensatz dazu blieb Neusüdwales beim Freihandelskonzept. Der Goldboom hatte hier nicht den Umfang wie in Victoria erreicht, so daß die Zahl derer geringer war, die eine neue Beschäftigung suchten. Auch waren die Einnahmen nicht in dem Maße wie in Victoria Steuergelder

aus dem Goldbergbau gewesen. In Neusüdwales war noch reichlich Land vorhanden, das durch Verkauf oder Verpachtung an Farmer Einnahmen brachte. Die wesentlichen Grundlagen des wirtschaftlichen Entwicklungsbooms (1860–1890) war die stark angewachsene Bevölkerungszahl als Reservoir für Arbeitskräfte und Absatz sowie das öffentliche und private Kapital zur Finanzierung landwirtschaftlicher, gewerblicher und städtebaulicher Projekte. Erfolge und Rückschläge wie bei der landwirtschaftlichen Erschließung des Kontinents sind für die gewerbliche Entwicklung kennzeichnend (Tab. 19). Schwierigkeiten in der Landwirtschaft durch Dürreperioden 1885 und 1895–1903, Streiks und veränderte Absatzbedingungen auf dem Weltmarkt führten insgesamt zur Depressionsphase der 1890er Jahre (210, S. 51).

Die wirtschaftliche Entwicklung in allen Kolonien Australiens wurde von dieser Depression erfaßt. Die Auswirkungen waren jedoch verschieden stark, da die Ursachen der wirtschaftlichen Misere nicht in allen Kolonien gleich waren. Überhitzte Konjunktur, unsolide Investitionen im öffentlichen Bereich, vor allem beim Verkehrsausbau in den Hauptstädten und bei der Eisenbahnerschließung des Hinterlandes sowie ein überzogener Bauboom waren kennzeichnend für die Entwicklung in Victoria und Neusüdwales. Sie galten aber nicht in gleichem Maße für die Wirtschaftsverhältnisse in Südaustralien, Queensland, Tasmanien und Westaustralien. Die Verschlechterung der Wirtschaftsverhältnisse brachte für Victoria, vor allem für den Verdichtungsraum Melbourne, eine längere Stagnation. Zwischen 1891 und 1910 verließen 160 000 Menschen Victoria (94, S. 48). Zwei Jahrzehnte wirtschaftlicher Stagnation und Bevölkerungsabwanderung waren der Grund für eine nur langsame Erholung Victorias im frühen 20. Jahrhundert. Neusüdwales, vor allem Sydney, gelang nach der Depression eine rasche Erholung. Sogar während der Stagnationsperiode von 1901–1911 hatte Sydney eine stetige Bevölkerungszunahme und war erfolgreicher als Melbourne bei der Neuorientierung der Wirtschaft (210, S. 55). Im Freihandelsland Neusüdwales war die Wirtschaft durch den Wettbewerb mit dem Ausland leistungsfähiger. Gegen diese bisherige Konkurrenz wurde das Gewerbe seit 1901 durch Ausweitung der Schutzzollpolitik auf ganz Australien von der neuen Zentralregierung geschützt. Gleichzeitig fielen die Zollschranken innerhalb Australiens, und damit konnte die in der Freihandelsphase erstarkte Produktion aus Neusüdwales die Märkte der anderen australischen Staaten erobern. Im landwirtschaftlichen Bereich waren die Schwierigkeiten in der Rezessionsphase in beiden Kolonien gleich. In Neusüdwales und Victoria wurden neue intensive Nutzungsformen (Bewässerungslandwirtschaft) zur Grundlage für eine Nahrungsindustrie, die mehr Arbeitsplätze schuf als die traditionelle exportorientierte extensive Viehhaltung.

3.2.2
Südaustralien

Diese Kolonie verlor in der Anfangsphase des Goldbooms Mitte der 1850er Jahre etwa 16 000 Siedler an Victoria. Wirtschaftliche Vorteile hatte Südaustralien nur durch die Versorgung der Goldfelder per Schiff auf dem Murrayfluß. Die wirtschaftlichen Verhältnisse entwickelten sich erst nach der Erschließung von Kupfervorkommen und durch Kultivierung eines großen Weizenanbaugebietes günstiger. Der Weizenanbau wurde zur wirtschaftlichen Basis und weitete sich stark zum Landesinnern hin aus. Die Dürre von 1885 führte zu einer Mißernte, große Bereiche im Norden des Weizenanbaugebietes mußten aufgegeben werden. Aus dieser wirtschaftlichen Depression, seit Mitte der 1880er Jahre, resultierte der Versuch intensiver landwirtschaftlicher Nutzung durch Bewässerungsprojekte im Bereiche des Murrayflusses.

Bei einem langsamen Bevölkerungsanstieg von 125 582 (1860), 184 546 (1870), 276 393 (1880), 318 947 (1890) auf 357 250 (1900) setzte sich die Konzentration der Bevölkerung in der Hauptstadt fort. 45% der Gesamtbevölkerung lebten 1901 in Adelaide.

3.2.3
Queensland

Als die Kolonie 1859 selbständig wurde, war die weidewirtschaftliche Erschließung schon in vollem Gange. Sie stagnierte jedoch Ende der 1860er Jahre wegen der fallenden Wollpreise und zog sich aus dem mittleren und nördlichen Queensland wieder zurück. Die noch verbleibende Viehhaltung diente vor allem zur Versorgung der Goldbergbaustädte. Der Goldboom (1860–80) brachte viele Chinesen ins Land, vor allem nach Nordqueensland, wo in den 1870er Jahren etwa genausoviele Chinesen wie weiße Siedler lebten. Goldfunde und andere Rohstoffvorkommen, wie z. B. Kupfer in Cloncurry, führten zum Bau von drei Eisenbahnlinien, die von Brisbane, Rockhampton und Townsville aus ins Landesinnere vordrangen. Sie verbanden nicht nur die Bergbaugebiete mit den Städten an der Küste, sie waren auch Ausgangspunkte für die neue Erschließung der in den 1860er Jahren aufgegebenen Weidegebiete.

Zuckerrohrplantagen entstanden an der Küste in den 1860er Jahren südlich von Maryborough und 10 Jahre später um Mackay und Cairns. Billige Arbeitskräfte auf den Plantagen waren Kanaken von den pazifischen Inseln. Die Verarbeitung des Zuckerrohrs erfolgte in zahlreichen Zuckerfabriken in den Küstenstädten.

Brisbane, in der Südostecke der Kolonie Queensland gelegen, konkurrierte mit anderen Zentren an der Küste wie Rockhampton, Townsville, Cairns. Wegen dieser mehrkernigen Struktur war die Bevölkerungskonzentration in Brisbane geringer als in den Hauptstädten der anderen Kolonien.

1860/61 hatte Queensland 28056 Einwohner, von denen in Brisbane ca. 6000 lebten; 1870/71 insgesamt 115272, davon ca. 26000 in Brisbane; 1890/91 insgesamt 392116, davon ca. 100000 in Brisbane.

Die landwirtschaftliche Ausgangslage in Queensland war für die weidewirtschaftliche Nutzung im Binnenland und für Zuckerrohranbau in der Küstenzone günstig, so daß die Rezessionsphase recht schnell verkraftet werden konnte. Vor allem der Zuckerrohranbau hatte gute Zukunftsaussichten, die auch nicht durch das Verbot der Beschäftigung von Fremdarbeitern beeinträchtigt wurden.

3.2.4
Tasmanien

Nach günstigen Verhältnissen in der 1. Hälfte des 19. Jahrhunderts geriet die Insel in den 1850er Jahren durch den Goldboom in Victoria in eine kritische Situation. Denn viele Siedler wanderten ab und beteiligten sich an der Erschließung neuer landwirtschaftlicher Räume in Victoria. Der Anteil der Hauptstadt Hobart an der Gesamtbevölkerung ging zurück. Die wirtschaftliche Aufwärtsentwicklung durch die Erschließung von Kupfer-, Silber- und Zinnvorkommen begünstigte in den 1870er und 1880er Jahren die Entwicklung im Norden und Westen der Insel. Neben der Hauptstadt Hobart entstanden leistungsfähige Zentren im Norden (Launceston, Burnie) und im Westen (Queenstown). Wegen dieser bergbaulichen Ausrichtung wurde Tasmanien weniger stark von der Depression der 1890er Jahre betroffen.

3.2.5
Westaustralien

Hier gab es kaum Auswirkungen der Depression am Ende des 19. Jahrhunderts, ein später Goldboom führte vielmehr zu einer Wirtschaftsblüte. Mit den Steuern aus dem Goldbergbau wurde eine leistungsfähige Verkehrsinfrastruktur (Straßen, Eisenbahnen, Wasserleitungen) geschaffen und Perth zum dominierenden Zentrum der Kolonie im Südwesten gemacht. Die Bevölkerung wuchs schnell: 48502 (1890), 179967 (1900), 276832 (1910), doch lag der Bevölkerungsschwerpunkt zunächst noch in den Goldbergbaugebieten im Landesinnern. In Westaustralien kam es während und nach dem Goldboom zu einer staatlichen Einflußnahme zugunsten der Hauptstadt Perth.

3.3
Melbourne als Beispiel eines hauptstädtischen Zentrums im 19. Jahrhundert

In den Hauptstädten Australiens hat dieser Konzentrationsprozeß der Bevölkerung im 19. Jahrhundert typische städtebauliche

Auswirkungen, wie sich am Beispiel von Melbourne zeigen läßt. Am 1. Juli 1851 trennte sich das Gebiet um Melbourne von Neusüdwales als eigenständige Kolonie mit dem Namen Victoria und der Hauptstadt Melbourne. Um die Mitte des 19. Jahrhunderts waren der Kern von Melbourne, die heutige City, und ein Ring mit weiteren Siedlungen (suburbs) bebaut. Trotz eines starken Bevölkerungszustromes in die Goldbergbaugebiete wuchs die Einwohnerzahl Melbournes sehr schnell an: 10954 (1846) – 95446 (1857) – 233000 (1872) – 450000 (1888) (141, S. 20f., 119).

Der Bauboom in den 1870er und 1880er Jahren erfaßte in Melbourne auch weiter entfernt liegende Vororte. Hier konnte Bauland billiger erworben werden, durch Eisenbahnen und Vorortbahnen (Pferde-, Kabel- und Straßenbahnen) waren die Arbeitsplätze im inneren Bereich der Stadt gut erreichbar. Die Konzentration von Gewerbe und Industrie, mit ihren Umweltbelastungen im Kerngebiet, war mit ein Grund für die Abwanderung in entfernte Vororte. Der Anteil der Bevölkerung im Kerngebiet ging von 27% (1861) auf 14% (1901) zurück, im inneren Ring der Vororte gab es eine Abnahme von 39% auf 35%, in den Vororten des äußeren Rings stieg die Bevölkerung von 34% auf 51% (40, S. 104).

Die Ausweitung städtischer Bebauung und die Verlagerung des Bevölkerungsschwerpunktes von innen nach außen, führte schon 1890 zur Einrichtung einer übergreifenden Planungsbehörde, um die unterschiedlichen Ordnungsvorstellungen der zahlreichen selbständigen Verwaltungseinheiten (municipalities) im gesamten Verdichtungsraum zu koordinieren. Durch die leistungsfähige Verkehrserschließung waren die zentralen Einrichtungen der City von allen Stadtteilen erreichbar. Die ursprüngliche einstöckige Bauweise wurde im Zentrum bald durch mehrstöckige Bauten ersetzt, um Laden-, Büro- und Lagerflächen zu vergrößern. In allen anderen Stadtteilen blieb als kennzeichnende Bauweise das Einfamilienhaus mit Garten. Nach fast 30 Jahren uneingeschränkt günstiger Wirtschaftsentwicklung, nahm die Grundstücksspekulation in Melbourne groteske Formen an. Im äußeren Vorortring von Melbourne stiegen die Baulandpreise von 1884 bis 1887 um das Zwanzigfache. Der Bauboom erschien grenzenlos. Neue Ziegeleien und Sägewerke wurden errichtet, die Kapazitäten des Bauhandwerkes stark ausgeweitet. Bei den Gewerbe- und Industriebranchen lag der Bausektor in Victoria 1889 mit 15964 Beschäftigten an erster Stelle (Tab. 19). Ende der 1880er Jahre war der Baumarkt in Melbourne bereits übersättigt, wie der jähe Zusammenbruch 1889 dokumentierte (210, S. 42).

Die günstige Entwicklung 1860–1889 konzentrierte das verarbeitende Gewerbe (Handwerk und Industrie) in der Hauptstadt, der Bevölkerungszustrom führte zu rascher Ausdehnung der Bebauung. Die einzelnen Stadtteile waren durch gute Verkehrsanbindung auf die City ausgerichtet.

Als unbestrittene administrative und wirtschaftliche Metropole für die gesamte Kolonie, ist Melbourne das typische Beispiel einer „primate city" (179, S. 64); in dieser überragenden Position sind die Hauptstädte der Staaten Australiens auch Träger der wirtschaftlichen Entwicklung im 20. Jahrhundert (104, S. 3ff.).

3.4
Bevölkerungskonzentration und Einwanderung

Die Konzentration der Bevölkerung, vor allem in den Hauptstädten Sydney, Melbourne, Brisbane, Adelaide und Perth, hält auch im 20. Jahrhundert unverändert an. An diesem Vorgang ist die Einwanderung entscheidend beteiligt.

3.4.1
Entwicklung bis zum 2. Weltkrieg

Die Bevölkerungsentwicklung in der Anfangsphase der europäischen Besiedlung Australiens war vor allem durch Sträflingsdeportationen bestimmt. Von 1787 bis 1868 kamen 163021 Sträflinge aus England (40, S. 29). 1830 bestand die Bevölkerung von 70000 Personen noch zu 80% aus Sträflingen. In den folgenden Jahren kamen verstärkt auch freie Siedler ins Land. Die Gesamtbevölkerung stieg bis 1850 auf 405000 an, davon waren 82000 Sträflinge. Der Bevölkerungszustrom in der Goldsucherphase (1850–1870) vergrößerte das Bevölkerungspotential auf 1647000 (1870).

Die 1870er Jahre waren durch eine gewerblich-industrielle Entwicklung in den Hauptstädten Melbourne, Sydney, Adelaide gekennzeichnet. In der folgenden Depressionsphase um die Jahrhundertwende ging die Einwanderung sehr stark zurück, nur 8000 kamen zwischen 1891 und 1905 nach Australien, vor allem in das von der Depression nicht betroffene Westaustralien. Noch in der Depression wurde von der Regierung von Neusüdwales (1904) wieder eine stärkere Einwanderung gefordert, um eine Stagnation in der Bevölkerungsentwicklung zu verhindern.

Bis zum Beginn des 1. Weltkrieges kamen dann wieder 292000 Einwanderer nach Australien, so daß die Gesamtbevölkerung Australiens zu diesem Zeitpunkt etwa 5 Mio. betrug. Günstige Entwicklungsaussichten für die Landwirtschaft und die Industrie in den großen Städten führten nach dem 1. Weltkrieg zu einem regelrechten Einwanderungsboom aus Großbritannien, der von den Regierungen der australischen Staaten sehr gefördert wurde: von 1921–1925 kamen insgesamt 183300 Einwanderer, 1926–1930 waren es 129700. Erst infolge der Weltwirtschaftskrise und des 2. Weltkrieges ging der Strom der Einwanderer dann zurück.

3.4.2
Einwanderungsphasen und Herkunftsländer nach 1945

Die großen Wellen der Einwanderung nach dem 2. Weltkrieg erreichten neue, bisher nicht bekannte Dimensionen: So z.B. 1952 allein 111433 Personen, was genau dem natürlichen Bevölkerungszuwachs dieses Jahres mit 111510 für ganz Australien entsprach. Die Einwanderung nach dem 2. Weltkrieg wurde von allen europäischen Ländern getragen. Die politischen, territorialen und wirtschaftlichen Veränderungen in Europa nach dem Krieg bedingten diesen großen Einwanderungsstrom, der in den australischen Zählungen von 1954 an erfaßt ist (Tab. 20). Etwa 90% der Einwanderer waren bis zum Ende des 2. Weltkrieges aus Großbritannien gekommen. Danach aber sank der britische Anteil unter 50%, immer mehr Einwanderer kamen aus den Ländern Osteuropas, vor allem aus Polen, den baltischen Staaten und der UdSSR. In der Periode 1947–1951 lag die Einwanderung aus Osteuropa mit 37,3%, nach dem britischen Anteil mit 41,4%, an 2. Stelle. Eine zweite Periode der Einwanderung (1951–61) hatte nicht mehr so sehr politische Motive, sondern in erster Linie wirtschaftliche Ursachen. 26,3% der Menschen kamen aus Skandinavien, den Niederlanden, Deutschland, Österreich und 33,1% aus Italien, Jugoslawien, Griechenland, Malta. In der Periode 1961–66 ging der Strom der Einwanderer aus den nord- und mitteleuropäischen Ländern stark zurück, der Anteil aus den südeuropäischen Ländern dagegen hielt bis Ende der 1960er Jahre an (Tab. 21). Die Netto-Einwanderung nach Australien (Einwanderer nach Australien abzüglich Auswanderer aus Australien) sank in der Periode 1971–73 im Jahresdurchschnitt auf 34840 Personen. Nach Großbritannien, mit 65,2%, waren nun die asiatischen Länder mit 21,2% an der Einwanderung beteiligt. Auch der Zustrom aus Kri-

Tab. 20: Herkunftsländer der Einwanderer 1921 und 1954

Herkunftsland	1921	1954
Großbritannien	679038	664205
Skandinavien	14143	7980
Niederlande	1393	52035
Griechenland	3671	25862
Italien	8190	119897
Malta	1330	19988
Österreich	834	10868
CSSR	264	12680
Deutschland	22575	65422
Ungarn	—	14602
Polen	1784	56594
Baltische Staaten	—	32231
Ukraine		14757
UdSSR	4157	13091
Jugoslawien	832	32856
sonstige Länder Europas	12260	21996
Nord- und Südamerika	12157	14496
Asien	30541	51581
Afrika	6800	15826
sonstige außer-europäische Länder	46309	49499

Quelle: 12, S. 5

sengebieten wie Zypern, Libanon und Vietnam war beträchtlich. 1947 waren 10%, 1976 bereits 20% der australischen Bevölkerung außerhalb Australiens geboren. Bei einer Gesamtbevölkerung von 13,5 Mio. (1976) waren also 2,6 Mio. keine gebürtigen Australier. Davon stammten 2,3 Mio. aus Europa, 240000 aus Asien, 49000 aus Neuseeland, 80000 aus Amerika und 70000 aus Afrika.

Europäische Herkunftsländer der Einwanderer, Stand 1976, waren (214, 1982, S. 94):

Großbritannien mit Irland	1117599 Einw.
Italien	280154 Einw.
Griechenland	152909 Einw.
Jugoslawien	143591 Einw.
Deutschland	107559 Einw.
Niederlande	92111 Einw.
Polen	56051 Einw.
Malta	55889 Einw.

3.4.3 Deutsche Einwanderung

Der Anteil der in Deutschland geborenen australischen Bevölkerung ist gegenüber an-

Tab. 21: Herkunftsgebiete und Perioden der Einwanderung 1947 – 1973

Herkunftsgebiet	1947-51 %	1951-61 %	1961-66 %	1966-71 %	1971-73 %	1947-73 %
Großbritannien	41,4	32,6	54,7	53,9	65,2	45,1
Nord-/Westeuropa (u.a. Dtld., Niederld.)	7,5	26,3	0,8	4,9	−0,8	11,6
Osteuropa	37,3	5,0	6,6	13,3	7,6	13,5
Südeuropa	11,5	33,1	29,4	11,3	−3,5	21,4
Asien	1,6	2,3	5,2	11,2	21,2	5,7
Afrika	0,1	0,2	1,5	1,5	2,8	0,9
Amerika	0,5	0,4	1,8	3,8	7,5	1,8
Zahl der Einwanderer im Jahresdurchschnitt	110361	78234	79097	104228	34840	85004

Quelle: 44, S. 240

deren Einwanderungsgruppen gering, er betrug 1921: 22575 Personen, 1933: 16842, 1947: 14567, 1954: 65422, 1976: 107559 und 1981: 110578 Personen.

In der ersten Hälfte des 19. Jahrhunderts waren es Einzelauswanderer aus Deutschland, zumeist Spezialisten, die an der Erschließung und wirtschaftlichen Entwicklung Australiens Anteil hatten. Dazu gehörte auch Ludwig Leichhardt (1813–1848), der 1842 nach Sydney kam, 1844/45 eine Ost-West-Durchquerung des Kontinents unternahm und durch Queensland und das Nordterritorium bis zur Küste des Arnhemlandes gelangte (94, S. 32).

Erste größere Einwanderungsgruppen kamen 1838 aus Glaubensgründen; es waren 620 Kleinbauern aus der Altmark und Schlesien. Sie und weitere Gruppen siedelten nordöstlich von Adelaide und blieben bei der ihnen vertrauten bäuerlichen Lebensweise. Im Gegensatz zur bisherigen Erschließung in Südaustralien nahmen sie nur soviel Land in Besitz, wie sie bebauen konnten. Bei den kleineren Betriebsgrößen kam es zu intensiven Nutzungsformen durch Getreide, Obst- und Gemüseanbau. In mehreren Orten des Barossatals/SA kultivierten sie Rebflächen und machten das Tal zum Zentrum des australischen Weinbaus. Heute sind die Dörfer des Barossatals als deutsche Siedlungsinseln mit ihren besonderen Siedlungs- und Nutzungsformen Ziele für den australischen Tourismus. Bevorzugtes Siedlungsgebiet deutscher Einwanderer war neben Südaustralien Queensland. Sie betrieben dort Viehhaltung und versuchten sich im Anbau von Bananen, Ananas und Zuckerrohr. Für bessere Wollqualitäten bei den Schafen sorgten die 1829 durch einen deutschen Siedler aus Mecklenburg eingeführten Merinoschafe. Auch der Goldboom hatte zahlreiche Deutsche nach Australien gelockt. Im Verlauf des 19. Jahrhunderts sind ungefähr 100000 Deutsche nach Australien ausgewandert. Deutsche Einwanderer und Wissenschaftler in Deutschland waren auch an der Erforschung des australischen Kontinents beteiligt. Neben Leichhardt ist hier F. v. Müller zu erwähnen (1825–1896), der sich mit der Flora Australiens beschäftigte und den Botanischen Garten von Adelaide gründete. Vorreiter der Wissensvermittlung über Australien in Deutschland war August Petermann, der Begründer und Herausgeber (1855–1878) von „Petermanns Geographischen Mitteilungen". Petermanns Interesse an Australien und seine kartographischen Arbeiten über Australien wurden gewürdigt, indem man 1872 die „Petermanns Range" im Norden der Großen Victoriawüste nach ihm benannte (99, S. 39ff.).

Nach Ausbruch des 1. Weltkrieges wurden die deutschen Siedler, die zum Teil schon seit Generationen in Australien lebten, dazu gedrängt, ihre Familiennamen und die Namen ihrer Siedlungen dem englischen Sprachgebrauch anzupassen. Im 2. Weltkrieg dagegen richteten sich die australischen Aversionen vor allem gegen die japanischen Truppen, die seit 1942 Nordaustralien bedrohten, Darwin zerstörten und große Verteidigungsanstrengungen erforderten.

Nach dem 2. Weltkrieg kamen große Auswandererströme aus den ehemaligen deutschen Ostgebieten sowie aus den verschiedenen deutschen Siedlungsgebieten in Ost- und Südosteuropa (Siebenbürgen, Banat, Bessarabien) und aus Ost- und Westdeutschland (Tab. 20).

3.4.4
Steuerungsmechanismen der Einwanderung

Die Einwanderung nach Australien unterliegt gesetzlichen Regelungen und Beschränkungen, die seit 1901 den politischen Richtlinien für ein „weißes Australien" folgten. Die Einwanderungsgesetze waren ein Abwehrinstrument gegen Farbige (Chinesen), sie konnten aber auch gegen unerwünschte weiße Einwanderung genutzt werden. Diese Gesetze berücksichtigten die traditionelle Bindung Australiens an Großbritannien und förderten besonders die Einwanderung aus dem englischen Mutterland. Die Einwanderer aus Großbritannien wurden bevorzugt. Sie konnten, obwohl sie staatliche Förderung erhielten, ihren Arbeitsplatz frei wählen und sich nach ihren individuellen Interessen überall in Australien niederlassen. Gleiche Möglichkeiten hatten die Einwanderer aus anderen Ländern nur, wenn sie ohne diese öffentliche Unterstützung nach Australien kamen. Wenn sie die Vergünstigung einer „assisted migration" in Anspruch nahmen, unterlagen sie einer zweijährigen Arbeitspflicht, die oft in der Schwerindustrie oder bei staatlichen Erschließungsprojekten abzuleisten war. Erst danach konnte der Arbeitsplatz frei gewählt werden. Nach 1952 entfiel diese Arbeitsverpflichtung, die Einwanderer mußten nur die gewährte Unterstützung innerhalb 2 Jahren zurückzahlen.

Ein besonderes Modell entwickelte sich bei der Einwanderung aus südeuropäischen Ländern (Italien, Griechenland, Malta). Im Rahmen einer „chain-migration" werden durch Mitglieder der Großfamilie und Dorfgemeinschaft, die schon in Australien sind, die Kosten der Überfahrt getragen und in einer Kette weitere Verwandte, Nachbarn, Freunde nachgeholt. Der Zusammenhalt der Großfamilie oder Dorfgemeinschaft behält seine Bedeutung auch in der neuen Heimat und führt zu einer räumlichen Konzentration gleicher ethnischer Gruppen. Im inneren Ring der Suburbs von Sydney, Melbourne, Perth, Adelaide und in den Hafendistrikten dieser Hauptstädte haben sich separate Bereiche bestimmter Nationalitäten herausgebildet (Abb. 23,24). Die geschlossenen Wohnbezirke von Südeuropäern weiten sich durch die „chain-migration" aus oder werden dichter besiedelt. Eine Einordnung in die australische Gesellschaft ist für

diejenigen Einwanderer schwierig, die in einem geschlossenen Bereich eigener Landsleute leben. Unter diesen Bedingungen kommen Assimilationsvorgänge nur verzögert oder überhaupt nicht in Gang. Assimilation und Integration in den neuen Raum erfolgen leichter bei Einwanderern aus Großbritannien, den skandinavischen Ländern, den Niederlanden und Deutschland. Zwar siedelten deutsche Einwanderergruppen im 19. Jahrhundert in bestimmten Gebieten und suchten sich aus religiösen Gründen weitgehend abzuschirmen (Barossatal, S.A.); das änderte sich aber bereits zu Beginn des 20. Jahrhunderts. Nach dem 2. Weltkrieg sind die deutschen Einwanderer wohl die Gruppe, die am schnellsten den australischen „way of life" akzeptiert hat.

Im Zuge weltwirtschaftlicher Veränderungen, welche die asiatische Staaten zu Wirtschaftspartnern Australiens machten, veränderte sich auch die Einwanderungspolitik. Nach den neuen, seit 1966 geltenden Einwanderungsbestimmungen ist es auch für Japaner, Chinesen, Malaien, Inder und Afrikaner möglich, nach Australien einzuwandern. Neue Barrieren sind jedoch durch differenzierte Auswahlverfahren für einwanderungswillige Ausländer geschaffen worden. Nach einem Punktesystem werden die wirtschaftlichen und persönlichen Verhältnisse des Einwanderungswilligen bewertet, wobei die Nominierung von Verwandten und Freunden in Australien Vergünstigungen bringt.

Dieses Auswahlverfahren und die zunehmende Arbeitslosigkeit in Australien haben die jüngste Einwanderungswelle zurückgehen lassen: 1980: 76000, 1981: 118658, 1982: 98168. In Australien selbst drängt man auf Reduzierung der Einwandererkontingente, weil man fürchtet, die zuwandernden Facharbeiter könnten die einheimischen Arbeiter aus ihren Arbeitsplätzen verdrängen. So wurde das Einwanderungsprogramm für 1982/83 weiter gekürzt. Die Familienzusammenführung bleibt gewährleistet, das Kontingent für Facharbeitskräfte aber ist verringert worden. Durch die Auswahlkriterien wird auch ein für die 1980er Jahre erwarteter Einwandererstrom aus den asiatischen und südamerikanischen Ländern abgeblockt.

3.4.5
Zielgebiete der Einwanderer

Bei den Zielgebieten der Einwanderer (vgl. Tab. 22) kann eine räumliche Konzentration einzelner Gruppen entsprechend ihren Herkunftsländern festgestellt werden. (13, S. 6ff.)
Von 783 364 *britischen* Einwanderern (Stand 1966) lebten 620 000 in den Hauptstädten

Sydney, Melbourne, Adelaide, Perth und Brisbane. Die übrigen 163 164 Personen siedelten überwiegend in Industriezentren der Entwicklungsachse nördlich und südlich von Sydney (Newcastle im Norden, Wollongong im Süden). Im Verhältnis zu anderen Einwanderergruppen waren britische Einwanderer in Perth (52,7%) und Brisbane (56,8%) überdurchschnittlich vertreten, jedoch unterdurchschnittlich in Sydney (39,4%) und Melbourne (33,3%). Hier wird bereits die Tendenz sichtbar, die großen Verdichtungsgebiete mit ihren Umweltbelastungen zu meiden. Bevorzugt werden städtische Zentren in der Nähe der Hauptstädte. Für *deutsche* Einwanderer war zuerst die landwirtschaftliche Ausrichtung charakteristisch. Erst die Einwanderungswellen zwi-

Tab. 22: Zielgebiete von Einwanderergruppen 1947 / 1966 nach Herkunftsländern

Herkunftsland		Einwanderer insgesamt	Verdichtungs- gebiete der Hauptstädte	sonstige Städte	ländlicher Raum
England	1947	381 592	61,9%	13,3%	23,6%
	1966	681 526	70,4%	19,3%	10,0%
Wales	1947	11 864	51,6%	19,4%	27,3%
	1966	19 688	63,6%	25,9%	9,8%
Schottland	1947	102 988	61,6%	15,5%	21,9%
	1966	152 275	68,8%	22,5%	8,3%
Irland	1947	44 813	60,3%	15,1%	23,8%
	1966	55 176	70,6%	18,8%	10,2%
Deutschland	1947	14 567	60,0%	10,4%	29,3%
	1966	108 708	67,9%	21,2%	10,6%
Niederlande	1947	2 174	27,3%	9,9%	21,7%
	1966	99 549	60,3%	24,2%	15,2%
Polen	1947	6 573	92,0%	3,4%	4,4%
	1966	61 641	77,7%	16,7%	5,5%
Jugoslawien	1947	5 866	30,3%	15,3%	54,2%
	1966	71 277	67,4%	21,0%	11,2%
Griechenland	1947	12 291	56,9%	19,6%	23,1%
	1966	140 089	87,1%	8,5%	3,6%
Italien	1947	33 632	38,4%	9,9%	51,6%
	1966	267 325	75,0%	12,5%	12,0%
Malta	1947	3 238	44,6%	21,2%	33,3%
	1966	55 104	87,3%	6,6%	6,0%

Quelle: 13, S. 11

schen 1947–1966 brachten verschiedenste Berufsgruppen, so daß sich die deutschen Einwanderer vor allem in den Hauptstädten, insbesondere Melbourne (28 000) und Sydney (22 000) ansiedelten. Überdurchschnittlich hoch war die Einwanderung Deutscher nach Südaustralien, dem traditionellen deutschen Einwanderergebiet.

Die Einwanderung von *Niederländern* war vor dem 2. Weltkrieg sehr gering, erst Anfang der 1950er Jahre veranlaßten der Bevölkerungsdruck in der Heimat und die Arbeitsmöglichkeiten in Australien fast 100 000 Personen zur Auswanderung. Bei der räumlichen Verteilung gab es allerdings keine besonderen niederländischen Schwerpunkte.

Vor der *polnischen* Auswanderungswelle nach dem 2. Weltkrieg gab es bereits Kolonien polnischer Juden in Sydney und Melbourne. Die polnischen Einwandererströme (1947–66) konzentrierten sich auf Melbourne (21 200), Sydney (13 500) und Adelaide (6100).

1947 waren *jugoslawische* Einwanderer überwiegend im ländlichen Raum am Rande von Perth zu finden. Durch „chain-migration" kamen diese Einwanderer aus einem kleinen Gebiet in Mitteldalmatien. Die Einwanderung nach 1945 brachte dann nicht mehr nur landwirtschaftlich ausgerichtete Familien, sondern alle möglichen Berufsgruppen. Sie suchten ihre Beschäftigung überwiegend in der Industrie in Sydney (18 000) und Melbourne (18 900).

Kennzeichnend für die *griechische* Einwanderung war die „chain-migration". Ein Teil der Einwanderer ging nach 1947 in traditionelle griechische Siedlungsgebiete in Australien, wie z. B. das Baumwollanbaugebiet um Biloela/Qld. oder in die Bewässerungsgebiete um Mildura und Renmark. Markant aber war die Konzentration griechischer Einwanderer in Sydney und vor allem in Melbourne. Der Bevölkerungsanteil der Griechen in Melbourne stieg von 2170 (1947) auf 60 800 (1966).

Einwanderer aus *Italien* waren 1947 überwiegend in der Landwirtschaft tätig. Schwerpunkte waren das Zuckerrohranbaugebiet im Norden von Queensland, die Bewässerungsgebiete von Mildura und Shepparton/ Vic., Griffith und Leeton/NSW sowie Gebiete mit Sonderkulturen im Südwesten Australiens. Auch die italienischen Einwanderer kamen durch „chain-migration" schwerpunktmäßig aus bestimmten Gebieten Italiens. Im Zuckerrohranbaugebiet in Nordqueensland nahm der Anteil der Italiener von 4500 (1947) auf 7800 (1954) zu. Im Gebiet um Griffith wuchs die italienischstämmige Bevölkerung von 1050 (1947) auf 2500 (1954). Eine bedeutende Zunahme hatte auch Mildura: 1947: 240, 1954: 650, 1961: 1000 italienische Einwanderer. Doch war die Zuwanderung in die ländlichen Räume bescheiden gegenüber den Steigerungsraten in den Hauptstädten, z. B. Melbourne 1947: 5200, 1966: 92 000 Italiener. In Sydney lebten 1966 54 000 Italiener, in Adelaide 26 900, in Perth 18 800. Die Nachfrage nach ungelernten Arbeitskräften in der wachsenden Schwerindustrie führte zu dieser Konzentration italienischer Einwanderer in den Hauptstädten.

Einwanderer aus *Malta*, die auch auf dem Wege der „chain-migration" nach Australien kamen, brachten eine Ausweitung und Intensivierung der Gärtnereibetriebe in den Außenbezirken der Hauptstädte Melbourne und Sydney. Von diesen Standorten aus konnten sie auch in den Industriegebieten der Städte tätig werden. Im Gegensatz zu Griechen, Italienern und Jugoslawen sind die Einwanderer aus Malta nicht in den inneren Stadtbezirken, sondern mehr im Außenbereich angesiedelt.

Insgesamt läßt sich feststellen, daß in den Siedlungsmustern der Periode vor 1947 jugoslawische, italienische und maltesische Einwanderer wegen ihrer landwirtschaftlichen Ausrichtung noch nicht so stark auf die Hauptstädte orientiert waren. 1966 jedoch waren alle Einwanderergruppen wesentlich stärker als die übrige Bevölkerung Australiens auf die Hauptstädte ausgerichtet (Tab. 23).

3.5
Die Großstädte als Einwandererziel

Die Bevölkerungskonzentration in den Verdichtungsgebieten der fünf großen Hauptstädte Australiens – Sydney, Melbourne, Adelaide, Brisbane, Perth – wurde 1947–1966 überproportional von der eingewanderten Bevölkerung getragen: in Sydney zu 55%, in Melbourne zu 58,7%, in Brisbane zu 34%, in Adelaide zu 56,5% und in Perth zu 44,8% (Tab. 23). In Sydney, Melbourne und Adelaide war damit die Einwanderung der dominierende bevölkerungsgeographische Faktor, natürliches Bevölkerungswachstum und Binnenwanderung traten demgegenüber zurück. Aus den südeuropäischen Ländern (Italien, Griechenland, Malta) kamen dabei die größten ethnischen

Gruppen, 41,3% der Einwanderer in Melbourne und 31,9% in Sydney stammten aus diesen Ländern. Aus Großbritannien war die Einwanderung am größten in Adelaide mit 44,4% und Perth mit 34%. Zusammengefaßt ergibt sich für 1971 folgende Übersicht für die fünf großen Hauptstädte:
Sydney: 2 725 000 Einwohner, davon 679 599 Einwanderer aus der Zeit 1947–71. Von diesen Einwanderern stammen 36% aus Großbritannien, 9% aus der Tschechoslowakei, 9% aus Italien, 6% aus Griechenland und 5% aus Jugoslawien. Danach folgen Neuseeland, Deutschland, Afrika, Malta, Niederlande usw.
Melbourne: 2 394 000 Einwohner, davon 664 000 Einwanderer aus der Zeit 1947–71, Herkunftsgebiete sind Großbritannien 31%, Italien 15%, Griechenland 11%, Jugoslawien 6%, Tschechoslowakei 6%. Danach folgen Deutschland, Malta, Niederlande, Polen usw.
Adelaide: 809 400 Einwohner, davon sind 230 260 in der Zeit von 1947–71 zugewandert. Von diesen Einwanderern stammen 53% aus Großbritannien, 12% aus Italien,

Tab. 23: Elemente des Bevölkerungswachstums 1947 – 1971
in den Hauptstädten Sydney, Melbourne, Brisbane, Adelaide, Perth

	Bevölkerungszunahme in 1000	%Anteil Geburtenüberschuß	%Anteil Zuwanderer (in Australien geb.)	%Anteil Zuwanderer (in Übersee geb.)
1947 – 66				
Sydney	842	45,0%	–	55,0%
Melbourne	889	41,1%	0,2%	58,7%
Brisbane	320	38,6%	27,4%	34,0%
Adelaide	361	28,9%	14,6%	56,5%
Perth	256	40,6%	14,6%	44,8%
1966 – 71				
Sydney	265	47,7%	– 7,6%	59,9%
Melbourne	273	52,3%	– 0,8%	48,5%
Brisbane	90	47,0%	22,2%	30,8%
Adelaide	71	50,9%	2,0%	47,1%
Perth	144	28,8%	17,0%	54,1%

Quelle: 42, S. 5

5% aus Deutschland, 5% aus Griechenland, 3% aus den Niederlanden.

Perth: 641 800 Einwohner, davon 198 319 Einwanderer aus der Zeit 1947–71. Aus Großbritannien stammen 54%, Italien 11%, Tschechoslowakei 8%, Niederlande 3%, Jugoslawien 3%. Danach folgen Afrika, Deutschland, Neuseeland.

Brisbane: 818 423 Einwohner, davon 130 751 eingewandert von 1947–71. Sie stammen zu 55% aus Großbritannien, 5% aus Italien, 5% aus der Tschechoslowakei, 4% aus Neuseeland, 4% aus den Niederlanden und 4% aus Deutschland.

Ohne die großen Einwanderungswellen seit 1947 hätte die australische Bevölkerung 1980 nur etwa 9 Mio. Einwohner betragen; tatsächlich aber lag die Bevölkerungszahl 1980 bei 14,7 Mio. 82% der 2,6 Mio Einwanderer (Stand 1976) lebten in den größeren Städten, vor allem in den Verdichtungsgebieten: Sydney, Newcastle und Wollongong; Melbourne und Geelong; Brisbane und Gold Coast; Adelaide; Perth; Canberra und Hobart. Hier lebten 1976 84,4% der aus Großbritannien und Irland, 83,9% der aus Italien, 92,8% der aus Griechenland und 89,5% der aus Jugoslawien Eingewanderten. Dagegen ist die in Australien geborene Bevölkerung nur zu 65% diesen Verdichtungsgebieten zuzuordnen (214, 1982, S. 94; 20, S. 20) Die Steigerung des australischen Arbeitskräftepotentials von 2,6 auf 5,8 Mio. (1947–1974) wird zu 80% auf die Einwanderung zurückgeführt (166, S. 178).

3.5.1
Die Hauptstädte als Industrie- und Arbeitsplatzzentren

Die Konzentration der Verwaltungs- und Wirtschaftsfunktionen in den Hauptstädten, machte sie schon im 19. Jahrhundert zu wichtigen Standorten des tertiären Wirtschaftssektors (Sydney, Melbourne, Adelai-

de). Im Zuge des Goldbooms seit 1850, entwickelte sich auch der sekundäre Wirtschaftssektor; 1921 gab es 17 113 Betriebe mit insgesamt 367 000 Beschäftigten, 21% des gesamten australischen Arbeitskräftepotentials (59, S. 179). Einen Aufschwung für den sekundären Wirtschaftssektor brachte schließlich auch der 2. Weltkrieg. Betriebe in den Branchen Textil, Papier oder Chemie entstanden neu oder vergrößerten sich und machten Australien von den kriegsbedingt unsicher gewordenen Importen unabhängig. Diese Industrie fand nach 1945 dank hoher Einwanderungs- und Geburtenraten zunehmende Absatzmöglichkeiten. Die Rüstungsindustrie mit hochentwickelter Technologie stellte sich, durch staatliche Förderung unterstützt, auf Maschinen-, Fahrzeug- und Schiffsbau um. 1978/79 gab es in der Industrie 1 143 891 Beschäftigte, die sich regional und sektoral auf bestimmte Schwerpunkte verteilen (Tab. 24) (Karte im Anh.). In der Nahrungs- und Genußmittelindustrie sind 16,7% aller Industriebeschäftigten tätig. Der landwirtschaftlichen Basis entsprechend ist dieser Industriezweig in allen australischen Staaten vertreten; allerdings zeigt die Konservenindustrie in spezialisierten Obstbaugebieten von Tasmanien, Victoria und Westaustralien rückläufige Tendenz, weil durch die Zollschranken der EG der wichtigste Absatzmarkt in Großbritannien ausgefallen ist. Der Zuckerrohranbau in Queensland mit vielen Zuckerfabriken in den Küstenstädten macht hier die Nahrungsmittelindustrie zum dominierenden Industriezweig. Die Holz- und Papierverarbeitung erreicht insgesamt einen Anteil von 14,9% aller Industriebeschäftigten. In Canberra (ACT) sind 56,3% der Industriebeschäftigten in dieser Branche tätig. Die Kombination von Rohstoffstandort (Waldgebiete der australischen Alpen) und Absatzstandort (Dienstleistungssektor der Hauptstadt) schaffen optimale Produktionsvoraussetzungen. Auch in Tasmanien ist dieser Industrie-

Tab. 24: Zur Industriestruktur Australiens

1. Industriezweige und prozentuale Aufteilung nach Staaten 1978/79

	NSW	Vic	Qld	SA	WA	Tas	NT	ACT	Australien insgesamt 1978/79	1980/81
Industriebeschäftigte insgesamt	433 227	394 964	112 959	106 302	65 232	26 066	2068	3073	1 143 891	1 149 838
davon %										
Nahrungs-/Genußmittel	14,3	14,2	31,5	15,7	21,4	20,8	18,1	18,2	16,7	15,9
Textil, Bekleidung, Schuhe	8,8	16,6	4,8	5,6	3,3	9,1	–	–	10,4	10,0
Holz, Papier	13,9	12,8	17,9	14,1	19,9	30,9	11,5	56,3	14,9	15,8
Chemie	6,7	5,0	3,0	2,4	4,7	4,8	–	–	5,1	5,2
Glas, Porzellan, Baustoffe	3,9	3,3	5,4	3,8	7,4	15,4	54,4	7,5	4,0	4,0
Metallerzeugung	12,3	3,2	5,2	8,9	9,2	3,4	10,8	12,3	8,0	8,4
Metallverarbeitung	8,6	8,8	9,6	7,4	11,6	5,5	–	–	8,7	9,8
Fahrzeugbau	8,8	15,2	9,8	21,3	8,5	4,2	–	–	12,2	11,2
Maschinen-/Gerätebau	16,7	14,2	9,1	15,8	10,8	6,8	5,2	5,7	14,3	14,0
sonstige Industrie	5,9	6,7	3,5	4,9	2,9	1	–	–	5,5	5,6

2. Konzentrationsgrad von Bevölkerung und Industrie in den Verdichtungsgebieten 1953 – 1978

Zeitraum	NSW: % Bev. in Sydney	% IndB.	Vic: % Bev. in Melbourne	% IndB.	Qld: % Bev. in Brisbane	% IndB.	SA: % Bev. in Adelaide	% IndB.	WA: % Bev. in Perth	% IndB.	Tas: % Bev. in Hobart	% IndB.
1953/54	56,3	75,7	62,2	81,0	42,4	58,2	61,6	83,2	61,7	79,9		
1962/63	58,4	75,7	67,6	81,5	44,7	59,6	64,5	80,4	65,3	80,9		
1971/72	61,0	76,4	71,5	85,4	47,5	66,3	71,8	82,9	68,2	87,7		
1977/78	63,0	75,1	71,2	83,0	46,4	61,5	72,3	80,9	70,8	84,8	40,3	38,4

Quelle: 59, S. 182f.; 214, 1977/78, S. 430, 1983, S. 446

zweig der größte Arbeitgeber. Nach dem Beschäftigungsvolumen folgt dann der Maschinenbau/Gerätebau (Elektro-Feinmechanik, Optik) mit 14,3% aller Industriebeschäftigten. Diese Branche hat ihre Schwerpunkte in Südaustralien, Victoria und Neusüdwales. Mit 12,2% der Industriebeschäftigten liegt der Fahrzeugbau an 4. Stelle. Die Fahrzeugproduktion (Kraftfahrzeuge) konzentriert sich in Adelaide und Melbourne. Der Industriezweig Textil, Bekleidung und Schuhe ist in den letzten Jahren stark zurückgegangen. Er liegt mit 10,4% aller Industriebeschäftigten aber immer noch an 5. Stelle, sein traditioneller Schwerpunkt ist Melbourne. Den höchsten Beschäftigtenstand erreichte der sekundäre Sektor 1966 mit 1,3 Mio. Beschäftigten, danach hielt er sich mit Schwankungen knapp über 1 Mio. (1,1 Mio. 1980/81 – Tab. 25).

In allen Staaten Australiens konzentriert sich die Industrie in den Verdichtungsgebieten der Hauptstädte. Den Höhepunkt erreichte diese Entwicklung 1971/72: damals waren 87,7% aller industriellen Arbeitsplätze von Westaustralien in Perth, 85,4% von Victoria in Melbourne, 82,9% von Südaustralien in Adelaide und 76,4% von Neusüdwales in Sydney (Tab. 24).

Bei den Arbeitskräften des sekundären Wirtschaftssektors waren Einwanderer überproportional vertreten. Ihr Anteil lag 1954 im Durchschnitt um 5% über dem der Einheimischen, beim Fahrzeug- und Schiffbau waren es bei männlichen Einwanderern sogar 7,6% und bei der Verarbeitung von Textil- und Faserstoffen sogar 11,4% (11, S. 11).

Die australische Industrie weist ihre stärkste räumliche Konzentration im Südosten auf. Hier bieten die Verkehrsinfrastruktur (Straßen, Eisenbahnen, Fluglinien) und das Bevölkerungspotential der großen Verdichtungsgebiete Sydney (mit Newcastle und Wollongong) und Melbourne (mit Geelong) günstige Produktions- und Absatzbedingungen. Der australische Markt für Industrieprodukte ist nicht groß. Die Gesamtbevölkerung von 14 Mio. (1981) verteilt sich schwerpunktmäßig auf die Hauptstädte der Küstenzone, die weit voneinander entfernte Märkte darstellen. Kooperation und Absatz über die Grenzen der Einzelstaaten hinweg sind mit hohen Transportkosten belastet. Die Beschränkung auf den Markt im eigenen Staat verhindert rentable Größenordnungen. Um die Verbindung der Märkte untereinander zu verbessern, wurden mit großem Aufwand Straßen und Eisenbahnen ausgebaut. Eine leistungsfähige Ost-West-Eisenbahnverbindung von Sydney-Melbourne-Adelaide-Perth ist vorhanden, eine neue Nord-Süd-Verbindung ist bis Alice Springs fertiggestellt und wird bis Darwin weitergeführt. Näher zusammengerückt sind die Hauptstädte der australischen Staaten durch ein dichtes Luftverkehrsnetz.

Tab. 25: Wirtschaftssektoren und Beschäftigte 1921 – 1976 (in 1000/%)

Jahr	Landwirtschaft		Bergbau		Sekundärer Sektor		Tertiärer Sektor	
1921	522	22,8	66	2,9	528	23,1	1 170	51,2
1933	588	21,8	68	2,5	606	22,5	1 434	53,2
1947	498	15,5	54	1,8	873	28,4	1 646	53,6
1954	493	13,3	61	1,6	1 027	27,7	2 121	57,4
1961	458	10,9	54	1,3	1 140	27,0	2 571	60,8
1966	457	9,4	56	1,2	1 312	27,0	3 031	62,4
1971	386	7,4	76	1,5	1 216	23,2	3 562	67,9
1976	405	7,0	73	1,3	1 138	19,7	4 172	72,0

Quelle: 210, S. 89

Tab. 26: Beschäftigungsstruktur nach Gebietskategorien 1981

	Beschäftigte insgesamt	davon in % Landwirtschaft	Bergbau	Verarb. Industrie	Bauwirtschaft	Strom, Gas, Wasser, Verkehr, Post etc.	Handel, Banken, Versicherungen, öff. Verwaltung etc.	sonstige
Neusüdwales								
Verdichtungsgebiete	1 537 159	0,3	0,9	21,9	5,6	10,0	53,8	7,5
sonstige Städte	433 147	3,8	3,2	12,2	8,5	10,4	54,0	8,0
ländlicher Raum	260 494	23,8	2,3	9,8	6,8	8,8	39,2	9,3
Victoria								
Verdichtungsgebiete	1 206 869	0,4	0,2	25,5	5,2	8,9	51,8	7,9
sonstige Städte	259 143	3,6	0,7	16,9	7,6	11,3	51,9	8,0
ländlicher Raum	210 012	25,6	0,5	11,7	6,2	8,4	38,5	9,4
Queensland								
Verdichtungsgebiete	453 983	0,8	0,6	15,4	7,6	10,0	58,7	6,9
sonstige Städte	293 776	3,6	4,0	12,2	8,2	11,3	52,5	8,1
ländlicher Raum	204 031	21,9	3,3	10,6	6,4	8,9	38,0	10,9
Südaustralien								
Verdichtungsgebiete	371 611	0,6	0,5	21,0	5,6	8,2	58,4	5,7
sonstige Städte	84 082	4,8	1,4	21,3	5,8	11,6	49,1	6,0
ländlicher Raum	91 897	29,0	1,6	9,9	5,3	6,7	39,2	8,3
Westaustralien								
Verdichtungsgebiete	350 247	1,1	1,2	14,3	7,7	9,3	60,4	5,8
sonstige Städte	110 795	4,2	11,6	11,7	9,0	10,9	44,9	7,6
ländlicher Raum	91 818	29,2	7,5	6,8	5,0	6,9	35,7	8,9
Tasmanien								
Verdichtungsgebiete	54 325	1,0	0,2	12,2	6,9	9,9	64,6	5,4
sonstige Städte	72 978	2,5	3,8	19,7	6,6	9,6	51,6	6,2
ländlicher Raum	42 661	20,3	4,6	13,0	5,8	9,2	38,7	8,4
Nordterritorium								
sonstige Städte	44 350	0,9	4,1	5,2	9,2	9,9	59,8	11,0
ländlicher Raum	11 026	13,4	7,4	2,5	8,9	2,4	42,3	23,1
A.C.T. Canberra								
Verdichtungsgebiete	100 394	0,5	0,2	3,6	5,1	5,0	81,3	4,3
ländlicher Raum	1 126	9,4	–	3,5	5,6	6,3	70,5	4,7
Australien insgesamt								
Verdichtungsgebiete	3 992 763	0,5	0,6	21,4	6,0	9,5	54,7	7,3
sonstige Städte	1 271 766	3,7	3,6	14,2	8,2	11,1	51,2	8,0
ländlicher Raum	912 979	24,6	3,0	10,0	6,1	8,1	37,5	9,7

Quelle: 93, S. 49f.

Die australische Industrie wurde und wird noch immer durch hohe Schutzzölle von der Konkurrenz des Auslands abgeschirmt. An der durch Schutzzölle gesicherten Produktion beteiligte sich ausländisches Kapital, nach dem 2. Weltkrieg zunächst aus Großbritannien, dann immer stärker aus den USA. Die Produktion ohne den internationalen Wettbewerb führt dazu, daß neue Produkte und Produktionsformen nicht oder nur mit zeitlicher Verzögerung von der australischen Industrie angenommen werden. Für den Absatz im Ausland sind die australischen Industrieprodukte nicht wettbewerbsfähig, der australische Verbraucher selbst bezahlt Preise über dem Weltmarktniveau. Eine vollständige Abschirmung vom Weltmarkt kann Australien nicht durchhalten; es muß sich vielmehr dem Weltmarkt öffnen, um dort die eigenen bergbaulichen Erzeugnisse absetzen zu können. Die australische Regierung versucht deshalb eine schrittweise Verringerung der Schutzzölle, was zu Einbrüchen bei der einheimischen Industrie führt. So kam es durch die Senkung der Zölle um 30% (1973) zu einem starken Rückgang in der Textil-, Bekleidungs- und Schuhindustrie, die nicht mit den Produkten aus Südostasien konkurrieren konnte. Auch die Pkw-Produktion ging stark zurück. British Leyland gab den australischen Markt auf, auch die Lizenzproduktion des VW-Busses wird in Australien nicht fortgesetzt, denn der australische Markt ist nicht groß genug und für den Absatz außerhalb Australiens sind die Produktionskosten zu hoch. Schließlich spielt die Streikhäufigkeit hier eine wichtige Rolle. Die Organisation in zahlreichen kleinen, teils konkurrierenden Einzelgewerkschaften, aber auch die „Streikfreudigkeit" führte zu zahlreichen Streiks aus oft nichtigen oder nicht in den Arbeitsverhältnissen begründeten Ursachen.

Seit den 1970er Jahren nahm die Zahl der Industriebeschäftigten nicht mehr zu, Träger der wirtschaftlichen Entwicklung ist vielmehr der Tertiäre Sektor. Im Dienstleistungsbereich sind 4,172 Mio. Menschen tätig, 72% aller Beschäftigten (Tab. 25). Die Standorte des tertiären Wirtschaftssektors sind noch stärker als bei der Industrie die Verdichtungsgebiete der Großstädte. Die Verdichtungsgebiete haben somit insgesamt eine große Variationsbreite an Arbeitsplätzen aufzuweisen. Fast 4 Mio. Arbeitsplätze (1981) verteilen sich dort zu 0,5% auf Landwirtschaft, zu 0,6% auf Bergbau, zu 21,4% auf die verarbeitende Industrie, zu 6% auf die Bauwirtschaft, zu 9,5% auf den Bereich Strom/Gas/Wasser/Verkehr etc., zu 54,7% auf Handel/Banken/Versicherungen/Öffentliche Verwaltung, 7,3% entfallen auf sonstige Branchen (Tab. 26). Die Gesamtzahl der Arbeitsplätze in allen Wirtschaftssektoren (Landwirtschaft/Bergbau – Industrie – Dienstleistungen) stieg von 3 682 139 (1954) auf 6 259 333 (1981). Davon befinden sich 1981 in den großstädtischen Gebieten 65,1%, in den sonstigen städtischen Gebieten 20,3% und in den ländlichen Gebieten 14,6%.

3.5.2
Innerstädtische Verteilungsmuster ethnischer Gruppen

Die Einwanderer hatten viele Gründe, ihr neues Leben in Australien in den großen Städten zu beginnen: Variationsbreite von Arbeits- und Wohnmöglichkeiten, verwandtschaftliche und landsmannschaftliche Bindungen. Zugleich veränderte der Einwandererstrom die Großstädte Australiens: von 1947 bis 1976 siedelten sich 845 387 Engländer, Schotten/Iren, 235 052 Italiener, 141 654 Griechen, 128 964 Jugoslawen in den Hauptstädten an. In großen Teilen der Stadtgebiete lag der Anteil der Einwanderer 1976 über 20%, in vielen Stadtteilen über 40% (Abb. 23, 24). Die Zuwanderung ging

Abb. 23: Einwandereranteil im Verdichtungsgebiet Sydney (1976)

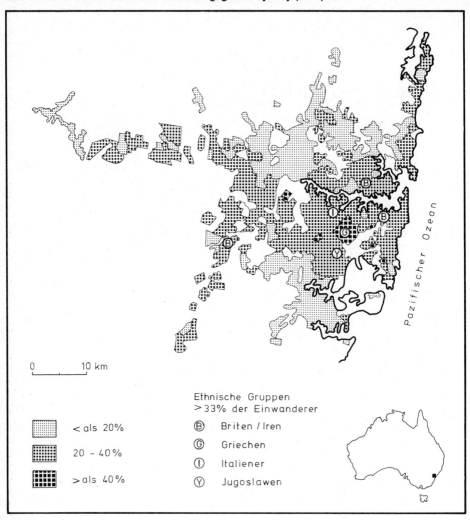

0 _____ 10 km

Ethnische Gruppen
> 33% der Einwanderer

	< als 20%	Ⓑ	Briten / Iren
	20 - 40%	Ⓖ	Griechen
	> als 40%	Ⓘ	Italiener
		Ⓨ	Jugoslawen

Quelle: 20, S. 19

vor allem in die Kernbereiche der Städte, aus denen die einheimische Bevölkerung in die Außenbezirke mit besseren Wohn- und Lebensbedingungen abgewandert war. Das große Ausmaß der Einwanderung aus den südeuropäischen Ländern und ihre Organisation im Rahmen der „chain-migration" hat innerhalb der Hauptstädte Australiens geschlossene Wohnbereiche bestimmter Nationalitäten herausgebildet (Abb. 23, 24). Beispiele sind die Konzentration von ca. 13 000 griechischen Australiern in Marrickville/Sydney, von ca 10 000 italienischen Australiern in Brunswick/Melbourne und ca. 8 000 in Leichhardt/Sydney, von ca. 5 000 jugoslawischen Australiern in Voutscray/Melbourne und ca. 4 500 in Stanmore/Marrickville/Sydney. Volkszugehörigkeit, regio-

Abb. 24: Einwandereranteil im Verdichtungsgebiet Melbourne (1976)

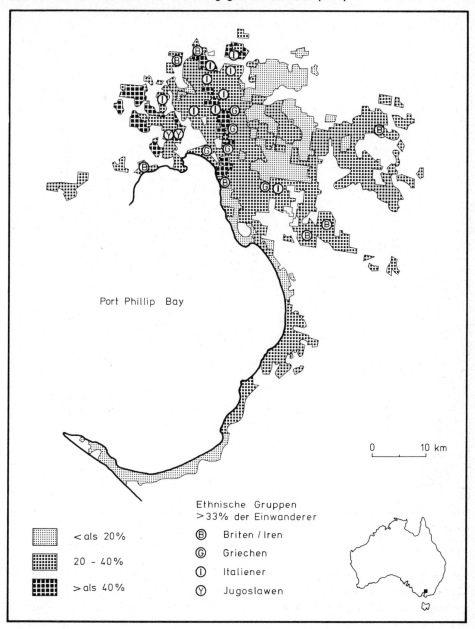

Port Phillip Bay

0   10 km

Ethnische Gruppen
>33% der Einwanderer

< als 20%

20 - 40%

> als 40%

Ⓑ   Briten / Iren

Ⓖ   Griechen

Ⓘ   Italiener

Ⓨ   Jugoslawen

Quelle: 20, S. 18

111

nale Bindungen und Zusammenhalt in der Großfamilie bleiben auch in Australien weiter wirksam. Im Rahmen der „chain-migration" ist der Einwanderer auf diesen Verbund angewiesen und wirtschaftlich davon abhängig. Diese gesellschaftlich-wirtschaftlichen Bindungen führen zwangsläufig zu einer Konzentration ethnischer Gruppen in den Zielgebieten der Einwanderer.

Die Wohndichte in der ersten Phase der Ansiedlung („first settlement concentrations") ist sehr hoch. Man hat seine eigenen Clubs, Geschäfte, Zeitungen und orientiert sich gesellschaftlich und wirtschaftlich innerhalb der ethnischen Gruppe. Diese Siedlungsmuster der Anfangsphase sind oft nur ein Übergangsstadium. Im Bemühen um bessere Lebens- und Wohnbedingungen, vor allem um ein eigenes Haus, werden die Wohnbezirke im inneren Stadtbereich verlassen, man geht in benachbarte Stadtteile oder auch weiter entfernte Wohnorte. In den neuen Wohngebieten („second settlement concentrations") will man weiterhin unter Menschen gleicher Herkunft leben, man hat auch hier spezifische Einrichtungen, etwa griechische oder italienische Lokalzeitungen, Geschäfte etc. Die Bevölkerungskonzentrationen der zweiten Phase erweisen sich als sehr beständig und sind bis heute in allen großen Städten Australiens vorhanden. Ein drittes Siedlungsmuster, die Verteilung über die gesamten Stadtgebiete („dispersed settlement") wird von den Einwanderern aus Nord- und Mitteleuropa praktiziert.

3.6 Binnenwanderung und Verdichtungsprozeß

Für den großstädtischen Verdichtungsprozeß hatte die Binnenwanderung immer nur ergänzende Funktion. Am Bevölkerungswachstum in den großen Verdichtungsgebieten von Sydney und Melbourne z. B. war die Binnenwanderung von gebürtigen Australiern in der Phase 1947–1966 nicht beteiligt. In der Periode 1966–1971 gab es aus diesen Verdichtungsgebieten sogar eine Abwanderung der australischen Bevölkerung (aus Sydney 7,6% und aus Melbourne 0,8%) (Tab. 23). Bei den Hauptstädten jedoch, die noch nicht den hohen Verdichtungsgrad wie Melbourne und Sydney aufwiesen, wurde der Verdichtungsprozeß durch Binnenwanderung verstärkt. So ist die Bevölkerungskonzentration in der Periode 1947–1966 in Brisbane zu 27,4%, in Adelaide zu 14,6% und in Perth zu 14,6% auf Binnenwanderung zurückzuführen (Tab. 23). In der Periode 1966–71 ist die Zuwanderung gebürtiger Australier nach Brisbane mit 22,2% und nach Perth mit 17% am Wachstum dieser Städte beteiligt (Tab. 23). Als Reservoir für die Binnenwanderung diente der Bevölkerungsüberschuß in den ländlichen Gebieten Australiens. In der australischen Landwirtschaft wurde menschliche Arbeitskraft immer mehr durch Mechanisierung ersetzt. Kapitalintensive Anbau- und Nutzungsformen setzten sich gegenüber den arbeitsintensiven alten Systemen durch. Die Gesamtzahl der landwirtschaftlichen Beschäftigten (Fremdarbeitskräfte, mitarbeitende Familienangehörige) ging von 167 000 (1947) auf 113 277 (1971) zurück. Durch Betriebszusammenlegungen verringerte sich außerdem die Zahl der Farmer mit eigenen Betrieben von 256 633 (1947) auf 185 046 (1971). Die Freisetzung in der Landwirtschaft von 1947 bis 1971 erfaßte über 125 000 Arbeitskräfte. Die Schrumpfung der ländlichen Bevölkerung um nahezu 30% verminderte auch die Auslastung der ländlichen Versorgungszentren. Zahlreiche Einrichtungen (Handwerker, Geschäfte, Ärzte, Apotheke etc.) konnten sich nicht mehr halten, so daß es aus den kleinen Zentren zu Abwanderungen in die großen Städte kam. Die Abwanderung aus

Tab. 27: Prozentuales Wachstum der Bevölkerung nach Gebietskategorien 1947 – 1981

Jahr	Verdichtungs-gebiete	sonstige Städte	ländlicher Raum	insgesamt
1947 – 54	18,51	21,96	14,84	18,55
1954 – 61	21,06	19,48	2,81	16,96
1961 – 66	15,51	7,81	– 3,21	9,92
1966 – 71	14,11	12,06	– 7,12	9,97
1971 – 76	7,99	23,35	0,47	9,09
1976 – 81	6,33	9,69	6,61	7,46

Quelle: 210, S. 346 (1947 – 76); 93, S. 13 (1981)

den ländlichen Gebieten war selektiv und erfaßte am stärksten jüngere Menschen. So ging der Anteil der männlichen Bevölkerung im Alter von 15–19 Jahren von 57% (1947) auf 39% (1966) und 27% (1971) zurück. Der Rückzug aus dem landwirtschaftlichen Bereich brachte Stagnation und wirtschaftlichen Rückschritt. Die verbleibende Bevölkerung auf dem Lande war oft überaltert und lebte in ungünstigen Einkommensverhältnissen. Die Einkommenssituation der landwirtschaftlichen Betriebe verschlechterte sich von 1963/64 bis 1970/71 um 40%; im Kontrast dazu stiegen die Realeinkommen der Lohn- und Gehaltsempfänger außerhalb der Landwirtschaft um 30% (188, S. 73). Ein Vergleich des prozentualen Bevölkerungswachstums in den Verdichtungsgebieten, den sonstigen Städten und dem ländlichen Raum (Tab. 27) dokumentiert den Rückgang im ländlichen Raum.

Die geringe Wachstumsrate schon in der ersten Phase 1947–54 in fast allen Staaten Australiens wurde durch große landwirtschaftliche Erschließungsprojekte in Westaustralien ausgeglichen. In den nachfolgenden Perioden kam es in allen Staaten Australiens zu einem Rückzug aus der Fläche. Seit 1961 war die Abwanderung aus dem ländlichen Raum so groß, daß sie nicht mehr durch den Geburtenüberschuß aufgefangen werden konnte. Aber auch die Zuwachsrate in den Verdichtungsgebieten der Großstädte verlangsamte sich seit 1971 zugunsten von benachbarten städtischen Gebieten.

3.7
Die Verdichtungsgebiete der Großstädte – Major Urban Areas

Die Konzentration des Wirtschafts- und Bevölkerungswachstums in den großen Städten Australiens hat sich besonders auch auf ihr Flächenwachstum ausgewirkt und großräumige Verdichtungsgebiete entstehen lassen (Abb. 24). Als „Major Urban Areas" lassen sich 11 großstädtische Verdichtungsgebiete mit insgesamt 9 201 603 Einwohnern (1981) festlegen:

Sydney	2 874 415 E.
Melbourne	2 578 527 E.
Brisbane	942 636 E.
Adelaide	882 520 E.
Perth	809 035 E.
Newcastle	258 956 E.
Canberra	238 377 E.
Wollongong	208 602 E.
Gold Coast	154 663 E.
Hobart	128 603 E.
Geelong	125 269 E.

Auch in den Verdichtungsgebieten bevorzugen die Australier ein angenehmes Wohnumfeld mit Einfamilienhaus und Garten. Einfamilienhaus-Wohnungen mit großem Flächenanspruch dominieren 1976 in den fünf großen Hauptstädten: in Sydney 65,1%, in Melbourne 72,8%, in Adelaide 77,4%, in Brisbane 84,5% und in Perth 84,5% aller Wohnungen. Zu den Vorteilen des angenehmen Wohnumfeldes (Einfamilienhäuser,

Abb. 25: Kern-Randverteilung in den Verdichtungsgebieten (MUA) 1976

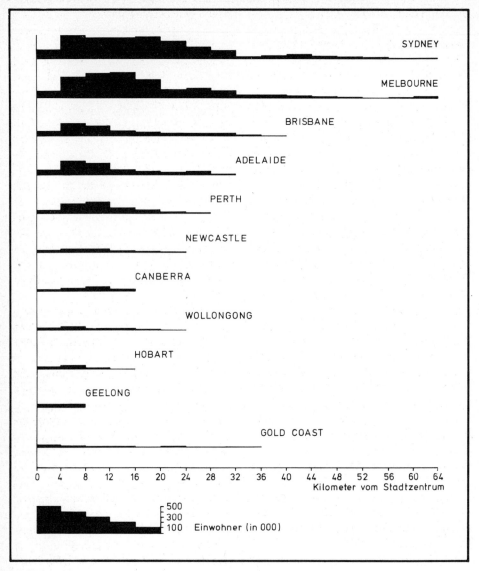

Quelle: 20, S. 10

Gärten) kommen große Freiflächen (Sport- und Freizeitgestaltung, landwirtschaftliche Nutzung). Die starke landschaftliche Durchdringung entspricht der australischen städtebaulichen Konzeption. Sie wird bei neuen Städten, wie bei Canberra, mit einem Freiflächenanteil von 40% bewußt eingeplant. Die großstädtischen Verdichtungsgebiete haben einen Freiflächenanteil von 32–50% aufzuweisen: Sydney 39%, Melbourne 30%, Brisbane 40%, Adelaide 32%, Perth 34%, Newcastle 50%, Canberra 40%, Wollongong

50%, Hobart 48%, Geelong 41%, Gold Coast 36% (20, S. 11).

Andererseits müssen die angenehmen Wohnbedingungen mit langen Pendlerwegen erkauft werden, denn die Arbeitsplätze des tertiären Wirtschaftssektors liegen im Kern der Stadt, und auch die Fabriken haben die Produktionsstandorte in den inneren Stadtbereichen weitgehend beibehalten. Der Vorteil der kurzen Wege belebte den Neubau von Mehrfamilienhäusern und Wohnblocks mit Eigentums- und Mietwohnungen, aber auch die Renovierung von alten Häusern in der Nähe der Stadtzentren. In den städtebaulichen Rahmen mit Ein- und Mehrfamilienhäusern fügt sich der staatliche Wohnungsbau ein. Durch State Housing Commissions engagieren sich die Staaten, sie werden in Konkurrenz zum privaten Wohnungsbau in den gleichen Gebieten und mit gleicher Konzeption tätig. Die Wohnungen und Einfamilienhäuser der State Housing Commissions werden nach sozialen Kriterien zu günstigen Bedingungen vermietet. Das staatliche Engagement ist in den einzelnen Staaten unterschiedlich und auch die Baukonzeption ist nicht einheitlich, indem in einem Staat stärker das Einfamilienhaus, in einem anderen stärker das Mehrfamilienhaus favorisiert wird.

Die Bevorzugung des Einfamilienhauses führt auch in den Verdichtungsgebieten zu einer weiträumigen offenen Bebauung, verstärkt durch große Freiflächen, die für Freizeit und Erholung oder landwirtschaftlich genutzt werden.

3.7.1
Neusüdwales: Sydney, Newcastle, Wollongong

Sydney (Major Urban Area): Fläche 1460 km², davon 39% Freiflächen; Bevölkerung 2874415 E. (1981); Bevölkerungszunahme 2,9% (1976–81); 65% aller Wohnungen sind Einfamilienhäuser.

Sydney gilt wegen seiner Lage an mehreren Meeresbuchten (Botany Bay, Port Jackson) als die Stadt Australiens mit der landschaftlich schönsten Lage. Die intensive Durchdringung von Wasser und Land schafft eine abwechslungsreiche Stadtlandschaft und sorgt in den heißen Sommermonaten für ein erträgliches Klima. Port Jackson, einer der größten und schönsten Naturhäfen der Welt, reicht mit vielen Buchten weit in die Stadt hinein. Wahrzeichen der Stadt wurde das 1973 fertiggestellte Opernhaus, das auf einer künstlich vergrößerten Landzunge in das große Hafenbecken von Port Jackson hineinragt. An dieser Stelle soll Kapitän Phillip 1788 an Land gegangen sein. Durch Bauformen, die wie Segel unter vollem Wind aussehen, fügt sich das Opernhaus optimal in die Lage am Hafen ein. Hier liegt auch der älteste Stadtkern von Sydney.

Der wirtschaftlichen Entwicklung entsprechend, weitete sich das bebaute Gebiet kontinuierlich aus (Abb. 26). Wegen des Reliefs waren die Ausdehnungsmöglichkeiten im Westen am günstigsten. Hier wurden ehemals eigenständige Zentren wie Paramatta von der Siedlungsausweitung bereits vor 1950 überrollt, sie bleiben aber Versorgungszentren innerhalb des Verdichtungsgebietes Sydney. Während die räumliche Ausdehnung der Bebauung weiter fortschreitet, kommt es innerhalb des Verdichtungsgebietes zu kennzeichnenden Bevölkerungsverlagerungen (Abb. 27). Der Kernraum der Stadt und auch ältere Vororte verlieren Bevölkerung, während attraktive Wohngebiete weiter von der Stadt entfernt ein starkes Bevölkerungswachstum aufweisen. Diese Bereiche im Westen und Südwesten sind durch Bahn und Straße gut erschlossen, liegen aber bis zu 60 km vom Zentrum (Central Business District, CBD) entfernt (Abb. 25, 27). In der City selbst wird die Wohnfunktion durch Einrichtungen des Dienstleistungssektors (Banken, Versicherungen, Verwaltungen, Geschäfte) verdrängt. Eine Zone in der Ent-

Abb. 26: Stadtentwicklung Sydney 1860–1970

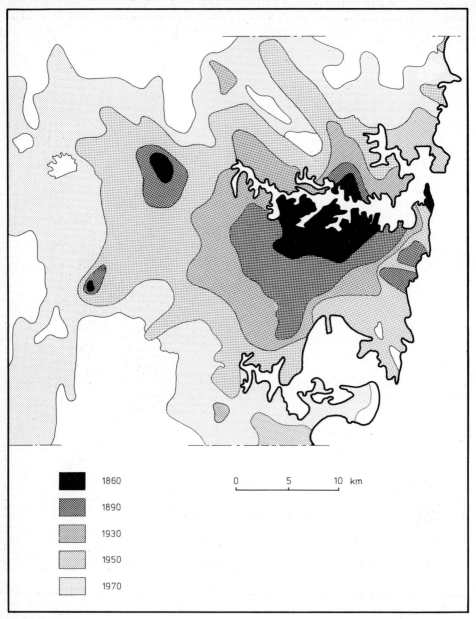

■	1860
▓	1890
▒	1930
░	1950
░	1970

0   5   10   km

Quelle: 94, S. 44

fernung von 4 bis 20 km hat eine relativ hohe Wohndichte. Hier liegen größere Industriegebiete, und die Nähe der Arbeitsplätze fördert den Neubau von größeren Gebäude-

komplexen mit Eigentums- oder Mietwohnungen und die Renovierung des Altbaubestandes. Mit wachsendem Abstand zur City nimmt die Wohndichte rasch ab. Der Anteil

**Abb. 27: Sydney. Bevölkerungsveränderungen im Verdichtungsgebiet 1971–76 /
Wachstumstendenzen im Ballungsraum 1976–81**

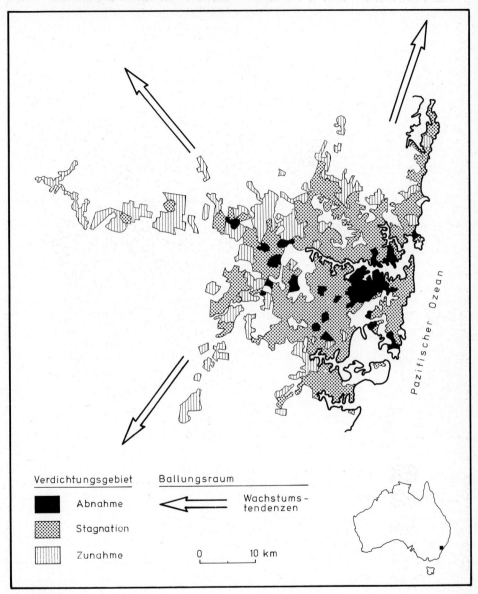

Verdichtungsgebiet

■ Abnahme

▨ Stagnation

▥ Zunahme

Ballungsraum

← Wachstums-
tendenzen

Pazifischer Ozean

0   10 km

Quelle: 20, S. 17

der Flächen, die nicht der Wohnfunktion dienen, reicht bis zu 50%.

Ein solches Erschließungskonzept bedingt den enormen Flächenbedarf von 1460 km². Die Versorgungseinrichtungen der City kön-nen sich nicht mehr im gesamten Verdichtungsgebiet durchsetzen (67, S. 199). 64% aller Haushalte besuchen nur noch aperiodisch (alle 3 Monate oder seltener) das Stadtzentrum, 13,7% suchen die City nie auf. Regionale Versorgungszentren, Einkaufsstraßen in alten Siedlungskernen und großangelegte Einkaufszentren in Neubaugebieten ziehen alle Versorgungsfunktionen auf sich.

Die langen Wege zwischen Wohnstandort und Arbeitsplatz erfordern einen höchst aufwendigen Ausbau der Verkehrsstruktur. 1971 nahm die tägliche Anfahrt zum Arbeitsplatz im Verdichtungsgebiet Sydney im Durchschnitt 34 Minuten in Anspruch, was nur durch autobahnähnlichen Ausbau der Haupteinfahrtsstraßen und großzügige Gestaltung des Straßennetzes insgesamt erreicht werden kann, da über 60% das Auto bei der Fahrt zum Arbeitsplatz benutzen. Die Aufwendungen für den Straßenbau, den öffentlichen Nahverkehr, für die Sicherung der Trinkwasserversorgung und der Abwasserbeseitigung verursachten Kosten, die für das Verdichtungsgebiet Sydney mit 912 A$ pro Einwohner angesetzt werden (43, S. 147). Die Wasserversorgung ist dabei ein enormer Kostenfaktor. Der Wasserverbrauch in den Verdichtungsgebieten ist in den letzten Jahren stark angestiegen. Als Pro-Kopf-Verbrauch werden im Verdichtungsraum Sydney für 1964/65 496 Liter täglich angegeben, 1979/80 bereits 532 Liter und für das Jahr 2000 werden 658 Liter angenommen. Häufige Beschränkungen bei der Wassernutzung belegen die schwierige Versorgungssituation. In Sydney gab es von 1940 bis 1980 (61, S. 213) für eine Gesamtzeit von 78 Monaten Beschränkungen bei der Wassernutzung. In Zentren außerhalb der Verdichtungsgebiete kann die Wasserversorgung wie die gesamte Infrastruktur wesentlich günstiger zur Verfügung gestellt werden. Den Vergleichsberechnungen lagen detaillierte Ausbaupläne und Kostenanalysen zugrunde (193, S. 211ff.). Danach lagen die Infrastrukturkosten 1976 pro Einwohner in Wagga Wagga/NSW (32984 E.) bei 671 A$, in Orange/NSW (26254 E.) bei 698 A$, in Dubbo/NSW (20149 E.) bei 654 A$, in Nowra /NSW (15496 E.) bei 670 A$ und in Grafton/NSW (16516 E.) bei 666 A$. Bei den Berechnungen ging man von einem Ausbau dieser fünf Regionalzentren für zusätzlich 500000 Einwohner aus. Der Infrastrukturaufwand pro Einwohner lag dabei wesentlich unter dem Aufwand von 912 A$ pro Einwohner im Verdichtungsgebiet Sydney.

Überlegungen zur Förderung einer dezentralen Entwicklung entstanden schon während des 2. Weltkrieges im Zusammenhang mit einer geplanten Verlagerung der Industrie ins Binnenland aus Sicherheitsgründen. Bei der boomartigen Nachkriegsentwicklung wurden regionale Entwicklungskonzepte im Staat Neusüdwales nur beim Snowy Mountains Projekt und bei der differenzierten Erschließung des Murray-Murrumbidgee-Bewässerungsgebietes (Abb. 10) berücksichtigt.

1972 wurde in Neusüdwales durch die Bildung von 9 Regionen eine neue räumliche Basis geschaffen. Eine Bündelung der Förderung sollte die Mittelpunkte dieser Regionen als Industrie- und Dienstleistungszentren entwickeln. Die selektive Bevorzugung von 9 Städten als Wachstumszentren war politisch jedoch nicht durchsetzbar, deshalb wurden lediglich die Doppelstadt Albury-Wodonga beiderseits der Grenze zu Victoria und 208 bzw. 262 km westlich von Sydney das Doppelzentrum Bathurst-Orange als Wachstumspole ausgewiesen. Damit war das Konzept einer selektiven Dezentralisierung (174) kaum realisiert. Eine Entlastung für den Konzentrationsprozeß der Bevölkerung im Raum Sydney konnte davon nicht ausgehen.

Als Alternative wurden Wachstumspole am Rand des Verdichtungsgebietes Sydney gefördert, wie Camden-Campbelltown im Südwesten und Richmond-Windsor im Nordwesten und Zentren in der Entwicklungsachse Sydney-Newcastle wie The Entrance-Terrigal, Budgewoi Lake und Brisbane Water.

Diese Trabantenstädte außerhalb des als Major Urban Area abgegrenzten Verdichtungsgebietes von Sydney haben eine enorme Bevölkerungszunahme von 1976 bis 1981 aufzuweisen. Die höchsten Zuwachsraten haben die Standorte im Norden, The Entrance-Terrigal (+27,4%), Budgewoi Lake (+61,7%) und Brisbane Water (+31,3%), die auch als Freizeitzentren attraktiv sind. Die Bevölkerungszunahme im Raum Sydney verlagert sich schwerpunktmäßig in Standorte, die zwar nicht mehr im Verdichtungsgebiet (MUA) liegen, doch unmittelbar daran angrenzen. Diese Ausweitung des Verdichtungsgebietes zu einem größeren Ballungsraum wird als „Capital City Statistical Division" erfaßt (Tab. 28). Der Ballungsraum Sydney dehnt sich innerhalb einer Entwicklungsachse nach Norden bis zum großstädtischen Verdichtungsgebiet Newcastle und nach Süden bis zum großstädtischen Verdichtungsgebiet Wollongong aus.

Newcastle (Major Urban Area): Fläche 240 km^2, davon 50% Freiflächen; Bevölkerung 258956 E. (1981); Bevölkerungszunahme 3% (1976–81).

Die wirtschaftliche und städtebauliche Entwicklung dieses Verdichtungsgebietes ist durch Kohlebergbau und Schwerindustrie bestimmt. Im Bereich der heutigen Stadt, und dann weiter nach Westen ausgreifend, wurden große Steinkohlevorkommen erschlossen. Die kleinen Kohlegruben können heute mit den riesigen Untertagebau- und Tagebaugebieten, wie dem 125 km westlich gelegenen Tagebau von Muswellbrook, nicht konkurrieren. So waren im alten Abbaugebiet um Kurri und Cessnock, 40 bis 50 km westlich von Newcastle, 1982 bereits 25 von 30 Kohlengruben aufgegeben. In diesem Raum mit mehreren, ausschließlich auf Bergbau ausgerichteten Städten ist eine wirtschaftliche Neuorientierung als Entlastung für Sydney geplant. Ein Teil der im Bergbau freigesetzten Arbeitskräfte kann in der Schwerindustrie von Newcastle Beschäftigung finden. Wegen der dort konzentrierten Eisen- und Stahlindustrie wird der Raum als das australische Ruhrgebiet bezeichnet. Schon seit 1841 ist Newcastle Exporthafen für Steinkohle, zunächst ausschließlich für den australischen Bedarf, nach dem 2. Weltkrieg vor allem für Abnehmer in Südostasien, Japan und Europa. Newcastle besteht aus mehreren, voneinander getrennten Siedlungsgebieten, die aus früheren Bergbauorten hervorgegangen sind. Große Flächen müssen wegen des ehemaligen Bergbaus (Bergschädengebiet) von Bebauung freigehalten werden, so daß 50% des Verdichtungsgebietes von Newcastle unbebaut sind.

Die Konzentration der Bevölkerung ist in diesem Industriegebiet weniger durch Einwanderung verursacht, nur 11,3% der Bevölkerung (1976) sind Einwanderer. Das ist der geringste Einwandereranteil aller Verdichtungsgebiete Australiens. Zielgebiete der Bevölkerungsverlagerung im Verdichtungsgebiet Newcastle sind Räume südlich am Macquariesee. Port Macquarie hat 19572 Einwohner (1981) und seit 1976 eine Zunahme um 46,5%.

Wollongong (Major Urban Area): Fläche 180 km^2, davon 50% Freiflächen; Bevölkerung 208602 E. (1981); Bevölkerungszunahme 7,2% (1976–81).

Wie Newcastle ging auch das Verdichtungsgebiet Wollongong aus verschiedenen Siedlungen des Kohlebergbaus hervor. Kohlevorkommen wurden hier schon in der Anfangsphase der Kolonie 1797 entdeckt, mit dem Abbau wurde in der zweiten Hälfte des 19. Jahrhunderts begonnen. Zahlreiche Kohlengruben lagen am Fuß des küstenparallelen Randgebirges im Illawarragebiet. Die Kohle wurde früher mit zahlreichen Bahnen von den Gruben direkt zur Verladung an die Küste transportiert. In Zuordnung zu den Kohleabbaustandorten entstanden eine Reihe kleiner Bergbausiedlungen. Nicht alle Kohlengruben und Bergbauorte überstanden die Depressionsphase 1894–1904. In der Aufwärtsentwicklung nach 1905 wurde Wollongong immer mehr zum dominierenden Verwaltungs- und Versorgungszentrum im Illawarragebiet (197), denn die Ausstattung in den Bergbauorten beschränkte sich auf Schule, Kirche, Post und einige kleine Läden.

Port Kembla südlich von Wollongong wurde nach dem Ausbau des großen Hafens zum Zentrum der Schwerindustrie. An der Bevölkerungskonzentration im Raum Wollongong/Port Kembla sind Einwanderer stark beteiligt (11041 Einwanderer 1966–76). 31,6% der Bevölkerungszunahme (1966–76) sind auf Einwanderung zurückzuführen. Das bevorzugte Siedlungsgebiet der zuwandernden und der aus dem Stadtkern abwandernden Bevölkerung liegt am Illawarrasee.

In Neusüdwales konzentriert sich die Bevölkerung im Ballungsraum Sydney (Capital City Statistical Division), im Verdichtungsgebiet Newcastle (MUA) und im Verdichtungsgebiet Wollongong (MUA) mit insgesamt 3660558 Einwohnern, das sind 69,9% der Gesamtbevölkerung des Staates.

Nur geringe Bevölkerungskonzentrationen erreichen demgegenüber die Regionalzentren, die allerdings positive Tendenzen aufweisen, was als ein Erfolg der Denzentralisierungspolitik gelten kann. Die fünf größten Regionalzentren sind: Albury-Wodonga (NSW/Vic.) mit 53251 E., Bevölkerungszunahme 16,9%; Maitland mit 38832 E., Bevölkerungszunahme 7,8%; Wagga Wagga mit 36832 E., Bevölkerungszunahme 11,7%; Tamworth mit 29656 E., Bevölkerungszunahme 10,9%; Orange mit 27625 E., Bevölkerungszunahme 5,2%.

3.7.2
Victoria: Melbourne, Geelong

Melbourne (Major Urban Area): Fläche 1480 km^2, davon 30% Freiflächen; Bevölkerung 2578527 E. (1981), Bevölkerungszunahme 4% (1976–81); 72% aller Wohnungen sind Einfamilienhäuser.

Melbourne liegt an der Port Phillip Bay in einer nach Osten hin leicht ansteigenden Küstenebene. Es gab hier günstige Voraussetzungen für eine gleichmäßige Ausweitung der Bebauung, die in der Boomphase vor 1890 große Gebiete um den Stadtkern herum erfaßte (Abb. 28). In der weiteren Entwicklung stieß der Ausbau der Stadt an Barrieren: Im Westen hatten sich ausgedehnte Industriebetriebe etabliert und im Nordosten waren die Dandenongberge mit mehreren Nationalparks eine Grenze für die Ausweitung der Stadt. Im Südosten und Süden, wo keine Behinderungen vorhanden waren, folgte die Ausweitung der Stadt zunächst den Hauptausfallstraßen, später wurden auch die großen Flächen dazwischen erschlossen (Abb. 28). Schließlich hat sich die Stadtentwicklung entlang der Port Phillip Bay in Form eines 100 km langen bebauten Küstenstreifens nach Süden ausgedehnt (Abb. 29).

Die schon bei Sydney festgestellte Tendenz der Bevölkerungsverlagerung – Rückgang in den inneren Stadtbereichen, Zunahme in den Außenbezirken – fällt bei Melbourne noch deutlicher auf (Abb. 29). Ein beständiger Strom von Einwanderern aus südeuropäischen Ländern (Italien, Griechenland, Jugoslawien) hatte hier zu größerer Wohndichte im inneren Bereich geführt, und die Bevölkerungsabwanderung in die Außenbezirke ausgeglichen. Die Einwanderung aus Südeuropa wurde schon von 1971 bis 1976 geringer, es gibt seitdem einen Bevölkerungsrückgang von über 2% pro Jahr in den „first settlement"-Gebieten der südeuropäischen Einwanderer (Abb. 24, 29). Dennoch bleibt

Abb. 28: Stadtentwicklung Melbourne 1860–1970

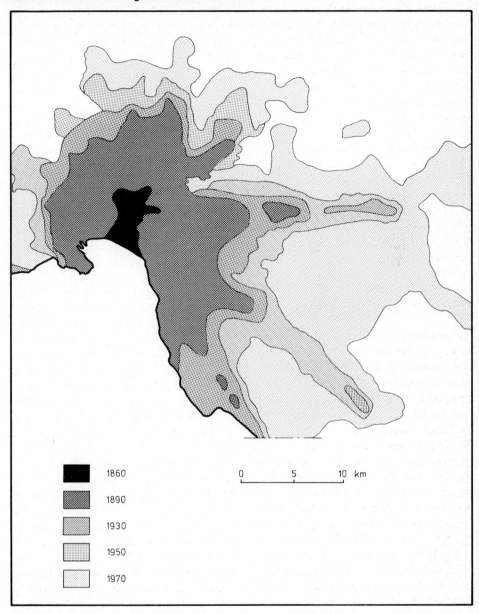

1860
1890
1930
1950
1970

0   5   10   km

Quelle: 94, S. 49

121

Abb. 29: Melbourne. Bevölkerungsveränderungen im Verdichtungsgebiet 1971–76 / Wachstumstendenzen im Ballungsraum 1976–81

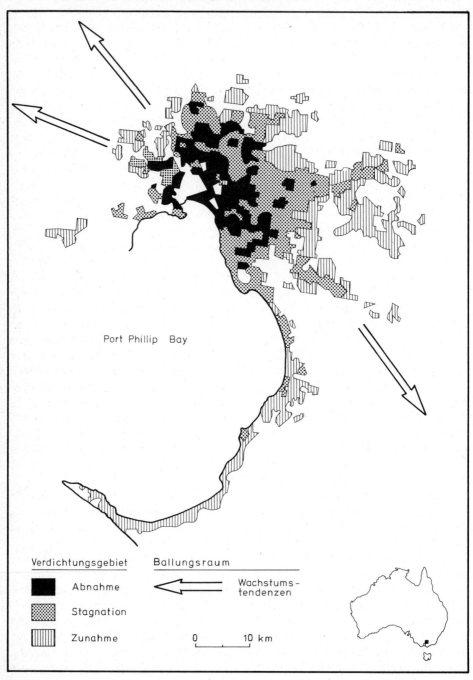

Port Phillip Bay

Verdichtungsgebiet

◼ Abnahme

▦ Stagnation

▥ Zunahme

Ballungsraum

⟵ Wachstums-
tendenzen

0   10 km

Quelle: 20, 1980, S. 16

122

die Zone im Umkreis von 4–20 km um die City das Gebiet mit der höchsten Bevölkerungsdichte. Hier finden sich Wohnblocks und Mehrfamilienhäuser, die sonst im Verdichtungsgebiet Melbourne nicht sehr verbreitet sind. 72,8% aller Wohnungen sind Einfamilienhäuser. Das hat bei 2,57 Mio. Einwohnern zu einer Flächenausdehnung von 1480 km^2 geführt.

Im „Greater Melbourne Plan" ist (1968/ 1972/1978) ein räumliches und administratives Konzept für das gesamte Verdichtungsgebiet festgelegt. Ein wichtiger Bestandteil dieses Gesamtplans ist die Sicherung der leistungsfähigen Verkehrserschließung, die für 1985 8,8% des Verkehrsaufkommens der Eisenbahn, 9,7% dem Verkehr mit Straßenbahn und Bus und 81,5% dem Pkw-Individualverkehr zuweist. Bei einer angenommenen Steigerung des Verkehrsaufkommens von 1964 bis 1985 um 246% auf 7,5 Mio. Verkehrsbewegungen pro Tag kann das Funktionieren nur durch umfassenden Ausbau des Eisenbahnnetzes, der Straßenbahn- und Buslinien und vor allem des Straßennetzes durch Stadtautobahnen gesichert werden, die entfernte Vororte mit dem Kernbereich der Stadt verbinden (141, S. 203).

Das Wachstum der Stadt Melbourne soll schwerpunktmäßig auf Korridore mit leistungsfähigen Verkehrsträgern (Schiene, Straße) als Leitlinien ausgerichtet werden, so daß in den dazwischenliegenden Bereichen große geschlossene Freiflächen erhalten bleiben. Kristallisationskerne der Bebauung in diesen Korridoren sind bestehende Siedlungen, in denen sich Einkaufsstraßen entwickeln und große Supermärkte ansiedeln, ferner auch neue Trabantenstädte wie Sunbury und Melton im Nordwesten und Cranbourne im Südosten mit großen Einkaufszentren. Diese Entlastungsstädte am Rand des Verdichtungsgebietes haben enorme Zuwachsraten (Abb. 29), z.B. Sunbury 12,3% (1971–76) und 34,5% (1976–81) bei einer Bevölkerung von 11083 (1981),

Melton 33,3% (1971–76) und 50,2% (1976–81) bei einer Bevölkerung von 18056 (1981), Cranbourne 22,4% (1971–76) und 82% (1976–81) bei einer Bevölkerung von 9396 (1981). Der Konzentrationsprozeß der Bevölkerung im Raum Melbourne hält an und greift über auf Gebiete außerhalb der Major Urban Area. Dieser Ballungsraum wird als Capital City Statistical Division erfaßt, bestehend aus dem Verdichtungsgebiet Melbourne (MUA) und einer angrenzenden Verdichtungsrandzone (Tab. 28). Eine Dezentralisierungspolitik, die 1972 Victoria in 10 Regionen aufteilte (193, S. 271ff.), konnte die anhaltende Konzentration der Bevölkerung im Raum Melbourne nicht verhindern. Entwicklungsachsen bestehen bereits nach Südwesten bis zum großstädtischen Verdichtungsgebiet Geelong. Als Pendant dazu ist eine Entwicklungsachse im Südosten von Melbourne bis hin zur West Port Bay geplant. Diese Entwicklungsachse, die durch den Siedlungsausbau schon vorgezeichnet ist, würde in einem großangelegten Hafen- und Industriegelände enden. Gegen ihren Ausbau gibt es beträchtlichen Widerstand, denn Landes- und Stadtplaner sehen darin eine unverantwortliche Verstärkung des Konzentrationsprozesses und Naturschützer fürchten die Gefährdung von Phillips Island, eines der wichtigsten Naturschutzgebiete.

Geelong (Major Urban Area): Fläche 85 km^2, davon 41% Freiflächen; Bevölkerung 125269 E. (1981); Bevölkerungszunahme 2,7% (1976–81).

Geelong, 74 km südwestlich vom Melbourne gelegen, ist wegen des Hafens an der Port Phillip Bay vor allem für den Export von Wolle wichtig. Von Bedeutung ist ferner die Verarbeitung von Bauxit in einer modernen Aluminiumraffinerie. Die Ausdehnung der Stadt ist durch die Port Phillip Bay und den Barwonfluß begrenzt und deshalb nach Nordwesten gerichtet.

In Victoria konzentriert sich die Bevölkerung im Ballungsraum Melbourne (Capital City Statistical Division) und im Verdichtungsgebiet Geelong (MUA) mit 2865269 Einwohnern, 72,6% der Gesamtbevölkerung des Staates Victoria. Nur geringe Bevölkerungskonzentration erreichen dagegen die Regionalzentren. Die fünf größten sind: Ballarat mit 62640 E., Bevölkerungszunahme 3,1%; Albury-Wodonga (Vic./NSW) mit 53251 E., Bevölkerungszunahme 16,9%; Bendigo mit 52739 E., Bevölkerungszunahme 5,1%; Shepparton mit 29369 E., Bevölkerungszunahme 9,8% und Warrnambool mit 21415 E., Bevölkerungszunahme 6,0%.

3.7.3
Queensland: Brisbane, Gold Coast

Brisbane (Major Urban Area): Fläche 810 km^2, davon 40% Freiflächen; Bevölkerung 942636 E. (1981); Bevölkerungszunahme 5,6% (1976–81); 84,5% aller Wohnungen sind Einfamilienhäuser.

Die physisch-geographische Ausgangssituation im Bereich von Brisbane war für eine zusammenhängende Bebauung wenig geeignet. Die Küstenzone, bei Sydney und Melbourne eine attraktive Bebauungszone, mußte hier gemieden werden, weil sie versumpft und überschwemmungsgefährdet war wie auch das Gebiet am Brisbanefluß. Nur höhergelegenes Terrain kam für die Bebauung in Frage, so daß sich die Stadt von Anfang an auf verschiedene Anhöhen verteilte. Freiflächen und landwirtschaftliche Nutzflächen trennen die bebauten Areale auf den zahlreichen Hügeln. Brisbane ist eine Stadt, die man am ehesten als Stadtlandschaft bezeichnen kann. Die überwiegende Bebauung mit Einfamilienhäusern und die Gärten mit üppigem Pflanzenwuchs im subtropischen Klima verstärken diesen Eindruck. 84,5% aller Wohnungen sind Einfamilienhäuser. Seit Dezember 1978 gibt

es einen rechtskräftigen Strukturplan (Town Plan for the City of Brisbane). Auch in Brisbane sind Schlafstädte außerhalb des Verdichtungsgebietes entstanden, z.B. Caboolture mit 6452 E. und einer Bevölkerungszunahme von 39%. Verdichtungsgebiet (MUA) und angrenzende Verdichtungsrandzone werden als Capital City Statistical Division zusammengefaßt (Tab. 28).

Dem Staat Queensland wird auch die touristisch ausgerichtete Großstadt Gold Coast zugerechnet, die mit kleineren Bereichen im Süden nach Neusüdwales hineinreicht.

Gold Coast (Major Urban Area): Fläche 110 km^2, davon 36% Freiflächen; Bevölkerung 154663 E. (1981); Bevölkerungszunahme 64,5% (1976–81).

Die City of Gold Coast bestand früher aus 18 einzelnen Gemeinden. Sie ist die jüngste Großstadt Australiens, die sich in den letzten Jahren stark entwickelt hat. Ein 36 km langer Küstenstreifen mit zahlreichen Sandstränden ist touristisch erschlossen. Die alten Ortskerne sind stark überformt, neue Stadtteile sind ganz touristisch orientiert (z.B. Paradise Point, Surfers Paradise, Miami, Pacific Beach, Palm Beach). Im Zentrum von Gold Coast (Surfers Paradise) ist der gesamte Strand mit Hochhäusern bebaut. Der kommerzielle Ausbau durch Hotels und Appartementhäuser gleicht amerikanischen Vorbildern (Miami). Mehr als 3 Mio. Touristen besuchen jährlich Gold Coast. Immer mehr Australier kaufen hier Einfamilienhäuser und Eigentumswohnungen für die Ferien (Zweitwohnsitze) oder wählen Gold Coast als Alterssitz. Damit ist auch die hohe Bevölkerungszunahme von 1976 bis 1981 zu erklären.

Innerhalb von Queensland nimmt Brisbane keine so dominierende Stellung ein wie die anderen großen Hauptstädte in ihrem Staatsgebiet. In Queensland sind neben Brisbane weitere bedeutende Zentren vorhanden: Townsville mit 86 106 E., Bevölkerungszunahme 9,4%; Toowoomba mit 63 395 E., Bevölkerungsabnahme −0,8%; Rockhampton mit 50 146 E., Bevölkerungszunahme 0,2%; Cairns mit 48 531 E., Bevölkerungszunahme 23,5% und Mackay mit 35 356 E., Bevölkerungszunahme 12,1%.

3.7.4
Südaustralien: Adelaide

Adelaide (Major Urban Area): Fläche 600 km², davon 32% Freiflächen; Bevölkerung 882 520 E. (1981); Bevölkerungszunahme 2,9% (1976–81); 74,4% aller Wohnungen sind Einfamilienhäuser.

Adelaide liegt in einer flachen Küstenebene zwischen dem St. Vincent-Golf im Westen und den Loftybergen im Osten. Der Aufbau der Stadt erfolgte in zwei Stadtteilen, die der Gründungskonzeption entsprechend mit breiten Grüngürteln umgeben wurden. Hier im Stadtkern konzentrieren sich heute Verwaltungs- und Versorgungseinrichtungen. Der zentrale Stadtbereich ist von Wohnbezirken umgeben, die ebenfalls, wegen der fast ausschließlichen Bebauung mit Einfamilienhäusern, stark durchgrünt erscheinen. Der Gesamteindruck einer Gartenstadt wird verstärkt durch die Loftyberge im Osten, die von Bebauung freigehalten wurden. In das Verdichtungsgebiet von Adelaide integriert, sind inzwischen das Industriezentrum Elizabeth im Norden und Port Adelaide im Westen. Freiraum für Siedlungserweiterungen gibt es nur im Nordwesten und im Süden im Küstenbereich des St. Vincent-Golfs. Hier sind auch die Gebiete mit stärkerer Bevölkerungszunahme. Beim Flächenbedarf der Einfamilienhausbebauung (74,4% aller Wohnungen) wird dieses Geländereservoir bald erschöpft sein. Dennoch bleiben innerhalb des Verdichtungsgebietes ca. 122 km² an Freiflächen für Sport, Erholung und land-

wirtschaftliche Nutzung. Zur Entlastung des Verdichtungsgebietes wurde mit dem Aufbau einer neuen Stadt – Monarto – 70 km südöstlich von Adelaide begonnen.

Ansatzpunkte für polyzentrische Strukturen in Südaustralien entstanden durch das sog. „Eisendreieck" am Spencer-Golf mit den Zentren Port Pirie, Port Augusta und Whyalla und im Südosten durch das sog. „grüne Dreieck" mit den Zentren Mt. Gambier, Naracoorte und Millicent.

Das Verdichtungsgebiet von Adelaide wird erweitert um die angrenzende Verdichtungsrandzone zum Ballungsraum (Capital City Statistical Division, Tab. 28).

Die größten Städte neben Adelaide in Südaustralien sind: Whyalla mit 29 962 E., Bevölkerungsabnahme von −10,4%; Mt. Gambier mit 19 880 E., Bevölkerungszunahme 3%; Port Augusta mit 15 254 E., Bevölkerungszunahme 16,5%; Port Pirie mit 14 695 E., Bevölkerungsabnahme −2,1% und Port Lincoln mit 10 675 E., Bevölkerungszunahme 3,9%.

3.7.5
Westaustralien: Perth

Perth (Major Urban Area): Fläche 660 km², davon 34% Freiflächen; Bevölkerung 809 035 E. (1981); Bevölkerungszunahme 10,6% (1976–81); 77,4% aller Wohnungen sind Einfamilienhäuser.

Die Kerne des heutigen Verdichtungsgebietes Perth sind der Hafen Fremantle am Indischen Ozean und Perth landeinwärts am Swanfluß. Der Swanfluß prägt das Bild der Stadt, große Wasserflächen im Kern des Verdichtungsgebietes stehen für Sport und Erholung zur Verfügung. Die Hauptexpansionsphase der Hauptstadt Westaustraliens war nach dem 2. Weltkrieg. Von 1947 bis 1961 stieg die Bevölkerung um 50% auf 475 000 Einwohner. Die großflächige Aus-

Abb. 30: Perth – Flächennutzung (1977)

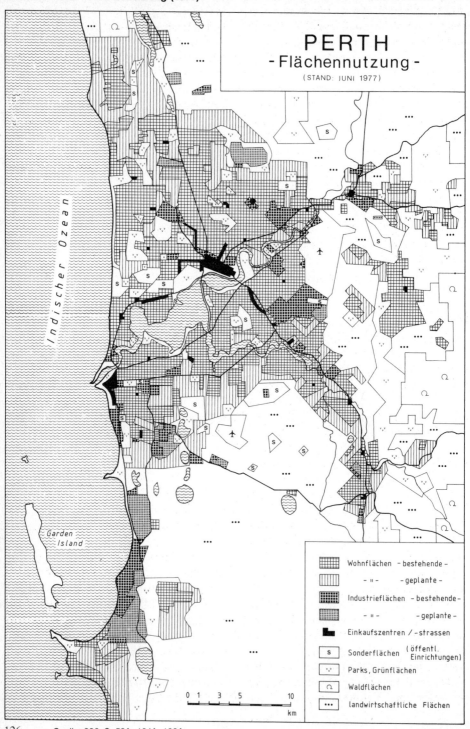

PERTH
- Flächennutzung -
(STAND: JUNI 1977)

Indischer Ozean

Garden Island

0 1 3 5 10
km

Wohnflächen	– bestehende –
– '' –	– geplante –
Industrieflächen	– bestehende –
– '' –	– geplante –
Einkaufszentren / -strassen	
Sonderflächen	(öffentl. Einrichtungen)
Parks, Grünflächen	
Waldflächen	
landwirtschaftliche Flächen	

Quelle: 206, S. 52 f., 104 f., 132 f.

weitung der Bebauung veränderte die Standortverhältnisse für Industriebetriebe. Sie mußten sich an Produktionsbedingungen inmitten von Wohngebieten orientieren oder aussiedeln. Ein neues Industriegebiet entstand bei Kwinana südlich Perth. Mit großem Aufwand wurde die Eisenbahn- und Straßenerschließung der stürmischen Expansion angepaßt. Die Ordnungsaufgaben konnten von den Verwaltungsbezirken des Verdichtungsgebietes Perth allein nicht gelöst werden. Deshalb wurde bereits 1963 vom westaustralischen Parlament ein Ordnungskonzept beschlossen. Ausgehend vom vorhandenen Siedlungsbestand wurden als Leitlinien der weiteren Entwicklung Korridore festgelegt, zur Durchsetzung und Fortschreibung dieses Konzepts in Koordination mit den betroffenen Verwaltungsbezirken eine Planungsbehörde für das Verdichtungsgebiet Perth gegründet (Metropolitan Regional Planning Authority). Aus der Koordinationsfunktion ist faktisch eine Lenkungsfunktion geworden; die Behörde wird tätig, wenn die Planungsaufgabe mehrere Verwaltungsbezirke betrifft oder von übergeordnetem Interesse ist. Durchgesetzt wurden vor allem die Entwicklungsachsen/Korridore nach Süden mit dominierender gewerblich-industrieller Ausrichtung. Die weiteren Entwicklungsachsen/Korridore nach Norden/Südosten und nach Osten deuten sich durch die vorhandene und geplante Bebauung deutlich an (Abb. 30). Große Freiflächen in den Randzonen des Verdichtungsgebietes sind noch vorhanden und meist landwirtschaftlich genutzt. Auch die dichtere Bebauung ist immer wieder von Parks und Grünflächen unterbrochen.

Trotz der weiträumigen Einfamilienhausbauweise (77,4% aller Wohnungen) sind für alle Stadtgebiete Schulen, Einkaufszentren und Arbeitsplätze gut erreichbar.

Durch den Rohstoffboom seit Ende der 1960er Jahre hat sich die Bevölkerungskonzentration im Verdichtungsgebiet Perth noch verstärkt. Aus 200000 Arbeitsplätzen im Jahr 1966 sind 1983350000 Arbeitsplätze geworden (Tab. 26). Der Anteil der westaustralischen Bevölkerung, der im Verdichtungsraum Perth lebt, hat sich in dieser Zeit von 59,8% (1966) auf 63,5% (1981) vergrößert. Außerhalb des Verdichtungsgebietes entstanden neue Städte, im Schwerindustriegebiet Kwinana mit 12355 E., Bevölkerungszunahme 12,5% und Rockingham mit 24932 E., Bevölkerungszunahme 40,9%. Diese beiden Städte sind Wachstumspole im Südkorridor. Der Ausbau der Nordachse begann mit Wannero mit 6776 E., Bevölkerungszunahme 56,5%. Bereits weit fortgeschritten ist der Ausbau einer Trabantenstadt mit mehreren Stadtteilen und einem Hauptzentrum. Diese Entwicklung vergrößert das Verdichtungsgebiet zum Ballungsraum Perth (Capital City Statistical Division, Tab. 28).

Die fünf größten Städte außerhalb des Ballungsraumes Perth sind Bunbury mit 21749 E., Bevölkerungszunahme 11,5%; Geraldton mit 20895 E., Bevölkerungszunahme 11,3%; Kalgoorlie Boulder mit 19848 E., Bevölkerungszunahme 4,2%; Albany mit 15222 E., Bevölkerungszunahme 11,1%; Port Hedland mit 12948 E., Bevölkerungszunahme 16,2%.

3.7.6
Tasmanien: Hobart

Hobart (Major Urban Area): Fläche 115 km^2, davon 48% Freiflächen; Bevölkerung 128603 E. (1981); Bevölkerungsabnahme −2,3% (1976–81); über 80% aller Wohnungen sind Einfamilienhäuser.

Grundlage für die Entwicklung Hobarts war der vorhandene Tiefwasserhafen. Er ist ein Exporthafen für die landwirtschaftlichen Produkte des Hinterlandes, vor allem für Wolle und Obst. Um 1840 galt er für kurze

Tab. 28: Ballungsräume Australiens (Capital Cities Statistical Divisions) 1979

Ballungsraum (Capital City Statist. Div.)	Fläche km²	% Anteil an Fläche des Staates	Bevölke-rung	% Anteil an Bev. des Staates	Verwaltungs-bezirke – Kreise –
Sydney/NSW	12 406	1,75	3 193 000	62,9	45
Melbourne/Vic	6 110	2,68	2 740 000	71,1	56
Brisbane/Qld	3 080	0,17	1 015 000	46,2	9
Adelaide/SA	1 842	1,20	933 000	72,8	34
Perth/WA	5 364	0,21	884 000	71,2	26
Hobart/Tas	940	1,39	168 000	40,3	7

Quelle: 214, 1983, S. 638

Zeit als der größte Walfanghafen des britischen Weltreiches. Als im alten Stadtbereich am Fuße des Mt. Wellington das Baugelände knapp wurde, dehnte sich die Stadt auf das gegenüberliegende Ufer des Tasmanflusses aus. Eine starke Bevölkerungszunahme erlebte Hobart nach dem 2. Weltkrieg, als sich Industriebetriebe ansiedelten und die Zahl der Arbeitsplätze anstieg. Beengt durch das stark reliefierte Gelände mußten Neubaugebiete in weiter Entfernung zum Stadtzentrum erschlossen werden. Diese neuen Vororte wie Kingston mit 8556 E. und Bridgewater mit 6880 E. haben hohe Zuwachsraten. So wird das Verdichtungsgebiet (MUA) durch eine Verdichtungsrandzone zum Ballungsraum erweitert (Capital City Statistical Division, Tab. 28).

Die bergbauliche und landwirtschaftliche Erschließung des Nordens von Tasmanien begünstigte die Entwicklung weiterer Städte wie Launceston, Devonport, Burnie. Der Bevölkerungsanteil in diesen Städten Tasmaniens steigt stärker als im Ballungsraum Hobart; die Hauptstadt Hobart verliert an Bedeutung zugunsten der Städte Launceston mit 64 555 E., Bevölkerungszunahme 10,2%; Devonport mit 21 424 E., Bevölkerungszunahme 10,4% und Burnie mit 20 368 E., Bevölkerungszunahme 10,7%.

3.7.7
Nordterritorium: Darwin

Darwin: Fläche 1869 km², noch nicht großflächig bebaut; Bevölkerung 56 784 E. (1981); Bevölkerungszunahme 13,7% (1976–81); außerhalb der City fast ausschließlich Einfamilienhäuser.

Unter den Hauptstädten der australischen Staaten ist allein Darwin keine Großstadt/ kein Verdichtungsgebiet (MUA). Die seit 1866 bestehende Siedlung erlebte ihren ersten Aufschwung, als 1873 im Süden bei Pine Creek Gold gefunden wurde. Nach der Ausgliederung des Nordterritoriums aus dem Staatsgebiet von Südaustralien erhielt Darwin 1911 Hauptstadtfunktion. 1942 wurde die Stadt durch einen japanischen Angriff vollständig zerstört und danach zu einem Militärstützpunkt ausgebaut; Straßenbahn, Eisenbahn und Flughäfen erschließen das Hinterland. Noch heute ist Darwin Standort militärischer Einrichtungen, die Garnison ist ein wichtiger Faktor im Wirtschaftsleben.

Eine kritische Phase kam für Darwin durch die Zerstörungen des Zyklons Tracy an Weihnachten 1974. Dieser Wirbelsturm mit Windgeschwindigkeiten bis zu 300 km/h vernichtete 90% des Baubestandes. Die gesamte Bevölkerung mußte evakuiert werden (74). Da Darwin in der Hauptzugrichtung tropischer Wirbelstürme liegt, war ein Wiederaufbau am gleichen Standort umstritten und es wurde erwogen, die Hauptstadtfunktion nach Katherine 340 km landeinwärts zu verlegen. Doch ehe es zu einer Entscheidung gekommen war, kehrte die Bevölkerung in die zerstörte Stadt zurück und begann 1976 den Wiederaufbau. Hauptargument für die Beibehaltung des Standorts war wohl die günstige Lage Darwins zum Großraum Südostasien. Darwin könnte hier zur Drehscheibe im See- und Luftverkehr werden, da in einem Umkreis von 4000 km die Hauptstädte der anderen Staaten Australiens liegen, aber auch südostasiatische Länder mit einem Bevölkerungspotential von 250 Mio. Menschen, insbesondere die Hauptstädte Djakarta, Singapur, Kuala Lumpur, Bangkok, Manila, Hongkong, Taipeh. Unter diesen Aspekten wird die Ausweitung der Stadt durch Industrie- und Wohngebiete forciert und subventioniert. Die Infrastruktur (Hafen, Flughafen, Straßen) wird innerhalb des weiträumigen Stadtgebietes ausgebaut; wesentlich schwieriger ist es, die Verbindung mit den anderen australischen Hauptstädten zu verbessern. Dazu soll die von Süden bis Alice Springs fertiggestellte Eisenbahn (1980) bis Darwin weitergeführt werden und die vorhandene asphaltierte Straßenverbindung von Darwin nach Alice Springs nach Süden weiter ausgebaut werden.

Neben diesen überregionalen und internationalen Perspektiven hat sich auch die Bedeutung Darwins innerhalb des Nordterritoriums verändert. Durch die verbesserte Verkehrserschließung ist Darwin zu einem wichtigen Exporthafen für landwirtschaftliche Produkte geworden (Fleisch), darüberhinaus verfügt der Staat noch über landwirtschaftliche Nutzungsreserven (116, S. 99 ff.). Noch bedeutender für die Entwicklung der Stadt ist allerdings die in den letzten Jahren sehr erfolgreiche Rohstofferschließung im Nordterritorium.

In städtebaulichen Konzepten für die Zukunft plant man auf lange Sicht einen Ausbau im Raum Darwin für 500000 Einwohner. 1983 hatte die Stadt bereits über 70000 Einwohner erreicht (1981: 56784 E.). Entwicklungsmöglichkeiten für Darwin stecken auch im Tourismus. Der Kakadu-Nationalpark (6000 km^2) im Arnhemland mit seinem außergewöhnlichen Tier- und Pflanzenreichtum ist von Darwin auf einer ausgebauten Straße (220 km) gut erreichbar. Auch im weiten Stadtgebiet selbst gibt es touristische Attraktionen.

Für Alice Springs (18395 E.), 1500 km südlich von Darwin, die zweitgrößte Stadt im Nordterritorium, ist der Tourismus noch bedeutsamer. Der verstärkten Ausrichtung auf den Fremdenverkehr entspricht das Bevölkerungswachstum von 30%.

Doch die besseren wirtschaftlichen Perspektiven werden in Zukunft die Dominanz von Darwin, wo 1981 45,9% der Bevölkerung des Nordterritoriums lebten, weiter fördern. Es wird sich in die Verdichtungsgebiete der Hauptstädte Australiens einreihen.

3.7.8
Australian Capital Territory: Canberra

Canberra (Major Urban Area): Fläche 225 km^2, davon 40% Freiflächen; Bevölkerung 238377 E. (1981); Bevölkerungszunahme 20,9% (1976–81).

Alle Hauptstädte der Staaten Australiens sind Küstenstandorte. Für den Sitz der Commonwealth Regierung (Bundesregierung) wurde ein Standort 100 km von der Küste entfernt im Landesinnern von Neusüdwales ausgewählt. Dem Konzept von Walter Griffin, der aus dem Architektenwettbewerb 1911 als Sieger hervorging, kam das abwechslungsreiche Relief des ausgewählten Gebietes entgegen. Den naturgeographischen Gegebenheiten entsprechend konnte eine polyzentrische Struktur erreicht werden, indem mehrere Stadtteile sich jeweils um ein Versorgungszentrum gruppieren. Große breite Alleenstraßen mit unterschiedlichem Baumbestand, weiträumige Grünflächen und Parkanlagen realisieren das Konzept einer Gartenstadt und vermitteln den Eindruck einer großen Parklandschaft. Durch einen künstlich aufgestauten See gliedert sich das Stadtzentrum in zwei Bezirke. Auf dem Capital Hill im Süden konzentrieren sich die Einrichtungen von Bundesregierung, Parlament, Ministerien, Botschaften etc. Auf dem City Hill gegenüber befinden sich Dienstleistungseinrichtungen, Geschäftszentrum, Verwaltungen (130, S. 17 ff.).

Walter Griffin plante Canberra für eine Bevölkerung von höchstens 75 000. Diese Grenze war bereits 1964 erreicht, 1976 hatte Canberra schon annähernd 180 000 Einwohner. Seit 1958 wird das städtebauliche Konzept weiterentwickelt, in Anpassung an die wachsende Bevölkerung werden neue Städte gebaut, die sich auf ein Versorgungszentrum hin orientieren. Die Leistungsfähigkeit dieser regionalen Zentren läßt keinen Spielraum für ein Hauptzentrum mit zusätzlichen Einrichtungen, ein Mangel Canberras im Vergleich zu den gewachsenen Hauptstädten der Einzelstaaten.

Dem Verdichtungsgebiet Canberra ist das außerhalb der Stadtgrenze gelegene Queanbeyan zuzurechnen. Hier haben sich zahlreiche Betriebe niedergelassen, die auf den Bedarf von Canberra ausgerichtet sind. In diesem größeren Canberra lebten 1981 insgesamt 246 100 Menschen (Bevölkerungszunahme 8,7%).

Bei den Verdichtungsgebieten der Hauptstädte Melbourne, Sydney, Brisbane, Adelaide, Perth und Hobart verstärkt sich die Kern-Rand-Verlagerung der Bevölkerung (Abb. 25). Entlastungsstädte in einem Ring außerhalb des Verdichtungsgebietes haben hohe Zuwachsraten; aus dem Verdichtungsgebiet wird ein größerer Ballungsraum (Tab.

28). Darüberhinaus erfaßt der städtische Konzentrationsprozeß weitere Räume durch Bevölkerungsverlagerung in Verdichtungsbänder entlang der Küste. Diese Entwicklungsachsen bestehen vor allem aus touristisch ausgerichteten Siedlungen. Ein von Jahr zu Jahr wachsender Touristenstrom, der Trend zum Zweitwohnsitz für ein angenehmes Wohnumfeld in der Freizeit und das Streben nach attraktiven Lebensumständen im Ruhestand (Alterssitz) fördern diese Entwicklung.

Diese bevölkerungs- und siedlungsgeographischen Verschiebungen können bei den bisherigen Gebietskategorien – Verdichtungsgebiete, sonstige Städte, ländlicher Raum – nur unvollkommen erfaßt werden. Um die aktuellen Tendenzen der australischen Raumentwicklung besser fassen zu können, wird der gesamte Kontinent im folgenden in drei Siedlungszonen gegliedert (20, S. 3 ff.). Bei der Analyse dieser Siedlungszonen werden die Abgrenzungen nach Goddard (91, S. 4 ff.) übernommen.

3.8
Siedlungszonen Australiens

Die kennzeichnenden Veränderungen der bevölkerungs- und siedlungsgeographischen Struktur Australiens von den Küsten zum Landesinnern hin werden in drei Zonen erfaßt:

Die *städtische Siedlungszone / closely settled zone* umfaßt mit Ausnahme von Canberra alle großstädtischen Verdichtungsgebiete und die Entwicklungsachsen, die von diesen Großstädten ausgehen. Industrie und Dienstleistungssektor haben hier ihre Schwerpunkte.

Die zum Landesinnern hin folgende *ländliche Siedlungszone / moderate settled zone* ist ein landwirtschaftlich ausgerichtetes Gebiet mit einigen Dienstleistungszentren.

Abb. 31: Siedlungszonen (1981)

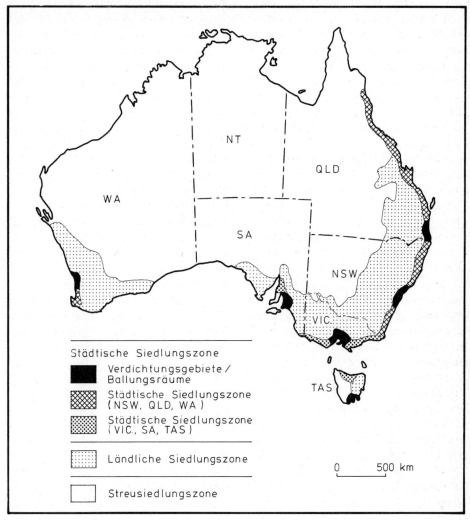

Städtische Siedlungszone

- ■ Verdichtungsgebiete / Ballungsräume
- ▨ Städtische Siedlungszone (NSW, QLD, WA)
- ▨ Städtische Siedlungszone (VIC., SA, TAS)
- ▨ Ländliche Siedlungszone
- ☐ Streusiedlungszone

0 ___ 500 km

Quelle: 91, S. 4 ff.

Die Streusiedlungszone / sparsely settled zone umfaßt das weiträumige menschenleere Landesinnere und ist bestimmt durch sehr extensive weidewirtschaftliche Nutzungen und durch punkthafte bergbauliche Aktivitäten.

3.8.1
Städtische Siedlungszone – closely settled zone

Die städtische Siedlungszone bildet einen schmalen Küstenstreifen an der Ost-, Südost- und Südwestküste, zu ihr gehören Bereiche im Süden und Norden von Tasmanien. Sie umfaßt nur 3% der Gesamtfläche Austra-

131

liens, aber 81% der Bevölkerung und 80,2% aller Arbeitsplätze. 1976–81 entstanden hier 75 731 neue Arbeitsplätze, das sind 84,2% aller neugeschaffenen Arbeitsplätze Australiens.

Unter Wachstumsaspekten läßt sich die städtische Siedlungszone weiter untergliedern: *Verdichtungsgebiete / Ballungsräume*, das sind die großstädtischen Verdichtungsgebiete Sydney, Newcastle und Wollongong, Melbourne und Geelong, Brisbane und Gold Coast, Adelaide, Perth, Hobart. Dazu kommen außerhalb liegende Wachstumszentren, durch die die hauptstädtischen Verdichtungsgebiete zu Ballungsräumen erweitert werden, die als Capital City Statistical Divisions erfaßt sind (Tab. 28). Bei einem durchschnittlichen Bevölkerungswachstum in Australien von 6,5% (1976–81) erreichen die Verdichtungsgebiete/Ballungsräume nur eine Steigerung von 5,5%.

Die *übrige städtische Siedlungszone* in den Staaten Victoria, Südaustralien und Tasmanien hat mit 5% ebenfalls nur ein geringes Bevölkerungswachstum aufzuweisen, das sich zu 4/5 aus dem Geburtenüberschuß und nur zu 1/5 aus Zuwanderung ergibt. Wesentlich günstiger verläuft diese Entwicklung in der *übrigen städtischen Siedlungszone* von Neusüdwales, Queensland und Westaustralien. Hier sind die topographischen und klimatischen Bedingungen für touristische Innovationen optimal. Eine überregionale Entwicklungsachse erstreckt sich von Sydney aus nach Süden, vor allem aber nach Norden entlang der Küste von Neusüdwales und setzt sich in Queensland mit Gold Coast, Brisbane, Sunshine Coast bis nach Norden zu den Great Barrier Reefs fort. In Westaustralien hat eine solche Entwicklungsachse kleinere Dimensionen, sie erstreckt sich nördlich von Perth und vor allem nach Süden bis nach Bunburry. Der Siedlungsausbau in diesen Entwicklungsachsen mit touristischer Ausrichtung hat zu einer Bevölkerungszunahme von 17% (1976–81)

geführt, davon 1/4 durch Geburtenüberschuß, aber 3/4 durch Zuwanderung. Neue Arbeitsplätze entstehen hier schwerpunktmäßig im Bereich Bank/Versicherung/Finanzwesen, Sozial- und Ausbildungswesen und in den Branchen der Freizeitgestaltung und Erholung (Tab. 29).

Verstädterung und Tourismus

Die 5-Tage-Woche mit einer Wochenarbeitszeit von 35 Stunden und Vorruhestandsregelungen geben viel Spielraum für Erholung und Freizeitgestaltung. In der australischen Gesellschaft haben sich die Wertvorstellungen vom Arbeitsideal der Einwanderer zum Freizeitideal verschoben (159, S. 266). Einen großen Teil seiner Freizeit verbringt der Australier im privaten Bereich von Haus und Garten. Um dieses angenehme Wohnumfeld zu erreichen, werden häufige Wohnsitzänderungen in Kauf genommen. Von 9 188 000 Australiern im Alter über 15 Jahre veränderten 1 751 000 1981/82 ihren Wohnstandort. Bevorzugt werden im Rahmen der Mobilitätsvorgänge Standorte mit günstigem Sport- und Freizeitangebot. Die Küste nördlich von Sydney/Newcastle ist dafür ein Beispiel. Hauptorte dieser touristisch ausgerichteten Entwicklungsachse sind: Nelson Bay (7930 E., + 49,5 % 1976–81); Forster (9260 E.; + 49,5%); Port Macquarie (19 572 E.; + 46,5%); Sawtell (5963 E.; + 60,7%); Coffs Harbour (16 018 E.; + 31,3%) und Ballina (9735 E.; + 32,9%). Diese Zentren verdanken ihre zum Teil stürmische Bevölkerungsentwicklung dem wachsenden Tourismus und den Erwerbsmöglichkeiten in der Touristikbranche, aber auch dem verstärkten Ausbau zu Ferien- und Ruhestandssiedlungen.

Die touristisch ausgerichtete Entwicklungsachse mit den erwähnten Zentren setzt sich nach Queensland hinein fort. Die Lage am Wasser mit einmaligen Wassersportmöglichkeiten hat hier im Bereich von Gold Coast zur größten Siedlungskonzentration touristi-

Tab. 29: Prozentuale Veränderung von Bevölkerung und Arbeitsplätzen in den Siedlungszonen 1976 – 1981

	Australien insgesamt	Städtische Siedlungszone			Ländliche Siedlungszone	Streusiedlungszone
		Verdichtungsgebiete/Ballungsräume WA	übr.städt. Siedl.zone NSW, Qld,	übr.städt. Siedl.zone Vic, Tas, SA		
1. Bevölkerungsveränderung insgesamt	6,5	5,5	17,0	5,0	4,0	8,5
davon durch Geburtenüberschuß	4,0	3,5	4,5	4,0	4,5	7,5
davon durch Zuwanderung	2,5	2,0	12,5	1,0	− 0,5	1,0
2. Arbeitsplatzveränderung insgesamt	8,7	8,2	21,1	8,6	5,7	12,0
davon in Australien insgesamt mit Abnahme oder Zunahme bis 10%						
Bauwirtschaft	− 8,0	− 6,3	7,6	9,0	−27,5	−23,8
Landwirtschaft	− 6,7	− 0,9	− 0,8	− 8,9	− 9,8	− 3,3
Verarbeitende Industrie	− 2,2	− 3,0	9,8	− 3,2	− 2,6	6,4
Öffentliche Verwaltung	9,3	3,5	28,7	40,2	18,9	26,1
Handel	9,8	3,5	17,8	2,5	4,4	12,2
davon in Australien insg. mit Zunahme über 15%						
Banken, Versicher.	27,2	26,7	45,1	18,4	22,4	34,3
Bergbau	22,2	23,2	31,5	15,0	33,0	16,5
Strom/Gas/Wasser	21,9	17,9	25,3	32,2	32,7	30,3
Sozial-/Ausbildungswesen	20,4	19,2	32,8	23,7	19,5	28,8
Freizeit, Erholung	16,6	16,1	29,6	12,9	13,5	15,7

Quelle: 91, S. 5, 14f.

scher Ausrichtung geführt. 110 km² eines schmalen Küstenstreifens von Kings Cliff/ Neusüdwales bis nach Southport/Queensland wurden zu Gold Coast zusammengefaßt, der jüngsten Großstadt in Australien. Unmittelbar am Strand entlang entstand eine dichte Reihe von Hochhausbauten (Hotels und Eigentumswohnungen). Dahinter ist das Land durch Kanäle für den Wassersport erschlossen und weitgehend mit Einfamilienhäusern bebaut.

Ein weiteres Gebiet mit touristisch ausgerichteten Siedlungen ist die Sunshine Coast/ Queensland. Hier wurde die administrative Zusammenfassung zu einem touristischen Verdichtungsgebiet noch nicht vollzogen. Hauptzentren sind von Süden nach Norden: Caloundra (16 754 E. 1981 – Zunahme 1976–81 58,1%), Maroochidore (17 457 E.; +69,8%) und Noosa (9965 E., + 70,8%). Touristische Impulse für die Entwicklung der städtischen Siedlungszone in Queensland bringt die Erschließung der Great Barrier Reefs, die sich 1800 km parallel zur Küste

Queenslands erstrecken. Das äußere Riff ist im Norden Queenslands etwa 15 km und im Süden bis zu 400 km von der Küste entfernt und umschließt ein Korallengebiet von etwa 200000 km^2 (39, S. 104ff.). Es ist das größte Riffsystem der Erde und wurde inzwischen zum Nationalpark erklärt. Die naturgeographische Vielfalt zieht viele Touristen an. Die Erschließung erfolgte vom Festland aus, z.B. von Gladstone nach Green Island und von Cairns nach Heron Island. Cairns ist zu einem Zentrum des internationalen Tourismus geworden und hat sich dementsprechend entwickelt (48531 E. 1981, Zunahme 1976–81 23,5%). Die Erschließung der Great Barrier Reefs von Standorten auf dem Festland aus brachte für diese Orte ebenfalls Entwicklungsimpulse. 1983 kamen etwa 100000 Besucher, mit einer jährlichen Steigerungsrate von 20% wird bis 1990 gerechnet.

Als erste Koralleninsel ist Hamilton Island durch eine lange Landebahn für den nationalen und internationalen Flugverkehr erschlossen worden. Die Touristenstadt, zunächst für 1500 Gäste, soll für 5000 ausgebaut werden. Der Yachthafen hat Platz für 400 Schiffe. Für weitere Koralleninseln bestehen ähnliche Erschließungspläne. Hayman Island z.B. hat eine gute Fährverbindung, ein Hotelkomplex mit 1000 Betten soll 1987 fertiggestellt werden. Auch für das Festland gibt es Ausbaupläne. Yeppon bei Rockhampton, das von japanischen Geldgebern mit 90 Mio. A$ gebaut wird, soll ganz auf den wachsenden japanischen Touristikmarkt ausgerichtet sein.

Alle diese Pläne zielen verstärkt auf den internationalen Tourismus, der mit 25,8% (1979) und 14% (1980) enorme Steigerungsraten aufweist, dann aber nur noch wenig ansteigt (3,6% 1981 und 1,9% 1982) und 1983 erstmals etwas rückläufig ist (−1,1%). 943900 Besucher kamen 1983 nach Australien, darunter 34600 aus Deutschland.

Die Bündelung des australischen mit dem internationalen Touristenstrom wird zur weiteren Konzentration der Infrastruktur in der städtischen Siedlungszone beitragen. Die wesentlich günstigere Bevölkerungsentwicklung dieser Zone in Queensland und Neusüdwales im Vergleich zu Victoria, Südaustralien und Tasmanien ist mit dieser Entwicklung auf dem Tourismussektor begründet. Auch in Westaustralien wird die Bevölkerungszunahme in der städtischen Siedlungszone vom Tourismus mitgetragen. Attraktive Standorte für Freizeit und Erholung führen zu Bevölkerungsverlagerungen aus dem Ballungsraum Perth, so z.B. Rockingham (24932 E. 1981; Zunahme 1976–81 40,9%) südlich von Perth. Noch weiter im Süden, 79 km von Perth entfernt, liegt Mandurah mit starker touristischer Ausrichtung (10978 E.; + 55,7%). Der Tourismus kann sich hier auf ideale Wassersportmöglichkeiten stützen, von Mandurah aus sind ein großer Süßwassersee und das Meer erreichbar. Bei Wohnsitzveränderungen ist die Arbeitsplatzsuche zwar immer noch das Hauptmotiv, doch dann folgen bereits Erholungs- und Freizeitaspekte. Dadurch ergeben sich Verschiebungen beim Konzentrationsprozeß der Bevölkerung. Der Schwerpunkt der Bevölkerungs- und Wirtschaftsentwicklung verlagert sich in Räume mit günstigen Perspektiven für eine touristische Entwicklung.

Die zunehmende Bedeutung von Freizeit und Erholung für die Standortentscheidung bringt den Staaten Neusüdwales, Queensland und Westaustralien Vorteile. Hier hat die städtische Siedlungszone außerhalb der Verdichtungsgebiete und Ballungsräume von 1976 bis 1981 eine Bevölkerungszunahme von 17% aufzuweisen.

3.8.2
Ländliche Siedlungszone –
moderate settled zone

Als ein breites Siedlungsband schließt sich diese Zone mit einer Bevölkerungsdichte von 0,3 bis 10 Einwohner pro km² zum Landesinnern hin an. Die ländliche Siedlungszone umfaßt 16% der Fläche und 15% der Bevölkerung Australiens. In dieser Zone liegt Canberra, das allein 9% der Bevölkerung dieser Zone aufzuweisen hat (1976: 197 127 E.; 1981: 238 377 E.; + 20,92%). Canberra ist die einzige Großstadt in der ländlichen Siedlungszone, ansonsten ist die Bevölkerung stark gestreut.

Die Städte dieser Zone sind Versorgungszentren für das landwirtschaftliche Umland. Wegen der extensiven Landwirtschaft ist die Siedlungsdichte nur gering, sie beträgt beispielsweise im Weizengürtel nur 0,3–1,2 Einwohner pro km². Hoher technischer Einsatz und Betriebszusammenfassungen haben zur Abwanderung landwirtschaftlicher Bevölkerung geführt. Das Netz der landwirtschaftlichen Versorgungszentren ist sehr weitmaschig geworden.

Die wichtigsten regionalen Zentren in der ländlichen Siedlungszone sind: Ballarat/Victoria 62 640 E. (1981), Zunahme (1976–81) 3,13%; Albury-Wodonga/Neusüdwales-Victoria 53 251 E., +16,86%; Bendigo/Victoria 52 739 E., +5,12%; Wagga-Wagga/Neusüdwales 36 832 E., +11,66%; Tamworth/Neusüdwales 29 656 E., +8,73%; Shepparton/Victoria 28 369 E., +9,75%; Dubbo/Neusüdwales 23 986 E. +19,04%; Geraldton/Westaustralien 20 895 E., +11,30% (93, S. 61 ff.). Die Dezentralisierungspolitik versucht schon seit den 1950er Jahren, durch industrielle Arbeitsplätze diese regionalen Zentren zu stärken (193). Im übrigen stagniert die Bevölkerung in der ländlichen Siedlungszone, und eine absolute Abnahme kann nur durch eine hohe Geburtenrate aufgefangen werden. So kann die ländliche Siedlungszone insgesamt von 1976 bis 1981 noch eine leichte Bevölkerungszunahme von 4% erreichen (Tab. 29).

Es ist schwierig, die für eine funktionsfähige Landwirtschaft notwendige Infrastruktur zu halten. Geschlossene oder bereits verfallene Geschäfte in den kleinen landwirtschaftlichen Zentren machen den Rückzug der Versorgungseinrichtungen aus der Fläche deutlich (187). Die Sicherung der Versorgung und die Verkehrserschließung werden weiter im Landesinnern zu einer immer schwierigeren Aufgabe.

3.8.3.
Streusiedlungszone –
sparsely settled zone

Diese Zone umfaßt 81% der Fläche Australiens, aber nur 4% der Bevölkerung. 597 072 Einwohner (1981) auf einer Fläche von 6 222 663 km² sind das Ergebnis der bisherigen Bemühungen zur Inwertsetzung der „toten Mitte". Die australischen Staaten sehen es in ihren Ordnungsvorstellungen als nationale Aufgabe an, diesen Raum zu entwickeln. Durch den Ausbau der Verkehrsinfrastruktur sollen Entwicklungsimpulse ausgelöst werden. Eine neue Eisenbahnlinie von Süden bis nach Alice Springs ist seit 1980 fertiggestellt und soll bis nach Darwin weitergeführt werden. Umfangreich sind die Aufwendungen für den Ausbau des Straßennetzes. Das ist wichtig, um die Erreichbarkeit der Zentren in der Streusiedlungszone zu verbessern. Durch ein gutes Straßennetz wird auch die touristische Erschließung gefördert; es werden Voraussetzungen geschaffen, um der Abwanderung entgegenzuwirken.

Entscheidende Entwicklungsimpulse sind von der bergbaulichen Raumerschließung ausgegangen. Bedeutende Abbaugebiete liegen in der Streusiedlungszone mit ihren extremen klimatischen Bedingungen und einer erst im Aufbau befindlichen Infrastruktur. Die durch die Rohstoffvorkommen ausgelösten bergbaulichen Erschließungsmaßnahmen können möglicherweise in Teilräumen der Streusiedlungszone zum Aufbau einer leistungsfähigen Infrastruktur führen.

Entscheidend ist dabei die Frage, welche Bedeutung die einzelnen Bergbaustädte für die Erschließung des Raumes erlangen können. Wegen der weiten räumlichen Verteilung der Rohstoffvorkommen befinden sich viele Bergbaustädte in sehr isolierter Lage und ihre spezielle bergbauliche Ausrichtung ist eine ungünstige Voraussetzung für ihre mögliche Mittelpunktsfunktion (65, S. 58ff.). In der Vergangenheit haben dennoch einige Bergbaustädte Mittelpunktsfunktionen auf sich ziehen können. Vier der sechs regionalen Zentren in der Streusiedlungszone sind Bergbaustädte: Broken Hill (26913 E., 1981), Mt. Isa (23664 E.), Kalgoorlie (19848 E.) und Port Hedland (12948 E.). Zu den vier Bergbaustädten kommen als regionale Zentren Darwin, das sich wegen seiner Verwaltungsfunktion für das Nordterritorium, als Militärstandort und als touristisches Zentrum in den letzten Jahren stark entwickelt hat (1976: 41374 E., 1981: 56487 E.) und Alice Springs, das ebenfalls einen Ausbau als touristisches Zentrum erfahren hat (1976: 14149 E., 1981: 18395 E.). Alice Springs ist Ausgangspunkt für den Safari-Tourismus im Zentrum von Australien. Hauptattraktionen sind Ayers Rock und Mt. Olga. Mit weiteren Naturschönheiten der Macdonnellkette, die von Alice Springs aus in Tagestouren erreichbar sind, stellt das „rote Zentrum" ein wichtiges touristisches Reservoir dar.

Neben den großen Ballungsräumen der Hauptstädte und den Küstenbereichen von Neusüdwales und Queensland mit den Great Barrier Reefs wird das „rote Zentrum" das dritte große Tourismusgebiet Australiens. Wie im Barrier-Riff werden auch der Ayers Rock und die Olgas durch den Bau einer Touristenstadt für den Tourismus im großen Stil erschlossen. Am Rand des Nationalparks ist inzwischen, 18 km von Ayers Rock und 29 km von den Olgas entfernt, mit dem Bau einer Touristenstadt, Yulara Tourist Resort, begonnen worden. Die Planungen gehen davon aus, daß der Touristenstrom zum Ayers Rock und zu den Olgas von 87000 (1982) auf ca. 300000 Personen jährlich bis zum Ende des 20. Jahrhunderts anwachsen wird, die Tageskapazität soll 5000 Übernachtungen betragen. 1983 wurden die Campingplätze eröffnet, Ende 1984 waren zwei Hotelkomplexe fertig. Die neue Touristenstadt wird eine enorme Ausstattungsvielfalt haben. Die modernen Bauformen und der Luxus der Hotels stehen in schroffem Gegensatz zur kargen Fauna und Flora des wüstenhaften Landes.

Neben den bergbaulichen Aktivitäten hat die touristische Ausrichtung Auswirkungen auf die Arbeitsplatzsituation in der Streusiedlungszone.

Die Gliederung Australiens nach Siedlungszonen bringt eine differenzierte räumliche Aussage zum Konzentrationsprozeß von Bevölkerung und Arbeitsplätzen. Von 6255136 Arbeitsplätzen (1981) in allen Wirtschaftsbereichen befinden sich 252116 in der Streusiedlungszone, 989873 in der ländlichen Siedlungszone und 5040147 in der städtischen Siedlungszone. 80,2% aller Arbeitsplätze und 81% der australischen Bevölkerung konzentrieren sich in dieser Zone, die nur 3% der Fläche des Kontinents ausmacht. Der Verdichtungsprozeß zugunsten der städtischen Siedlungszone hält an, verlagert sich aber in Entwicklungssachen, die von den Verdichtungsgebieten/Ballungsräumen Sydney mit Newcastle und Wollongong, Brisbane und Perth ausgehen. Hier gibt es 1976–81 die höchsten Wachstumsraten der Bevölkerung mit 17%, davon 12,5% durch Zuwanderung und die größten Steigerungsraten bei den Arbeitsplätzen mit 21,1% (Tab. 29). Ausgangslage und Wachstumstendenzen dokumentieren für die städtische Siedlungszone in Neusüdwales, Queensland und Westaustralien einen andauernden Konzentrationsprozeß von Bevölkerung und Arbeitsplätzen. Australien bleibt ein Kontinent randorientierter küstennaher Inwertsetzung mit großräumigen städtischen Siedlungskonzentrationen. Die Bildung von Entwicklungs-Regionen im ganzen Land und die Förderung von Regionszentren durch eine Dezentralisierungspolitik seit dem 2. Weltkrieg konnten daran nichts ändern. Chancen für eine Erschließung des menschenleeren Landesinnern können dank des derzeitigen Rohstoffbooms von den zahlreichen bergbaulichen Erschließungsprojekten ausgehen.

4 Bergbauliche Raumerschließung – eine neue Entwicklungsperspektive

Australien ist reich an Bodenschätzen. Der Goldrausch in der zweiten Hälfte des 19. Jahrhunderts zog in kurzer Zeit riesige Menschenmengen aus allen Ländern der Erde an. Der Goldbergbau wurde zu einem Motor für die landwirtschaftliche Raumerschließung, denn durch die Einnahmen aus dem Goldboom konnten die australischen Staaten (Kolonien), von den besiedelten Küstenräumen ausgehend, große Gebiete zum Landesinnern hin durch Eisenbahnen, Straßen, Wasserleitungen und Siedlungen erschließen. Diese Infrastruktur war entscheidend für die Ausweitung und Intensivierung der Landwirtschaft.

Die umfangreichen bergbaulichen Erschließungsmaßnahmen nach dem 2. Weltkrieg stellen möglicherweise einen weiteren Schritt zur Überwindung der randorientierten Inwertsetzung des australischen Kontinents dar. Charakteristisch für Erschließung und Abbau der Bergbau-Ressourcen ebenso wie für die landwirtschaftliche Produktion sind Auseinandersetzungen mit der ungün-

Tab. 30: Australische Exportprodukte im Weltvergleich (1980)

Exportprodukte	1. Stelle	2. Stelle	3.Stelle
Blei	**Australien** 377 000 t	Kanada 269 000 t	Mexiko 115 000 t
Bauxit / Tonerde	**Australien** 13,6 Mio. t	Jamaika 9,8 Mio. t	Guinea 9,3 Mio. t
Steinkohle	USA 59,9 Mio. t	**Australien** 42,6 Mio. t	Polen 41,3 Mio. t
Zink	Kanada 1,028 Mio. t	Peru 369 000 t	**Australien** 345 000 t
Eisenerz	**Australien** 78 Mio. t	Brasilien 77 Mio. t	Kanada 49 Mio. t
Wolfram	China 5 150 t	**Australien** 2 865 t	Bolivien 2 750 t
Weizen	USA 36,6 Mio. t	Kanada 15 Mio. t	**Australien** 14,9 Mio. t
Rindfleisch	**Australien** 709 000 t	Argentinien 355 000 t	Neuseeland 225 000 t
Schaffleisch	Neuseeland 436 000 t	**Australien** 165 000 t	England 41 000 t
Wolle	**Australien** 567 000 t	Neuseeland 285 000 t	Südafrika 56 000 t
Zucker	Kuba 7,3 Mio. t	EG 3,6 Mio. t	**Australien** 2,0 Mio. t

Quelle: 28; 7

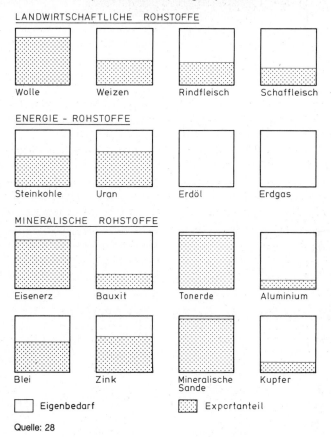

Abb. 32: Exportanteile der Urproduktion-Menge (Landwirtschaft, Bergbau) 1979/80

LANDWIRTSCHAFTLICHE ROHSTOFFE

Wolle　　　Weizen　　　Rindfleisch　　Schaffleisch

ENERGIE - ROHSTOFFE

Steinkohle　　Uran　　　Erdöl　　　Erdgas

MINERALISCHE ROHSTOFFE

Eisenerz　　Bauxit　　　Tonerde　　Aluminium

Blei　　　Zink　　Mineralische　Kupfer
　　　　　　　　　Sande

☐ Eigenbedarf　　▦ Exportanteil

Quelle: 28

stigen naturgeographischen Situation sowie die starke Abhängigkeit von der Nachfrage auf dem Weltmarkt. Internationales Kapital engagiert sich in Australien, multinationale Konzerne beteiligen sich am Risiko von Erschließung und Absatz, so daß Australien mit seiner Urproduktion aus Landwirtschaft und Bergbau in einer umfassenden weltwirtschaftlichen Verflechtung steht (Abb. 32, Tab. 30).

4.1
Rohstoffe – Reserven, Abbau, Export

4.1.1
Energierohstoffe

Die Erschließung von Energierohstoffen (Braunkohle/Steinkohle, Öl/Gas und Uran) befindet sich in einem starken Aufwärtstrend. Neue Abbaugebiete werden im Landesinnern erschlossen. Diese Projekte haben Größenordnungen, die mit australischem Kapital allein nicht finanziert werden können. Erschließungsmaßnahmen im Energiebereich durch multinationale Firmen sind in Australien nur zugelassen, wenn die australische Beteiligung über 50% liegt.

Braunkohle/Steinkohle
Die bisher bekannten Braunkohlevorkommen werden auf 43,6 Mrd. t geschätzt (214, 1983, S. 462). Allein 36,2 Mrd. t liegen in einem Gebiet östlich und westlich von Melbourne. Weitere Reserven sind in Südaustralien und im Nordosten von Queensland gefunden worden. Der Braunkohletagebau im Latrobe-Tal östlich von Melbourne dient der Elektrizitätserzeugung für die Versorgung von Melbourne. Der Braunkohletagebau entwickelte sich kontinuierlich: 16,3 Mio. t (1961), 20 Mio. t (1971/72), 26,7 Mio. t (1975/76), 32,9 Mio. t (1979/80) und 32,1 Mio. t (1980/81). Nach Schätzungen des Energieministeriums von Victoria (1977) soll der Braunkohleabbau bis zum Jahr 2000 auf ca. 100 Mio. t jährlich gesteigert werden.
Die Steinkohlereserven Australiens werden mit 549 Mrd. t angegeben (214, 1983, S. 462). Die größten Vorkommen liegen im Sydney-Becken in Neusüdwales und im Bowen-Becken im zentralen Queensland. Kleinere Abbaugebiete von regionaler Bedeutung sind in Südaustralien, Südwestaustralien und Tasmanien. Bereits im 19. Jahrhundert wurde in Neusüdwales nördlich und südlich von Sydney Steinkohle abgebaut. Eine stetige Steigerung der Kohleförderung in Neusüdwales, Südaustralien, Westaustralien und Tasmanien vollzog sich parallel zur industriellen Entwicklung in diesen Staaten. Die überwiegende Ausrichtung auf den eigenen Bedarf änderte sich nach 1960 durch immer größere Ausfuhren nach Japan zur Versorgung der dort wachsenden Eisen- und Stahlindustrie. Die höchsten Steigerungsraten haben die Bergbaugebiete in Neusüdwales und im zentralen Queensland aufzuweisen, die auf den Export nach Japan ausgerichtet

sind. Neusüdwales erhöhte seine Exportrate von 11,4 Mio. t (1970) auf 20,9 Mio. t (1980).
Mit einem Exportvolumen von 42,6 Mio. t Steinkohle liegt Australien nach den USA (59,9 Mio. t) an 2. Stelle (1980). 67% des Exports gehen nach Japan, 18% in europäische Länder, vor allem nach Großbritannien, Italien und Frankreich, 5% nach Südkorea und 4% nach Taiwan.
Der Steinkohleabbau konnte seit 1961 kontinuierlich gesteigert werden: 24 Mio. t (1961), 53,5 Mio. t (1971/72), 69,3 Mio. t (1975/76), 81,2 Mio. t (1979/80), 96,1 Mio. t (1980/81), 110,9 Mio. t (1981/82) (214, 1983, S. 426ff.). Diese Steigerungsraten wurden trotz der weltweiten Stahlkrise durch den verstärkten Export von Heizkohle erreicht; 1981 wurden 10,5 Mio. t in Japan abgesetzt. Diesen Perspektiven entsprechend werden neue Abbaugebiete erschlossen und bestehende erweitert, vor allem in Neusüdwales und Queensland.
Pläne zur Kohleverflüssigung werden wohl auf absehbare Zeit nicht verwirklicht werden, weil neuentdeckte Erdöl- und Erdgasvorkommen weniger aufwendig zu erschließen sind.

Erdöl/Erdgas
Bis in die späten 1960er Jahre war Australien bei Erdöl voll von überseeischen Importen abhängig. Das erste abbauwürdige Ölvorkommen wurde 1961 westlich von Brisbane entdeckt. Mitte der 60er Jahre folgten erfolgreiche Bohrungen in der Bass-Straße vor der Südostküste Victorias und auf der Barrow-Insel vor der Küste Westaustraliens. In einem sehr kurzen Zeitraum gelang es, einen großen Teil des australischen Erdölbedarfs aus eigenen Feldern zu decken. Hauptverbraucher sind der Verkehrsbereich mit 57% und die Industrie mit 35%. Bedeutende Erdöl- und Erdgasfelder sind in Queensland westlich von Brisbane, in der Bass-Straße vor Victoria, im Cooper-Bek-

Abb. 33: Energierohstoffe (1981)

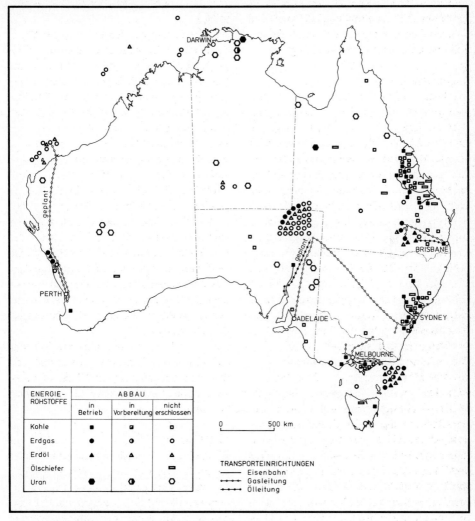

ENERGIE-ROHSTOFFE	ABBAU		
	in Betrieb	in Vorbereitung	nicht erschlossen
Kohle	▪	▣	▫
Erdgas	●	◐	○
Erdöl	▲	▲	▲
Ölschiefer			▬
Uran	⬤	◑	○

TRANSPORTEINRICHTUNGEN
——— Eisenbahn
‹‹‹‹‹ Gasleitung
‹‹‹‹‹ Ölleitung

0 ____ 500 km

Quelle: Australia Energy Resources 1981 (Nat Map 81/063)

ken im Nordosten von Südaustralien, in Westaustralien nördlich von Perth und vor den Nordwestküste (Nordwest-Shelfgebiet) erschlossen worden. Erst im Anfangsstadium der Erschließung befinden sich die Öl- und Gasfelder im Amadeus-Becken westlich von Alice Springs.

Die Erdölförderung betrug 1981 22,8 Mio. t, 2,7% mehr als im Jahr 1980. Die Gasvor-kommen lieferten 1981 11,3 Mrd. m³ Erdgas, eine Steigerung gegenüber dem Vorjahr um 18% (214, 1983, S. 435). Die Hauptaktivitäten zur Steigerung der Erdöl- und Erdgasproduktion liegen im Cooper-Becken/Südaustralien und im Nordwest-Shelfgebiet/Westaustralien. Die Hauptstädte Sydney, Melbourne, Brisbane, Adelaide und Perth sind durch Pipelines mit den Gas- bzw. Öl-

141

feldern verbunden (Abb. 33). Australien kann seinen Energiebedarf mehr und mehr aus eigener Förderung decken, wobei die Ressourcen bei Erdgas wesentlich günstiger sind als bei Erdöl. Die Herstellung von Erdöl durch Destillation aus Ölschiefer wurde erwogen, denn in Queensland gibt es große Vorkommen von Ölschiefer. Ein Projekt bei Gladstone/Queensland war geplant (Tage- und Untertagebau), doch die umfangreichen Geländeveränderungen stießen auf Bedenken der Umweltschützer, zudem war die Rentabilität der Produktion nicht sicher.

Uran

Australien hat etwa 19% der günstig abbaubaren Uranreserven der westlichen Welt aufzuweisen. Mit diesen Vorräten rangiert Australien nach den USA an 2. Stelle. Uranabbau in größerem Umfang begann 1951 in Rum Jungle südlich Darwin, er ging jedoch seit 1963 stark zurück. Auch bei Mary Kathleen, 50 km östlich von Mt. Isa/Queensland wurde die Förderung 1963–76 wegen Exportbeschränkungen und der weltweit geringen Nachfrage unterbrochen. 1981/82 wurden hier wieder 935 t Uran gewonnen. Weitere reiche Uranvorräte gibt es in Queensland, Südaustralien, Westaustralien und vor allem im Nordterritorium. Hier sind es vier große Uranerzlager im Arnhemland, am Alligator River (Jabiluka, Ranger, Koongarra, Nabarlek). Allein die Vorräte dieser Gebiete machen fast 10% der abbauwürdigen Uranreserven der westlichen Welt aus.

Australien hat noch kein eigenes Atomkraftwerk und ist daher mit dem Uranabbau auf den Export ausgerichtet. Liefervereinbarungen existieren für die Zeit von 1981 bis 1996 in der Größenordnung von 44 000 t Uran (U 308), das zur Atomstromerzeugung nach Japan, in die Bundesrepublik Deutschland, nach Südkorea, USA, Schweden, Belgien, Finnland und Frankreich geliefert wird.

Die australischen Uranvorkommen sind sehr günstig im Tagebau abzubauen. Art und Umfang der Förderung sind in der australischen Öffentlichkeit sehr umstritten, nicht zuletzt deshalb, weil große Lagerstätten in Reservaten der Aborigines liegen. Die fast zehnjährige Diskussion um den Uranabbau am Alligator River im Nordterritorium ist ein Beispiel dafür, daß die bergbauliche Raumerschließung in Australien nicht mehr uneingeschränkt befürwortet wird. Seit der Entdeckung der Lagerstätten (Ranger 1969) bis zum Beginn der Baumaßnahmen 1979 zog sich das Genehmigungsverfahren dahin. Die Position der Bundesregierung zur Atomenergiefrage wechselte; Veränderungen der Umwelt durch den Tagebau und die Auswirkungen der Aufbereitung des Uranerzes fanden im Verlauf des Genehmigungsverfahrens immer stärker Beachtung. Das Verhältnis zwischen Naturschutz und bergbaulicher Nutzung war zu klären, da die Projekte in den Kakadu-Nationalpark hineinreichen. Keinerlei Vorbilder gab es schließlich für bergbauliche Nutzungskonzepte in einem Gebiet, das durch Land Rights Act (1976) den Aborigines zugewiesen worden war.

All diese Schwierigkeiten standen erstmals gebündelt bei einem Bergbauprojekt zur Entscheidung. Im Verlauf der langen Auseinandersetzung sind Entscheidungsstrukturen und Richtlinien entwickelt worden, die auch von Bedeutung für zukünftige bergbauliche Projekte sind. Die Regierung in Canberra hat sich für den Abbau der Uranvorkommen entschieden, jedoch mit starken Auflagen und Beschränkungen durch die australische Atomenergiekommission. Die australische Beteiligung wurde beim Ranger-Projekt auf 75% festgesetzt, nur eine Beteiligung von 25% wurde den potentiellen Abnehmern im Ausland zugebilligt (Japan, Belgien, Bundesrepublik Deutschland, Südkorea, Schweden, USA). Bergbauliche Aktivitäten in den Gebieten, die durch Land

Rights Act von 1976 den Aborigines gehören, können in dem Umfang weitergeführt werden, wie sie bereits vorher genehmigt waren. Neue Erschließungsmaßnahmen unterliegen der Genehmigung von Bundesbehörden (Commonwealth Minister for Aboriginal Affairs) und der Genehmigung durch die Selbstverwaltung der Ureinwohner (Aboriginal Land Council). Damit soll sichergestellt werden, daß die angestammten Rechte der Aborigines in den ihnen gesetzlich zugewiesenen Gebieten berücksichtigt werden. Im Herbst 1981 wurde mit der Produktion im Abbaugebiet Ranger begonnen. In der Nähe wurde die Bergbaustadt Jabiru für 1500 Einwohner aufgebaut, ihre Vergrößerung für 3500 Einwohner ist vorgesehen, wenn benachbarte Abbaugebiete mit der Produktion beginnen. An verschiedenen anderen Standorten in Westaustralien, Südaustralien und Queensland kann bei Bedarf mit dem Abbau von Uran begonnen werden.

Neben den reichen Uranreserven verfügt Australien über bedeutende Thoriumvorkommen, einen Brennstoff, der in Hochtemperaturreaktoren zusammen mit Uran verwendet wird. Nach anfänglichem Exportverbot ist die Ausfuhr seit 1958 gelockert, nachdem große Ilmenitvorkommen bei Bunbury südlich von Perth entdeckt wurden.

Eine nahezu unbeschränkte Ressource steht in Australien in Form von *Sonnenenergie* zur Verfügung. Sie findet weite Verbreitung bei der Warmwasserbereitung in den Haushalten. Ein Projekt der Stromerzeugung zur Versorgung einer Siedlung ist in Meekatharra/Westaustralien in Betrieb.

Im Norden bietet sich die Ausnutzung der Gezeiten zur Energiegewinnung an, doch der Energiebedarf in den wenig entwickelten Gebieten ist gering und der Energietransport in die Ballungsräume wäre unrentabel. Die Ausnutzung der Wasserkraft zur Energiegewinnung erfolgt in Flußsystemen des Südostens (z. B. Snowy Mountains Scheme) und in Tasmanien.

4.1.2
Mineralische Rohstoffe

Australien liegt bei den Weltreserven der Rohstoffe bei den mineralischen Sanden und bei Wismut an 1. Stelle, an 2. Stelle bei Bauxit, Blei und Braunkohle, an 3. Stelle bei Eisen, Asbest, Mangan, Vanadium, Zink, Uran (30). Viele dieser Rohstoffe werden bereits abgebaut, wobei das Abbauvolumen weit über den australischen Eigenbedarf hinausgeht. Australien ist weltweit zum führenden Exporteur von Blei, Bauxit/Tonerde, Eisenerz und den verschiedenen mineralischen Sanden geworden, an 2. Stelle steht der Export von Steinkohle und Wolfram (Tab. 30).

Eisenerz
Bis 1960 unterlag Australien, das Land mit den drittgrößten Eisenerzreserven, einem Exportembargo für Eisenerz. Die wichtigsten damals bekannten Vorkommen waren Iron Knob/Südaustralien mit ca. 200 Mio. t Eisenerzreserven, Yampi Sound vor der Nordwestküste Westaustraliens mit ca. 70 Mio. t und Koolyanobbing zwischen Perth und Kalgoorlie mit ca. 70 Mio. t. Weitere Eisenerzlagerstätten mit niedrigem Erzgehalt gab es in Tasmanien. Diese Vorkommen waren die Grundlage der australischen Eisen- und Stahlindustrie mit den Standorten Whyalla/Südaustralien (auf Erzbasis mit Kohle aus Neusüdwales), Newcastle und Port Kembla/Neusüdwales (auf Kohlebasis mit Erz aus Iron Knob). Die Genehmigung zum Abbau der Erze von Koolyanobbing wurde unter der Bedingung gegeben, im über 400 km entfernten Kwinana einen Verhüttungsstandort auf der Grundlage der Kohle von Collie/Westaustralien, über 200 km entfernt von Kwinana (78) aufzubauen.

Die erste Exportphase für Eisenerz vor dem 2. Weltkrieg endete durch das Exportembargo von 1938, das bis 1960 aufrecht erhalten wurde. Nach 1960 wurden in der Pilbara Region in Westaustralien große Eisenerzvorkommen mit hohem Eisengehalt erschlossen. Eine neue Phase des Eisenerzexports entstand durch die Kombination von australischen Ressourcen, ausländischem Kapital und japanischen Märkten. Die westaustralischen Eisenerzreserven werden derzeit auf insgesamt 2,9 Mrd. t geschätzt. Der durchschnittliche Eisengehalt beträgt 58,5%. Der Eisenerzabbau erreichte 1975 seinen ersten Höhepunkt mit 98 Mio. t, wovon 80,3 Mio. t exportiert wurden: 61,6 Mio. t nach Japan, 15,1 Mio. t in europäische Länder (Bundesrepublik Deutschland 4,5 Mio. t), 1,4 Mio. t in die VR China, 0,7 Mio. t nach Südkorea. 1980 wurden 93,7 Mio. t Eisenerz produziert, davon gingen 80,1 Mio. t in den Export, 58,8 Mio. t nach Japan, 10 Mio. t nach Europa (Bundesrepublik Deutschland 4,2 Mio. t), 5,3 Mio. t VR China, 3,8 Mio. t Südkorea, 1,7 Mio. t Taiwan. 1981 ging die Eisenerzproduktion auf 84,7 Mio. t zurück, der Export sank auf 71,1 Mio. t. Hierin zeigt sich deutlich, wie stark Veränderungen auf dem Weltmarkt (Stahlkrise) Rückwirkungen auf die bergbauliche Rohstoffproduktion in Australien haben. Um diese Abhängigkeit zu mildern, bemüht sich Australien selbst um wertsteigernde Aufbereitung und Verarbeitung der Rohstoffe.

Bauxit/Tonerde/Aluminium
Die größten Bauxitvorkommen Australiens liegen im Norden am Carpentaria Golf bei Weipa/Queensland und Gove/Nordterritorium sowie im Südwesten in der Darlingkette (Pinjarra und Wagerup/Westaustralien). 1980 wurden 27,2 Mio. t Bauxit abgebaut. Eine Vorstufe zur Herstellung von Aluminium ist Tonerde. Entsprechende Raffinerien finden wir am Standort der Bauxitlager, so in Go-

ve, Pinjarra und getrennt von den Lagerstätten in Gladstone/Queensland und Kwinana/Westaustralien. Etwa 2,5 t Bauxit ergeben 1 t Tonerde, daraus wird unter großem Energiebedarf Aluminium hergestellt. Aluminiumhütten gibt es in Bell Bay/Tasmanien, in Point Henry/Victoria, Kurri Kurri/Neusüdwales und Gladstone/Queensland. Die Aluminiumproduktion konnte in den letzten Jahren kontinuierlich gesteigert werden: 265000 t (1979), 303000 t (1980), 379000 t (1981). Australien fördert etwa 1/3 der gesamten Weltproduktion an Bauxit, etwa 1/4 des Weltbedarfs an Tonerde. Beim Endprodukt Aluminium konnte Australien seine Position in den letzten Jahren verbessern; diese Entwicklung wird anhalten, weil es über Standorte mit günstigem Energieangebot verfügt.

Nickel
Nickel wird in der modernen Metallurgie als Legierungselement verwendet und ist wichtig bei der Herstellung von rostfreiem Stahl, bei Katalysatoren für die chemische Industrie u.a.m. Der Nickelabbau in Australien erlebte seinen Höhepunkt Anfang der 1970er Jahre. Fast alle Vorkommen liegen in Westaustralien in einem weiten Umkreis um Kalgoorlie. Der Abbau von Nickelerz konnte im Raum Kalgoorlie eine drohende Krise nach dem Rückgang des Goldbergbaus auffangen. Die bisherigen Siedlungen konnten ihre Bevölkerung halten und neue Bergbaustädte (z.B. Kambalda südlich Kalgoorlie) entstanden. Mit 73000 t Nickelerz jährlich liegt Australien an 4. Stelle hinter UdSSR, Kanada und Neukaledonien (1980). Das Nickelerz erfährt nach dem Abbau eine Weiterverarbeitung in Raffinerien und Schmelzen.

Die Produkte des australischen Bergbaus wie Kohle, Uran, Eisenerz, Bauxit, Nickel gehen zum großen Teil ohne weitere Aufar-

Abb. 34: Mineralische Rohstoffe (1981)

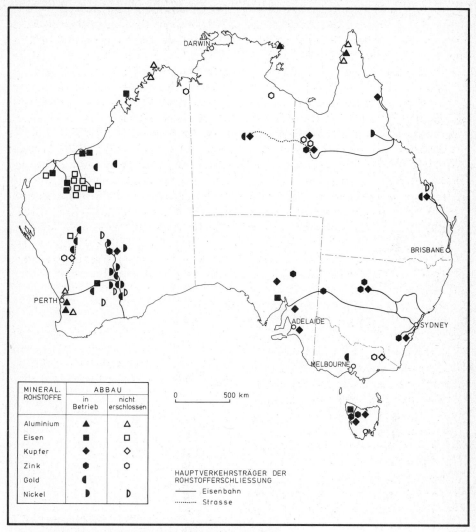

Quelle: Australia Minerals other than Fuels 1981 (Nat Map 81/064)

beitung in den Export. Durch Aufbereitung und Weiterverarbeitung der bergbaulichen Rohstoffe in Raffinerien und Schmelzen z.B. kann der Exportwert des bergbaulichen Sektors gesteigert werden. 46,3% der gesamten bergbaulichen Erzeugung Australiens werden nach Japan exportiert, 17,5% in die Länder der EG, 11,6% in die USA.

Die wertmäßige Rangfolge der Exporte nach Japan ist: Steinkohle, Eisenerz, Aluminium, Tonerde, Bauxit, Kupfer, Nickel, Magnesium und mineralische Sande; in die Länder der EG: Eisenerz, Steinkohle, Blei und Kupfer; in die USA: Aluminium, Nickel, Bauxit, Magnesium, mineralische Sande, Eisenerz, Blei, Zink.

145

4.2
Erschließungsbeispiele

Wie im 19. Jahrhundert führt auch heute der Bergbau zu umfangreichen Erschließungsmaßnahmen. Die zahlreichen Projekte der Rohstoff- und Energiegewinnung im 20. Jahrhundert verlangen jedoch Kapitalinvestitionen in einem Ausmaß, wie sie in Australien allein nicht aufzubringen sind (210, S. 173 f.). Raumerschließungskonzepte können ohne die finanzielle Unterstützung multinationaler Gesellschaften nicht mehr durchgeführt werden. Die Probleme beim Aufbau der Infrastruktur für den Bergbau haben in Australien zu unterschiedlichen Organisationsformen geführt. Da die umfassende Raumerschließungsaufgabe bei der ungünstigen physisch-geographischen Ausgangssituation vieler Bergbaugebiete die Leistungsfähigkeit der australischen Staaten übersteigt, die Staaten aber auch das mit der Erschließung verbundene Risiko nicht tragen wollen, kommt es zu einer Aufgabenteilung zwischen Staat und Bergbaugesellschaft.

In drei Fallstudien können wesentliche Aspekte bergbaulicher Raumerschließung demonstriert werden: Umfang und Kontinuität der Rohstoffgewinnung, Standort, Größe und Konzeption der Bergbaustädte, privatwirtschaftliche und kommunale Organisation und schließlich die Bedeutung des Bergbaus für die Erschließung des Raumes (108; 187).

4.2.1
Bergbauprojekte in der städtischen Siedlungszone – Latrobe-Tal/Vic.

Die Fallstudie behandelt bergbauliche Aktivitäten in einem bereits landwirtschaftlich genutzten Raum. Die entsprechende Infrastruktur (Straße-Eisenbahn-Siedlungen)

war vorhanden und konnte dem Bergbau als Ansatzpunkt dienen.

In Australien wird Braunkohle nur im Staat Victoria abgebaut. Die größten Braunkohlefelder liegen im Latrobe-Tal, 130 bis 200 km südöstlich von Melbourne. Kleinere Vorkommen mit einem Produktionsanteil von nur 5% liegen bei Anglesea, 97 km südwestlich von Melbourne. Der Braunkohletagebau im Latrobe-Tal wird von der State Electricity Commission of Victoria (SEC) durchgeführt; das staatliche Engagement begann 1918. Zuvor war das Gebiet rein landwirtschaftlich genutzt mit günstiger Entwicklung der Milchwirtschaft, nachdem es seit 1879 eine Eisenbahnverbindung mit Melbourne gab. Die heutigen Städte Moe, Morwell und Traralgon waren Dörfer und kleine Mittelpunktsorte in einem agrarischen Umland. Zur Sicherung der Stromerzeugung vor allem für den Bedarf der schnell wachsenden Stadt Melbourne hatte man die Wahl zwischen der Steinkohle aus Neusüdwales und der Braunkohle aus dem Latrobe-Tal. Eine private Bergbaugesellschaft, die 1899 mit dem Abbau von Braunkohle begonnen hatte, mußte bald aufgeben, weil sie mit der Steinkohle aus dem Gebiet südlich von Sydney nicht konkurrieren konnte. Dennoch entschied sich die Kolonialverwaltung in Melbourne für die Erschließung der eigenen Vorräte, da man von Neusüdwales nicht abhängig sein wollte. Ein Bergarbeiterstreik 1916 in Neusüdwales stützte die Entscheidung zur Nutzung der Braunkohlevorkommen im Latrobe-Tal (163, S. 3). Die State Electricity Commission (SEC) von Victoria begann mit dem Abbau von Braunkohle bei Yallourn 1921. Der Tagebau bei Morwell wurde 1947 in Angriff genommen. Diese beiden Projekte (Abb. 35) bestimmen die markante Bevölkerungszunahme nach 1921 und nach 1947.

Der Bevölkerungszustrom, der durch den Abbau der Braunkohle bei Yallourn seit 1921 ausgelöst wurde, veränderte die land-

Abb. 35: Braunkohletagebau im Latrobe-Tal/Vic. (1980)

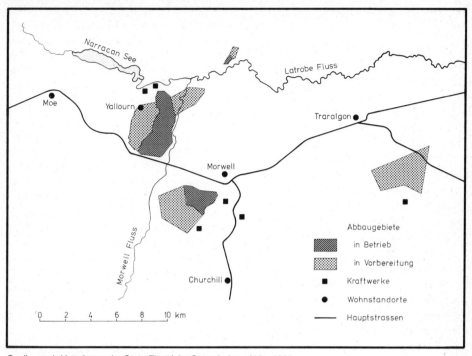

Quelle: nach Unterlagen der State Electricity Commission of Vic. 1980

wirtschaftlich ausgerichteten Ortschaften Moe, Morwell und Traralgon: Moe hatte 1921 640 Einwohner, 1947 waren es 2556; Morwell hatte 1921 1122 Einwohner, 1947 waren es 2951; Traralgon hatte 1921 2101 Einwohner, 1947 waren es 4384. Dieser Bevölkerungszunahme war die vorhandene Versorgungsausstattung nicht gewachsen. Der Ausbau der Infrastruktur vollzog sich erst allmählich und hinkte dem Bevölkerungswachstum hinterher. Die staatliche SEC begann 1921 auf einem betriebseigenen Gelände in unmittelbarer Nähe des Yallourn-Tagebaus mit dem Aufbau einer Bergarbeiterstadt. Bei einem Bauvolumen von jährlich bis zu 50 Häusern erreichte die neue Stadt Yallourn bis 1947 eine Einwohnerzahl von 4119. So wurde in der ersten Expansionsphase im Latrobe-Tal seit 1921 der Bevölke-

rungszustrom von den vorhandenen Siedlungen Moe, Morwell und Traralgon sowie von der neuangelegten Bergbaustadt Yallourn aufgenommen.

Anders verlief die zweite, viel stärkere Expansionsphase des Braunkohleabbaus nach dem 2. Weltkrieg. Die Ausweitung des Yallourn-Tagebaus führte dazu, daß ein Teil der auf der Kohle gelegenen Bergbaustadt Yallourn verlagert werden mußte. Die Steigerung der bergbaulichen Aktivitäten und der Beginn des Kohleabbaus bei Morwell 1947 führten zu einem enormen Anwachsen der Bevölkerung (um 77% von 1947 bis 1954). An der Zuwanderung in das Latrobe-Tal war vor allem die Einwanderung aus Übersee stark beteiligt. Aus Übersee waren 1947 2246, 1954 11 502 und 1961 14957 Einwohler des Latrobe-Tales. Der Wohnungsbau der

147

SEC verlagerte sich von Yallourn, das wegen seiner Lage im Tagebau nicht erweitert werden konnte, nach 1947 auf Newborough östlich von Moe. In der Bergbaustadt Newborough betrug 1954 der Anteil der aus Übersee stammenden Bevölkerung 57%. Das staatliche Engagement für die Bautätigkeit im Latrobe-Tal lag nach dem 2. Weltkrieg nicht nur bei der SEC, die Newborough aufbaute, sondern ganz besonders bei der Victoria State Housing Commission (VSHC), deren Aktivitäten sich vor allem auf Moe und auf Morwell erstreckten. Dort wurden der VSHC bis 1952 1000 neue Häuser errichtet. Östlich des Stadtkerns von Morwell baute die VSHC seit 1951 bis 1972 zahlreiche Häuserblocks.

Der Bevölkerungszustrom (1947–1966) in die Siedlungen des Latrobe-Tals machte endgültig landwirtschaftliche Siedlungen zu Bergbaustädten. Trotz der staatlichen Aktivitäten im Wohnungsbau konnte der Bevölkerungszustrom von den bisherigen Standorten allein nicht verkraftet werden. Südlich von Morwell wurde deshalb eine neue Stadt gegründet, Churchill. Diese neue Stadt ist so konzipiert, daß sie bis zu einer Einwohnerzahl von 30000 ausgebaut werden kann. Der Schwerpunkt der Bevölkerungszunahme verlagert sich allmählich in den noch stärker landwirtschaftlich geprägten östlichen Teil des Latrobe-Tales mit dem Zentrum Traralgon. Im Westen mit den Standorten Newborough und Yallourn nimmt die Bevölkerung von 1966 bis 1971 von 44027 auf 39689 (−11%) ab, im östlichen Teil des Gebietes mit den Städten Morwell, Churchill, Traralgon steigt die Bevölkerung von 51544 auf 53962 (+4,7%). Bevölkerungsrückgang, Stagnation oder verlangsamte Zunahme haben ihre Ursachen auch in der natürlichen Bevölkerungsentwicklung im Latrobe-Tal. Die enorme Zuwanderung junger Arbeitskräfte durch Einwanderung und Binnenwanderung seit 1947 hat zu einem überdurchschnittlich hohen Anteil junger Bevölkerung

geführt. Doch das übergroße Arbeitskräftepotential, das seit ca. 1970 in den Arbeitsprozeß eingegliedert werden will, findet im Latrobe-Tal nicht genügend Beschäftigungsmöglichkeiten, zumal beim Braunkohleabbau und seiner Verwertung in Elektrizität durch weitgehende Automation viele Arbeitsplätze wegrationalisiert wurden.

Seit 1978 stagnieren die Produktionszahlen im Braunkohleabbau bei einer Größenordnung von ca. 32 Mio. t pro Jahr. Um den steigenden Strombedarf insbesondere von Melbourne zu decken, müssen neue Kohleabbaugebiete erschlossen werden. Die Zukunftsperspektiven des Latrobe-Tales sind weiterhin auf Braunkohlegewinnung ausgerichtet. Die Aussichten für eine Ausweitung und Intensivierung sind gut, verschiedene Kohleabbauprojekte befinden sich im Bau oder in der Vorbereitung (Abb. 36). Im östlichen Latrobe-Tal ist südöstlich von Traralgon ein neuer Tagebau mit einem neuen Kraftwerk vom 4000 Megawatt seit 1978 im Bau, die Inbetriebnahme für 1983 geplant. Bei der vorgesehenen Abbauintensität wird dieser Tagebau bis zum Jahr 2025 voraussichtlich mit ca. 2500 Arbeitsplätzen in Betrieb bleiben können.

Ein weiteres Projekt dient der Ausweitung des Yallourn-Tagebaus, es soll die beiden dort bestehenden Kraftwerke bis zum Jahr 2000 mit Braunkohle beliefern. Zusätzliche Arbeitsplätze wird dieses Projekt nicht bringen, lediglich die Erschließungsarbeiten beschäftigen etwa 100 Arbeitskräfte. Andere Projekte mit großräumigen Ausweitungen des Braunkohletagebaus sind noch im Stadium der Vorplanung.

Der umfassende Ausbau des Braunkohletagebaus im Latrobe-Tal ist durch die Interessenkollision zwischen der seit langem vorhandenen landwirtschaftlichen und der neu hinzukommenden bergbaulichen Inwertsetzung des Raumes belastet. In der bisherigen Entwicklung des Latrobe-Tales ist diese

Abb. 36: Latrobe-Tal/Vic. – Ausbauplanungen

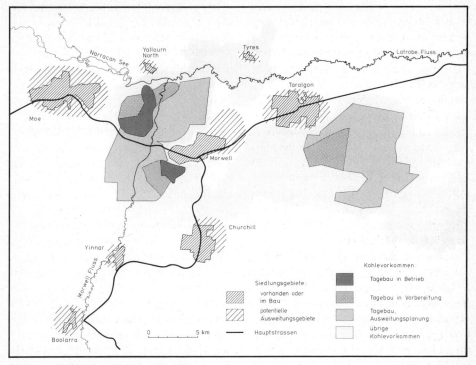

Quelle: nach Unterlagen der SEC of Vic. 1982

Konfliktsituation stets zugunsten der bergbaulichen Erschließung entschieden worden. Das entsprach in der Vergangenheit, etwa im Boom der Nachkriegszeit, durchaus dem Interesse der durch Binnenwanderung und aus Übersee eingeströmten Bevölkerung. Für die Einwanderer der Nachkriegsjahre vor allem gab es keine Alternative, sie dachten nicht an einen Standortwechsel. Nach Erhebungen im Jahr 1974 (163, S. 6) waren 95% der Einwanderer länger als 5 Jahre und 75% von ihnen länger als 15 Jahre im Latrobe-Tal ansässig. Man identifizierte sich mit dem einmal gewählten Standort und seinen bergbaulichen Entwicklungsperspektiven. Heute jedoch will die Bevölkerung die regionale Entwicklung des Latrobe-Tales nicht mehr den überregionalen Interessen des Staates Victoria opfern. Denn die Regierung von Victoria möchte das Latrobe-Tal, das größte derzeit auf der Welt bekannte Braunkohlevorkommen, noch viel umfassender bergbaulich erschließen, um die Deckung des steigenden Energiebedarfes auf Dauer zu sichern (Abb. 36).

4.2.2
Bergbauprojekte in der ländlichen Siedlungszone – Bowen Becken/Qld.

Das Steinkohlegebiet im Bowen Becken reicht von den Abbaustandorten bei Collinsville im Norden bis Moura im Süden (480 km), von den Standorten bei Biloela bis Blair Athol im Landesinnern (125 km). Abbaustandorte und Bergbaustädte liegen überwiegend in der ländlichen Siedlungszone

149

Australiens. Der Bergbau fand die Infrastruktur einer extensiven landwirtschaftlichen Nutzung vor und konnte sich in der Anfangsphase auf Eisenbahn, Straßen und vorhandene landwirtschaftliche Mittelpunktsorte stützen.

Das Konzept der bergbaulichen Raumerschließung in Queensland

Die Erschließung der Kohlevorkommen im Bowenbecken war wesentlich vom Bemühen des Staates Queensland getragen, die Stromversorgung des weiträumigen Landes durch Kohle zu sichern. Die Exploration wurde von der Regierung selbst oder zumindest unter weitgehender Lenkung durch staatliche Stellen durchgeführt.

Als Ergebnis der Explorationen werden in Queensland Reserven an Kokskohle von 14152 Mio. t und an Heizkohle von 12285 Mio. t angenommen. Nach dem derzeitigen Stand der Technik sind davon 5510 Mio. t Kokskohle und 6775 Mio. t Heizkohle ökonomisch nutzbar (213, S. 265 und 164, S. 35ff.).

Die Entwicklung des Kohlebergbaus in Queensland verlief in zwei Phasen: Eine erste Phase der Erschließung diente der eigenen Energieversorgung. Die für die Stromerzeugung zuständigen staatlichen und halbstaatlichen Stellen waren im Kohlebergbau engagiert, und auch große australische Unternehmen begannen damit, den Energiebedarf für ihre Produktionen in Australien durch Erschließung von Kohlevorkommen in Queensland zu sichern. In dieser Anfangsphase des Kohlebergbaus bis zum Beginn der 70er Jahre wurden große Anstrengungen unternommen, um die Verkehrsinfrastruktur durch den Ausbau des Eisenbahnnetzes zu verbessern. Die Beschäftigten im Bergbau wurden in vorhandene Siedlungen integriert, was für diese Standorte bessere Entwicklungsperspektiven brachte. Doch die Folgekosten für den Ausbau der Infrastruktur konnten von der lokalen Verwaltungsebene nicht getragen werden. Im Rahmen des „Queensland Government Subsidy Scheme" wurde der unteren Verwaltungsebene zum vorhandenen rechtlichen Dispositionsrahmen nun auch der notwendige finanzielle Dispositionsrahmen gegeben. Die staatlichen Zuschüsse erreichten bis zu 50% des Investitionsbetrages, der Ver- und Entsorgungseinrichtungen. Das Ziel dieses Subsidy Scheme war es, Initiative und Verantwortlichkeit bei den gesetzlich vorgesehenen Verwaltungsebenen zu lassen und dennoch eine leistungsfähige Infrastruktur für eine umfassende Landesentwicklung auszubauen (80, S. 111ff.). Ohne die Unterstützung wären lokale Verwaltungen nicht in der Lage gewesen, die großangelegten Infrastrukturmaßnahmen des Staates, insbesondere Eisenbahn- und Straßenausbau sowie die Sicherung der Wasserversorgung durch den Bau von Reservoirs und Pipelines auf regionaler Basis fortzuführen und zu ergänzen. Durch neue Eisenbahnlinien (Mackay – Goonyella, Gladstone – Moura) wurde von der Küstenzone aus das Hinterland erschlossen (Abb. 37). Durch neue Kraftwerke wurde das Verbundnetz zur Stromerzeugung ausgebaut. Die wirtschaftliche Entwicklung Queenslands, die nach einem Nachkriegsboom weitgehend stagnierte, erhielt neue Impulse.

In der zweiten Phase der bergbaulichen Raumerschließung wurden neue Kohlevorkommen im wesentlichen nur noch zum Zweck des Exports erschlossen. Am Anfang dieser neuen Entwicklung stand die Erschließung der Kohlevorkommen bei Kianga für den Export nach Japan im Jahr 1959. Im benachbarten Moura wurde der Kohletagebau 1961 aufgenommen. Die Transportkapazität (Eisenbahn) und die Verladeanlagen im Hafen von Gladstone wurden ausgebaut, so daß 1969 5 Mio. t pro Jahr exportiert werden konnten. Die Anfänge des Kohleabbaus um Blackwater lagen im Jahr 1964.

Abb. 37: Steinkohlebergbau im Bowen Becken/Qld (1982)

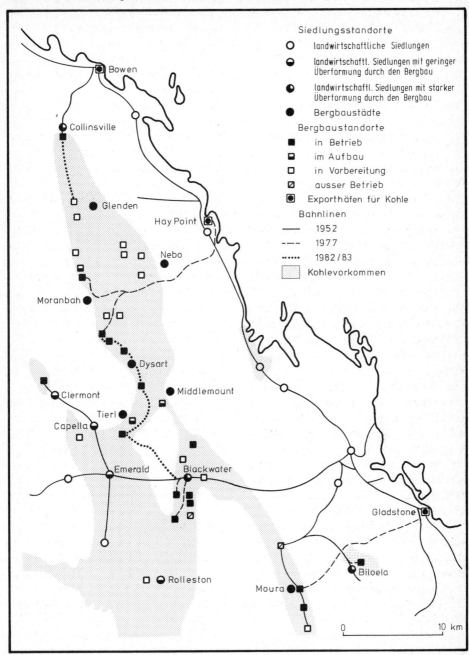

Quelle: Queensland Government Mining Journal 10, 1980; 6, 1981 und eigene Erh.

Ab 1967 wurde Kohle von Blackwater im Hafen von Gladstone für den Export verladen. Bei der bergbaulichen Raumerschließung dieser zweiten Phase mußten sich die Bergbaugesellschaften wie in der Periode vorher mit all ihren Aktivitäten in die staatlichen Verwaltungs- und Gebietsorganisation einfügen. Der Übergang zur Phase der dominierenden Exportausrichtung war fließend. Gesellschaften, die zunächst nur Kohle für ihren eigenen Bedarf in Australien produziert hatten oder ausschließlich auf die Belieferung der große Kraftwerke zur Stromerzeugung ausgerichtet waren, kamen im Laufe der Jahre zu einer Erschließung neuer großer Kohlefelder mit enormen Exportkapazitäten. Im Verlauf einer stürmischen Expansion mit zahlreichen zusätzlichen Abbaugebieten und neuen Städten verstärkte sich der Einfluß der großen Bergbaugesellschaften. Zwar blieb der staatliche Ordnungsrahmen gewahrt, doch führte die Ausgestaltung dieses Rahmens zu vielfältigen individuellen Lösungen. Seit 1969 findet eine „flexible policy" Anwendung (80, S. 118).

Konzeption und Verlauf der Raumerschließung werden für die einzelnen großen Bergbauprojekte vorgestellt, um Ausgangslage, Verlauf und Entwicklungsperspektiven der bergbaulichen Raumerschließung zu erfassen.

Abbaustandorte und Bergbaustädte
Der Tagebau bei Biloela wird schon seit 1949 betrieben. Die Kohleproduktion ging ausschließlich an die Elektrizitätswerke des Staates Queensland. Das neue Aluminiumwerk in Gladstone führte zu einer markanten Produktionssteigerung, durch die Erschließung eines nördlich von Biloela gelegenen neuen Tagebaugebietes kann ab 1986 eine Jahreskapazität von 4,5 Mio. t erreicht werden. Allein die State Electricity Commission of Queensland hat sich für die nächsten 22 Jahre ein Liefervolumen von 40 Mio. t Kohle gesichert.

Die bergbaulichen Aktivitäten seit den 1950er Jahren haben zu tiefgreifenden Änderungen der landwirtschaftlichen Nutzung geführt. Zunächst wurde die Fleischrinderhaltung durch Milchviehhaltung und Getreideanbau ergänzt. Die notwendige Bewässerung wurde durch die Nutzung von Grundwasser möglich. Der leistungsfähige landwirtschaftliche Mittelpunktsort war Biloela mit 2048 Einwohnern (1961). Wohnstandort für die im Bergbau Beschäftigten wurde ebenfalls Biloela, weshalb mit der Ausweitung des Bergbaus die Bevölkerung stetig zunahm: 3537 Einwohner (1966), 4034 Einwohner (1971) und 4586 Einwohner (1976) (165, 1982, S. 107). Der größere Absatzmarkt in Biloela führte zu einer Ausweitung der Milchproduktion und zu einer Spezialisierung auf Obst- und Gemüseanbau.

Im Abbaugebiet nordwestlich Clermont wurde 1965 mit dem Bergbau begonnen, über die vorhandene Eisenbahn wurde die Kohle fast 400 km zur Elektrizitätserzeugung an die Küste gebracht. Die wirtschaftlichen Impulse durch die neue Wohnfunktion für Beschäftigte im Bergbau reichten allerdings nicht aus, um den Bevölkerungsrückgang im landwirtschaftlichen Mittelpunktsort Clermont auszugleichen: 1737 Einwohner (1961), 1676 Einwohner (1966), 1672 Einwohner (1971), 1644 Einwohner (1976) (165, 1982, S. 107). Deshalb war die Regierung an einer Erweiterung und Exportausrichtung des Bergbaus im Raum um Clermont interessiert. Nach einem 15-Jahrekontrakt mit einem japanischen Energieerzeuger sollen ab 1985 jährlich 15 Mio. t Heizkohle über den Hafen Hay Point exportiert werden. Diese Expansion hat inzwischen dazu geführt, daß in Clermont ein neues Stadtviertel ausschließlich für die Beschäftigten im Kohlebergbau errichtet wird.

Im Gebiet um Collinsville werden inzwischen drei Standorte im Untertagebau und zwei im Tagebau betrieben. Die Kohleproduktion diente zur Elektrizitätserzeugung und zur Versorgung von Mt. Isa, 1200 km im Landesinnern. 1978/79 stagnierte die Kohleförderung, ja sie ging sogar leicht zurück. Ein großangelegtes Investitionsprogramm zur Ausweitung des Tagebaus wurde inzwischen gestartet und eine Kohlewaschanlage gebaut. Von der jährlichen Kohleproduktion von ca. 1 Mio. t (1981/82) gehen etwa 450000 t über den Hafen Bowen nach Japan. Der landwirtschaftliche Mittelpunktsort Collinsville ist mittlerweile stark durch Wohnfunktion für den Bergbau bestimmt: 2122 Einwohner (1961), 1909 Einwohner (1966), 2147 Einwohner (1971), 2403 Einwohner (1976) (165, 1982, S. 107). Ausschließlich auf den Export wird der Tagebau um Glenden 80 km südlich von Collinsville ausgerichtet sein. 1981 wurde dort mit der Erschließung begonnen, 1984 kann die Förderung anlaufen, die 1985 bereits 5 Mio. t erreichen soll.

Alle bisher behandelten Kohleabbaugebiete waren noch in erster Linie auf den australischen Bedarf, besonders auf die Deckung des Energiebedarfs in Queensland ausgerichtet gewesen. Kennzeichnend für die erste Periode des Kohlebergbaus im zentralen Queensland war, daß noch keine neuen Bergbaustädte entstanden; die Beschäftigten wurde in vorhandene Siedlungen integriert (Biloela, Clermont, Collinsville), es wurden höchstens neue Wohnviertel für die im Bergbau Beschäftigten in bereits vorhandenen Ortschaften gebaut.Das änderte sich durch die Erschließung der Kohlevorkommen bei Moura. Diese Kohleabbaugebiete, die überwiegend auf den Export nach Japan ausgerichtet sind, haben 1968 eine neue Eisenbahnlinie direkt nach Gladstone, den Verladehafen erhalten. Seit 1979 wird nicht nur Kokskohle, sondern auch Heizkohle exportiert. In zweiter Linie erst dient dieses Abbaugebiet auch dem australischen Bedarf durch Belieferung der Aluminiumhütte in Gladstone. Beim Abbau der Kohle selbst, bei der Waschanlage und bei den zwischen-

zeitlich angelaufenen Rekultivierungsmaßnahmen sind insgesamt etwa 1200 Personen (1981) beschäftigt. Fast alle Beschäftigten wohnen mit ihren Familien in der Bergbaustadt Moura. Wie bei den bisherigen Siedlungen mit Wohnfunktionen für den Bergbau wurde auch bei Moura die gesamte öffentliche Infrastruktur der Ver- und Entsorgungseinrichtungen mit staatlichen Zuschüssen (bis 50% der Gesamtinvestitionen) im Rahmen des Queensland Government Subsidy Scheme aufgebaut. Das gleiche Engagement des Staates kennzeichnet auch den Aufbau der Stadt selbst. Von 172 Häusern, die für die im Bergbau Beschäftigten in Moura in der Anfangsphase errichtet wurden, waren allein 132 von der staatlichen Queensland Housing Commission gebaut worden. Dieses starke Engagement des Staates bis ins Detail des städtebaulichen Konzepts, konnte bei der enormen Ausweitung des Bergbaus mit mehreren neuen Bergbaustädten in Queensland nicht voll durchgehalten werden. Der Anteil der Häuser, die von der Bergbaugesellschaft errichtet wurden, nahm zu. 1974 ergab sich in Moura bei nunmehr 397 Häusern eine Aufteilung von 207 im Staatseigentum (Queensland State Housing Commission) und 190 im Eigentum der Bergbaugesellschaft. Die Bevölkerungsentwicklung in Moura begann 1961 mit 276 Einwohnern, erreichte 1971 bereits 1902 Einwohner und hält sich seit 1976 in einer Größenordnung von ungefähr 2700 Einwohnern. Durch ein geplantes großes Bewässerungsgebiet (Dawson Valley Irrigation) soll Moura auch Mittelpunkt eines intensiv genutzten landwirtschaftlichen Umlandes werden.

Der Kohlebergbau im Raum Blackwater war zu Beginn stark auf den australischen Markt ausgerichtet. Über eine Strecke von 343 km wurde die Kohle per Bahn nach Gladstone gebracht. Die Expansion des Kohleabbaus um Blackwater hat zum Aufbau der Bergbaustadt Blackwater geführt.

Wenn auch in Blackwater, an der Eisenbahn und der Straße ins Landesinnere gelegen, ein kleiner landwirtschaftlicher Versorgungsstützpunkt vorhanden war, so mußte doch die gesamte öffentliche Infrastruktur neu aufgebaut werden. Das geschah auch hier nach dem „Queensland Government Subsidy Scheme", jedoch wurde die Bergbaugesellschaft stärker in die ökonomische Verantwortung einbezogen; in die „loan/ subsidy"–Regelung der lokalen Verwaltung (township) mußte die Bergbaugesellschaft als Bürge eintreten (80, S. 116). Von 897 Häusern in Blackwater (1973/74) waren 500 Eigentum des Staates (QSHC) und 382 waren im Eigentum der im Raum Blackwater tätigen drei Bergbaugesellschaften. Bei den Absprachen mit den verschiedenen Bergbaugesellschaften in Blackwater dokumentiert sich eine flexible Politik, die Zuwendungen des Staates stärker danach ausrichtet, welche Auswirkungen die bergbaulichen Aktivitäten der einzelnen Gesellschaften auf die wirtschaftliche Entwicklung Queenslands insgesamt haben. Diese „flexible policy", die von der Regierung seit 1969 betrieben wird, führte zunächst einmal dazu, daß die Eigentumsverhältnisse und die Kosten für den Ausbau in den neuen Bergbaustädten im Verhältnis 1:1 aufgeteilt, dann seit 1970 im Verhältnis 1:2 stärker auf die Bergbaugesellschaften abgewälzt wurden. Nach 1975 zog sich der Staat noch stärker aus dem Wohnungsbau in den Bergbaustädten zurück. Der Rückzug des Staates aus der Verantwortung hat Auswirkungen auf die Einordnung der neuen Stadt in den sie umgebenden Raum. Die Dominanz der Bergbaugesellschaften führt zur Ausrichtung der Stadt ausschließlich auf die bergbaulichen Interessen hin. Zwar liegt die Bevölkerungszahl 1971 in Blackwater schon bei 1984 und erreicht 1976 bereits 4638, doch Innovationen für eine Intensivierung der Landwirtschaft, etwa zur Belieferung des städtischen Marktes, sind bisher kaum sichtbar geworden.

Die Versorgung der Bevölkerung wird von der Bergbaugesellschaft überregional organisiert. Der isolierten Ausrichtung auf den Bergbau auch bei allen späteren Bergbaustädten mit den Folgen für die räumliche Erschließung des Gebiets versucht die Regierung entgegenzuwirken, indem sie Konzepte zur Förderung der Privatinitiative in Angriff nimmt. Eine Maßnahme mit ersten Erfolgen ist die Förderung des Privateigentums an Häusern.

Wie im Bergbaugebiet um Blackwater ist die „flexible policy" des Staates auch bestimmend für den Kohlebergbau um Moranbah und Dysart mit den Abbaugebieten Goonyella, Peak Downs, Saraji, Harrow Creek und Norwich Park. Die Abbaugebiete Goonyella, Peak Downs und Saraji sollen nach Norden, und vor allem nach Süden, durch weitere Projekte ausgedehnt werden, die z.T. schon im Aufbaustadium sind. Zusammen mit den Abbaustandorten um Blackwater handelt es sich bei diesem Raum um das Kerngebiet des Kohlebergbaus im Bowen Becken (Abb. 37). Goonyella wurde 1971 eröffnet und hat 1981 eine Förderkapazität um 4,5 Mio. t Kokskohle pro Jahr. Die Kohle wird nach Japan exportiert, in geringem Umfang auch nach Europa (vor allem Italien) und nach Asien (vor allem Taiwan). Das Abbaugebiet Peak Downs begann 1972 mit dem Export, es hat 1981 eine Jahreskapazität von 5,4 Mio. t erreicht. Es bestanden langfristige Lieferverträge mit Japan über 3 Mio. t pro Jahr, die allerdings schon 1984 ausliefen. Das Saraji-Abbaugebiet begann 1974 mit der Kohleförderung und stützt sich ebenfalls auf Lieferverträge mit japanischen Stahlwerken (1,25 Mio. t pro Jahr). Seine Jahresproduktion lag 1981 bei 4,7 Mio. t Kokskohle. Das vierte Abbaugebiet, Norwich Park, begann Ende 1979 mit dem Export. Die Jahreskapazität, die hier gefördert werden kann, liegt bei 4,3 Mio. t. Die vier aufgeführten Tagebaugebiete kommen 1981 zusammen auf eine Jahreskapazität von 18,9

Abb. 38: Bergbaustadt Dysart, Ausbauphasen 1975–82

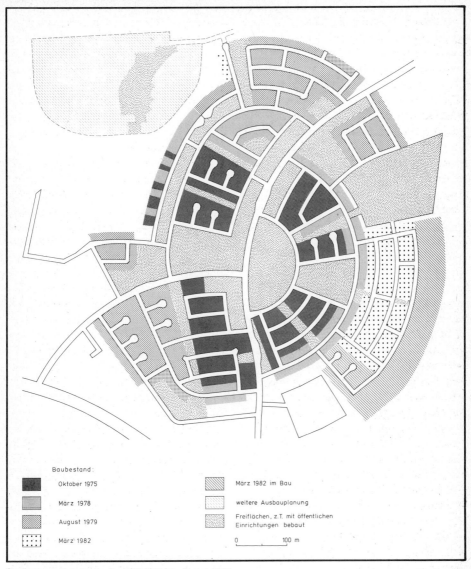

Baubestand:

▨ Oktober 1975	▨ März 1982 im Bau
▨ März 1978	░ weitere Ausbauplanung
▨ August 1979	▨ Freiflächen, z.T. mit öffentlichen Einrichtungen bebaut
⋮⋮ März 1982	0 100 m

Quelle: nach Unterlagen der UTAH Mining, Dysart 1982

Mio. t. Vier verschiedene Bergbaugesell-schaften (Utah Development Company, Mitsubishi Development Pty Ltd., Austra-lian Mutual Provident Society, Umal Conso-lidated Ltd.) haben sich zu Central Queens-land Coal Associates (CQCA) zusammen-geschlossen, um die verschiedenen Abbau-gebiete in einheitlicher Regie zu betreiben.

Als Wohnstandorte für die Beschäftigten im Bergbau und ihre Familien wurden zwei neue Städte gebaut: Für die Abbaugebiete

Goonyella und Peak Downs die neue Stadt Moranbah und für Saraji, Harrow Creek und Norwich Park die neue Stadt Dysart. In den vertraglichen Festlegungen zwischen der Central Queensland Coal Associates (CQCA) und der Regierung kam es zu differenzierten Regelungen. In der ersten Ausbaustufe in Dysart mit 500 Häusern wurden 333 von der CQCA und 167 von der staatlichen QSHC errichtet. Auch in der Trägerschaft der gesamten Infrastruktur kam es zu Absprachen, die auf die besonderen Verhältnisse in Moranbah und Dysart zugeschnitten waren. Die erste Bauphase in Dysart (1973–75) war fast ganz der Saraji Mine zugeordnet. In der Phase 1975–78 ergab sich eine Zuordnung der Häuser in folgender Reihenfolge: Saraji Mine, Harrow Creek, Norwich Park. Die anschließende Bauperiode bis August 1979 war dann überwiegend der Norwich Park Mine zugeordnet. Die Ausweitung in der Phase bis März 1982 wies die neugebauten Häuser im wesentlichen den Beschäftigten der Saraji Mine und der Norwich Park Mine zu. Diesem kontinuierlichen Ausbau der Stadt folgte eine entsprechende Bevölkerungsentwicklung: 1973 55 Einwohner, 1974 553, 1975 1190, 1976 1500, 1977 1735, 1979 2500, 1981 3500, 1982 4500 Einwohner (nach Angaben der Utah, 1982). Die beiden ersten Bauphasen in Dysart von 1973 und 1978 waren noch wesentlich mitgetragen von der staatlichen QSHC. Alle 167 vorgesehenen Gebäude waren bis März 1978 fertiggestellt. Die Gebäude der QSHC sind gleichmäßig über das gesamte damals bebaute Stadtgebiet verteilt. Der direkte Einfluß des Staates zeigt sich auch bei der Verteilung der Häuser für die leitenden Angestellten über das gesamte Stadtgebiet. Diese Durchmischung wird auch bei den späteren Bauperioden, die ausschließlich von der Bergbaugesellschaft getragen werden, beibehalten. Die Bergbaugesellschaften können es allerdings in Moranbah und auch in Dysart durchsetzen, daß die Häuser und Grundstücke der Direktoren (senior staff) sich von den übrigen Gebäuden unterscheiden und, vom Stadtgebiet abgehoben, für sich arrondiert sind. Im städtebaulichen Konzept ist die starke Durchdringung der Siedlung mit Freiflächen hervorzuheben. Im Zentrum der Stadt sind die Einkaufsfunktionen konzentriert.

Perspektiven der neuen Bergbaustädte
Im Kerngebiet des Bowen Beckens im zentralen Queensland, das vor der bergbaulichen Raumerschließung nur dünn besiedelt war, ist jetzt eine leistungsfähige Infrastruktur aufgebaut. In den Städten Blackwater, Moranbah und Dysart lebte 1982 eine Bevölkerung von ca. 16500 Personen. Der finanzielle Aufwand der Bergbaugesellschaften für die gesamte Infrastruktur machte oft über 50% der Gesamtkosten eines bergbaulichen Erschließungsprojektes aus. Aber auch die laufenden Kosten sind sehr hoch, denn nicht nur beim Bau der Serviceeinrichtungen der Städte, sondern auch bei der Unterhaltung sind Zuschüsse der Bergbaugesellschaften notwendig. Das jährliche Budget der unteren Verwaltungsebene besteht überwiegend aus Zuschüssen der Gesellschaften. Nicht nur Zuschüsse zum Budget sind notwendig, um die Bergbaustädte attraktiv zu machen, auch bei der Vermietung der Häuser an die im Bergbau Beschäftigten kann keine kostendeckende Miete erzielt werden. Alle Kosten, ausgenommen die Abgaben für den Strombezug, werden von der Bergbaugesellschaft getragen. Eingeschlossen ist zudem, ohne Kosten für den Mieter, ein umfassendes Instandsetzungsprogramm. Die durchschnittlichen Kosten für die Instandhaltung und Abgaben pro Haus und Jahr liegen in Blackwater bei 664 A\$, in Moranbah bei 480 A\$ und in Dysart bei 427 A\$. Durch das attraktive Wohnungsangebot wird ein Anteil von 70% verheirateter Beschäftigter erreicht. Die Attraktivität der Bergbaustädte dokumentiert sich auch in einer sehr niedri-

gen Mobilitätsrate. Sie betrug in der Anfangsphase nur 5% jährlich; inzwischen ist allerdings wegen der Vielzahl der Abbaugebiete im zentralen Queensland ein Arbeitsplatzwechsel leichter, so daß sich die Mobilität etwa bei 10% eingependelt hat: etwa 5% wechseln jährlich zu einer anderen Bergbaugesellschaft und weitere 5% gehen zurück in die Ballungsräume der städtischen Siedlungszone. Die Rückwanderung ist sehr häufig mitbegründet durch fehlende Arbeitsmöglichkeiten für Frauen. Für die Entwicklungsperspektiven der Bergbaustädte ist es sehr wichtig, daß es gelingt, mehr Interesse der Bewohner an „ihrer Stadt" zu wecken. Bisher gingen die Bewohner davon aus, daß alle Probleme bei den Häusern und bei der städtischen Infrastruktur durch die Bergbaugesellschaft erledigt wurden. Mit einem sog. „Home-Purchase"-Plan soll nun erreicht werden, daß der Anteil des Privateigentums an Häusern zunimmt. Zwei Bedingungen sind es vor allem, die den Kauf von Häusern durch die im Bergbau Beschäftigten attraktiv machen: einmal der Erwerb weit unter den Herstellungskosten und zweitens eine Rückkaufgarantie mit festgelegten Rückkaufpreisen für die Dauer von 15 Jahren. Ein „4-bedroom-house", das nach dem Purchase-Plan für 13 300 A$ an den Beschäftigten verkauft wird, liegt nach den entstandenen Gesamtkosten in einer Größenordnung von 40 000 A$ (Land, Steuern, Erschließungskosten, Herstellungskosten des Gebäudes). Für 15 Jahre wird eine Rückkaufgarantie auf der Basis einer Verzinsung des Kaufpreises in Höhe von 7,25% jährlich gegeben. Für die ersten sieben Jahre dieser Periode besteht ein Vorkaufsrecht durch die Bergbaugesellschaft. Um ein Haus kaufen zu können, muß man vorher ein Jahr bei der Bergbaugesellschaft beschäftigt gewesen sein; nach einem zehnjährigen Arbeitsverhältnis kann das Haus auch frei verkauft werden. Dieser „Home Purchase"-Plan, der für die Bergbaustädte Blackwater, Moranbah und Dy-

sart seit Ende 1981 propagiert wird, hat schon dazu beigetragen, daß die Zahl der Häuser im Privateigentum im Verlauf des Jahres 1982 etwa 10% erreichte. So kann in einem ersten Schritt ein verstärktes Interesse der Bewohner an der Entwicklung „ihrer Stadt" erreicht werden. Das Argument, daß die Bergbaustädte wohl nur zeitweise existieren würden, verliert an Bedeutung, vorhandene Befürchtungen werden durch die Rückkaufgarantie genommen.

Die Perspektiven des Bergbaus im Bowen Becken und damit der Städte und Siedlungen, die auf diesen Bergbau ausgerichtet sind, lassen sich am besten anhand der Ausbauplanungen beurteilen. Zahlreiche neue Projekte sind begonnen worden oder befinden sich in Vorbereitung. Vier neue Bergbaustädte wurden 1982/83 fertiggestellt: Middlemount, Tieri, Glenden und Nebo. Das Bowen Becken im zentralen Queensland ist eine Region „on the move" (6, S. 196).

Doch die Bedeutung für eine Ausweitung und Intensivierung der Landwirtschaft, wie sie sich bei Biloela, Clermont und Collinsville und auch bei Moura noch deutlich zeigte, tritt bei den späteren Bergbaustädten Blackwater, Moranbah, Dysart, Middlemount, Tieri, Glenden und Nebo ganz entscheidend zurück. Auswirkungen zeichnen sich dagegen wieder ab bei den landwirtschaftlichen Siedlungen Capella, Emerald und Rolleston, die seit 1980 beginnen, Wohnfunktionen für den sich ausweitenden Kohleabbau zu übernehmen.

4.2.3
Bergbauprojekte in der Streusiedlungszone – Pilbara Region/W.A.

Australien produzierte (1980) 96 984 000 t Eisenerz und lag damit nach der UdSSR an 2. Stelle vor USA, Brasilien und Kanada.

Abb. 39: Eisenerzabbau in der Pilbara Region (1982)

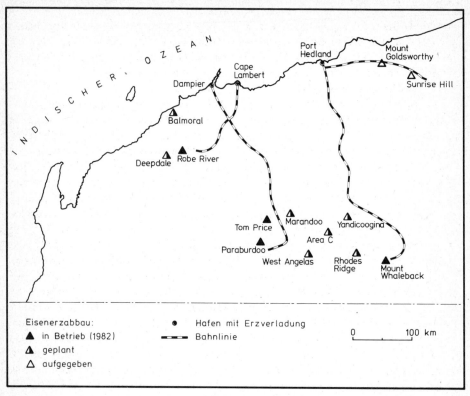

Quelle: nach Angaben des Department of Resources Development, Perth 1982

Etwa 74% der Eisenerzförderung Australiens werden in der Pilbara Region im Nordwesten von Westaustralien erzielt (160).

Das Konzept privater Raumerschließung
Zwischen den Bergbaugesellschaften und der westaustralischen Regierung wurden Raumerschließungs- und Nutzungsverträge abgeschlossen. Darin erhielten die Bergbaugesellschaften umfassende Raumordnungsfunktionen. Die einzelnen Gesellschaften führten die Erschließung unabhängig voneinander durch, doch nach einem ähnlichen Konzept. Die Raumerschließung erstreckte sich jeweils auf eine Küstenzone, eine Inlandzone und einen Korridor zur Verbindung der beiden Zonen. In einem vertrag-

lich zugewiesenen Areal der Inlandzone wurde ein Abbaugebiet erschlossen und in der Nähe eine Bergbaustadt mit der gesamten notwendigen Infrastruktur errichtet. Abbaugebiete und Bergbaustadt wurden durch eine Eisenbahnlinie mit der Küstenzone verbunden. Dort wurde ein Hafen speziell für die Verladung von Eisenerz neu angelegt oder ausgebaut und in seiner Nähe wiederum eine gesellschaftseigene Siedlung für die Beschäftigten in der Küstenzone errichtet (Abb. 39). Ein erster Raumerschließungs- und Nutzungsvertrag wurde 1963 abgeschlossen. Langfristige Abnahmeverträge für Erz waren die Voraussetzung für Erschließungsmaßnahmen. Die Konzeption einer privatwirtschaftlichen Raumerschließung in der Pilbara Region ist wesentlich durch die extreme klimatische Ausgangssituation bestimmt (78, S. 88; 65, S. 93 ff.). Das durchschnittliche Temperaturmaximum in der Sommerperiode liegt bei 35–37° C in der Küstenzone und bei 40° C in der Inlandzone; in der Winterperiode sind die entsprechenden Werte 20° C und 15° C. Niederschläge (250–300 mm) fallen in den Sommermonaten meist als Starkregen im Zusammenhang mit Wirbelstürmen. Bei allen Baumaßnahmen müssen Vorkehrungen gegen die Wirbelsturmgefahr getroffen werden, auch die extremen Temperaturverhältnisse sind beim Häuserbau zu berücksichtigen (Klimaanlage). Da die Niederschläge innerhalb kurzer Zeiträume fallen, verursachen sie immer wieder Schäden an den Verkehrsverbindungen durch Über- und Unterspülungen von Eisenbahnen und Straßen. Weil die Flüsse in der Pilbara Region nur vorübergehend Wasser führen, ist die Sicherung der Wasserversorgung in der Inlandzone schwierig.

Die klimatische Ausgangssituation der Pilbara Region war ein Grund für die Entscheidung der Regierung von Westaustralien, das Erschließungsrisiko vertraglich auf die Bergbaugesellschaften zu verlagern. Rechtliche Bedingungen kamen hinzu. Ein seit 1938 bestehendes Exportembargo für Eisenerz wurde erst 1959/60 aufgehoben. Ganz im Gegensatz zu den anderen australischen Staaten wurde in Westaustralien keine intensive private Prospektion betrieben, da alle Vorkommen der Krone vorbehalten waren. In der bergbaulichen Erschließung des Nordwestens entstand so eine Verzögerung von etwa 10 Jahren, vor allem fehlte eine allmähliche, sukzessive Erschließung. Nach der Änderung der rechtlichen Voraussetzungen 1960 verlief der Prozeß der Inwertsetzung des Raumes sehr stürmisch. In einer sehr kurzen Zeitspanne waren hohe Investitionen notwendig, die von der Regierung Westaustraliens nicht erbracht werden

konnten, zumal man weiterhin an restriktive Kreditbedingungen der Bundesregierung in Canberra gebunden war. Die vertragliche Verlagerung des Erschließungsrisikos auf private Gesellschaften muß vor diesem Hintergrund gesehen werden.

Abbaustandorte und Bergbaustädte
Die Mt. Whaleback-Lagerstätten liegen im Südosten der Pilbara Region, sind etwa 5,5 km lang und haben eine Mächtigkeit von über 500 m. Um Schichten hochwertigen Hämatits abbauen zu können, müssen auch größere Mengen geringerwertigen Erzes gefördert werden. Zur Nutzung dieses minderen Erzes war eine Aufbereitungsanlage erforderlich.

Die Erschließungsarbeiten in der Inlandzone am Mt. Whaleback begannen 1967 durch die „Mt. Newman Mining". Anteile dieser Gesellschaft liegen in Australien (60%), USA (25%), Japan (10%) und Großbritannien (5%). Mehr als 2,5 Mio. t Abraum fielen an, ehe drei Erzbänke von 738, 747 und 762 m Höhe erschlossen waren. Große Teile des Abraumes wurden als Füllmaterial für beabsichtigte Baumaßnahmen und für den Wege- und Straßenbau genutzt. Weitere erzführende Schichten wurden inzwischen erschlossen. 1980 arbeitete man an 14 Schichten mit Höhen zwischen 565 und 780 m. Das Abbaugebiet hat eine Jahreskapazität von 40 Mio. t Erz, dabei fallen 60 Mio. t Abraum an. Abbau, Aufbereitung und Verladung sind hochtechnisiert. Gleichzeitig mit den Erschließungsmaßnahmen im Abbaugebiet begann der Aufbau der Bergbaustadt Newman. Noch 1967 wurde mit 96 vorgefertigten Häusern der Anfang gemacht. Zusätzlich zu den Erschließungsaufgaben in der Inlandzone erfolgte der Ausbau einer 426 km langen Eisenbahn, die mit parallelen Fahrwegen und Versorgungsstationen wie ein Korridor die Inlandzone mit der Küstenzone verbindet. An der Küste selbst wurde in Port Hedland ein neuer gro-

Tab. 31: Bevölkerungsentwicklung in den Städten der Pilbara Region 1971 – 1981

	1971	1971–76 in %	1976–81 in %	1981
Pilbara Region	26661	+32,6%	+22,6%	43342
Inlandzone				
Goldsworthy	1020	– 0,62%	– 1,37%	923
Marble Bar	394	– 7,84%	+ 6,38%	357
Newman	3906	+ 3,65%	+ 3,19%	5466
Pannawonica	–	–	–	1170
Paraburdoo	2977	– 4,20%	– 0,38%	2357
Shay Gap	–	–	– 0,07%	853
Tom Price	3426	– 1,40%	+ 2,08%	3540
Wittenoom	422	+17,92%	–23,81%	247
Insgesamt	12145	+ 9,8 %	+11,8 %	14913
Küstenzone				
Dampier	3585	– 5,32%	– 1,95%	2471
Karratha	1838	+18,21%	+14,47%	8341
Onslow	349	– 8,82%	+21,97%	594
Port Hedland	7229	+ 9,04%	+ 3,05%	12948
Roebourne	1515	– 2,02%	+ 4,29%	1688
Wickham	–	–	+ 0,64%	2387
Insgesamt	14516	+51,16%	+29,14%	28429

Quelle: 160, S. 26

ßer Verladehafen ausgebaut und eine Siedlung für die Beschäftigten in Cooke Point im Osten von Port Hedland errichtet. Am Mt. Whaleback wurde 1979 eine weitere Aufbereitungsanlage in Betrieb genommen. Trotz eines sehr hohen Mechanisierungsgrades bei Abbau, Aufbereitung und Verladung kann mit einem kontinuierlichen Wachstum der Bergbaustadt Newman gerechnet werden (Tab. 31). Mit Stand 1981 hatte Newman 5466 Einwohner, die in 978 Einfamilienhäusern, 336 Etagenwohnungen und 571 Einzimmerapparatements wohnten. Gebäude, Straßen und die gesamte Infrastruktur befanden sich im Eigentum der Bergbaugesellschaften, die allein das städtebauliche Konzept bestimmen konnten. Im Mittelpunkt der Stadtanlage liegen in Newman die Versorgungseinrichtungen. Um diese zentrale Mitte herum gruppieren sich die Wohnhäuser in lockerer Bebauung. Gebäude und Wohnungen weisen attraktive Grundrißgestaltung auf und sind voll klimatisiert. Sie werden an die Beschäftigten der Bergbaugesellschaft zu niedrigen Mieten vergeben. Strompreise und Kosten der Aircondition sind subventioniert wie auch der Bezug von Wasser (Bewässerung der Gärten). Öffentliche Einrichtungen, vor allem auf dem sozialen Sektor und zur Erholung stehen zur Verfügung, ohne daß die Bewohner dafür Gemeindeabgaben zu tragen hätten. Auch die Einkaufsmöglichkeiten in den gesellschaftseigenen Supermärkten werden stark bezuschußt. In diesen umfassenden Bemühungen kommt die Bergbaugesellschaft den Interessen ihrer Beschäftigten entgegen. Bei den Arbeitskräften ist die Altersgruppe von 20 bis 30 am stärksten vertreten. Es handelt sich zumeist um alleinstehende Arbeitskräfte aus den Verdichtungsräumen Australiens oder um Einwanderer aus Übersee. So sind z. B. in Newman nur 55% der Beschäftigten gebürtige Australier, die übrigen sind Einwanderer. Das entscheidende Motiv für die Zuwanderung in die Bergbaustädte der Pilbara Region ist der sichere Arbeitsplatz mit guten Verdienstmöglichkeiten. Bei Befragungen in Newman 1971 gaben 69,1% der Befragten, 1972 63,5% die Verdienstmöglichkeiten als Grund an für ihre Entscheidung für die Bergbaustadt (47, S. 66). Die Zuwanderung allein wegen der guten Verdienstmöglichkeiten hat in den Bergbaustädten zu einer sehr hohen Mobilitätsrate geführt. In den Anfangsjahren wurde fast die gesamte Belegschaft innerhalb eines Jahres ausgetauscht. Nur ein kleiner Teil der Bewohner (5–10%) blieb länger als zwei Jahre. Die hohe Mobilitätsrate von 1970–72 ging in den späteren Jahren bis auf 8% (1983) zurück. Von den 3527 Beschäftigten der Mt. Newman Mining in der Abbauzone (Newman) und der Verladezone (Port Hedland) waren mit Stand Juni 1983 12% länger als 10 Jahre am gleichen Ort und 48% länger als 5 Jahre. Für diese Stabilisierung lassen sich verschiedene Gründe anführen, entscheidend aber ist vor allem die Verschlechterung der Arbeitsmarktlage in Australien.

Die „Hamersley Iron" ist mit zwei Abbaugebieten in der Pilbara Region tätig, nämlich in Tom Price und Paraburdoo. Gesellschaftsanteile befinden sich in Großbritannien/Australien (65,5%), USA (28,3%), Japan (6,2%). Das Eisenerzvorkommen von Mt. Tom Price hat eine Länge von 6,4 km, eine Breite von 1,2 km und eine Mächtigkeit von fast 120 m. Der Eisengehalt liegt bei 64%. Die vertraglichen Abmachungen mit der westaustralischen Regierung und ein langfristiger Abnahmevertrag mit japanischen Stahlfirmen waren Voraussetzung für den Beginn der Erschließungsmaßnahmen im Inland und in der Küstenzone. 1965 wurde die Erzgrube erschlossen, mit dem Bau der nahegelegenen Bergbaustadt Tom Price begonnen, eine 293 km lange Eisenbahnlinie mit der Küste geschaffen und dort ein Hafen und eine Hafenstadt, Dampier, gebaut. Bis zum Ende des Jahres 1977 wurden in diese Erschließungsmaßnahmen 914 Mio. A$ investiert. Eine weitere Erzgrube wurde in Paraburdoo erschlossen und bereits 1972 durch eine 100 km lange Eisenbahn mit Tom Price verbunden. Die gesicherten Eisenerzreserven belaufen sich in Tom Price auf 590 Mio. t, in Paraburdoo auf 401 Mio. t. Mit dem Aufbau von Tom Price wurde 1966 begonnen. Ende 1976 hatte Tom Price 780 Einfamilienhäuser und 571 Einzimmerappartements. Alle Häuser und Wohnungen befanden sich im Eigentum der Bergbaugesellschaft. Die Bevölkerung vom Tom Price betrug 3139 (1976). Eine Erweiterung um 175 Häuser wurde vorgenommen, die Einwohnerzahl stieg bis 1981 auf 3540 Personen (Tab. 31). Mit dem Aufbau der Bergbaustadt Paraburdoo wurde 1971 begonnen. In dieser Stadt befanden sich 573 Häuser und 392 Einzimmerappartements (1976). Für Familien wurden Einfamilienhäuser unterschiedlicher Größe angeboten, für alleinstehende Arbeitnehmer standen möblierte Einzimmerwohnungen zur Verfügung. Sport- und Erholungseinrichtungen kamen in beiden Städten in großer Variationsbreite hinzu. Allgemein läßt sich zur Ausstattung dieser Company Towns sagen, daß sie Städte ähnlicher Größe in Australien übertreffen und eigentlich nur mit den Vororten der großen Städte verglichen werden können. (78, S. 92) 79,3% der Beschäftigten bei Hamersley Iron wechselten 1970 ihren Arbeitsplatz. Inzwischen ist diese Mobilitätsrate jedoch auf 21,3% gesunken (1981). Die Veränderungen bei den Angestellten waren stets geringer, sie lagen 1970 bei 25,8% und 1980 bei 19,7%.

Die Bergbaustandorte der Goldsworthy Mining – Beteiligungen kommen aus Großbritannien (46,7%), USA (33,3%), Australien (20%) – liegen im Norden der Pilbara Region bei Mt. Goldsworthy und Sunrise Hill. Mit einer Investition von 130 Mio. A$ wurden seit 1965 die Abbaugebiete erschlossen und Bergbaustädte in Goldsworthy und Shay Gap aufgebaut. Eine 180 km lange Eisenbahnlinie verbindet sie mit den Verladeeinrichtungen in Port Hedland. Die Zahl der Beschäftigten (508) und der Einwohner (1059) in Goldworthy und in Shay Gap mit 326 Beschäftigten und einer Bevölkerung von 722 (1979) wird sich allmählich verringern, denn die Erzvorräte im Bereich der Abbaustandorte Mt. Goldworthy und Sunrise Hill werden in den nächsten Jahren erschöpft sein. Die Auflösung der zugeordneten Bergbaustädte Goldsworthy und Shay Gap war schon für 1982 vorgesehen. Durch die Erschließung weiterer kleinerer Erzvorkommen wurde sie aber bis 1988 hinausgeschoben. Dann soll in einem neuen Gebiet (Area C) mit dem Abbau von Eisenerz begonnen werden (Abb. 39).

Auch von der Cliffs Robe River Iron Gesellschaft – Anteile der Gesellschaft sind in Australien (40%), Australien/USA (30%), Japan (30%) – wurde ein Gebiet der Inlandzone, der Küstenzone und ein Korridor als Verbindung entwickelt. In der Nähe des Abbaugebietes entstand die Bergbaustadt Pannawonica. Die Verbindung mit der Küste erfolgte durch eine 163 km lange Eisenbahnlinie; Verladeeinrichtungen entstanden im Hafen Cape Lambert und eine Siedlung für die dort Beschäftigten in Wickham. Die Eisenerzvorräte bei Panawonica werden auf 250 Mio. t geschätzt. Die Erschließungsmaßnahmen dieser Gesellschaft begannen 1970. Bereits 1972 konnte das erste Eisenerz verschifft werden. Für die Anfangsphase der Erschließung wurden 275 Mio. A$ investiert.

Standorte der Küstenzone

Abbau und Aufbereitung des Eisenerzes weisen einen sehr hohen Rationalisierungsgrad auf. Nach Schätzungen der Bergbaugesellschaften (1979) soll die Eisenerzproduktion von 93,2 Mio. t (1980) auf 130,4 Mio. t (1985) gesteigert werden (Steigerung 39,9%). Die Zahl der Beschäftigten dagegen soll sich nur von 4610 auf 5294 erhöhen (14,8% Steigerung).

Die Bergbaustädte der Inlandzone der Pilbara Region sind isolierte Bevölkerungskonzentrationen ohne Verbindung untereinander. Der polyzentrische Aufbau der Infrastruktur schließt für die Bergbaustädte eine Entwicklung zu leistungsfähigen Größenordnungen aus. Die von den Arbeitskräften geforderte attraktive Infrastruktur kann nur auf Subventionsbasis durch die Bergbaugesellschaften erbracht werden. Eine Kontinuität ist nicht für alle Abbaugebiete und Bergbaustädte gesichert, wie die bevorstehende Auflösung von Goldsworthy und Shay Gap belegt, wenn 1988 die Eisenerzvorkommen erschöpft sein werden. Im Gegensatz zur Inlandzone ist die Ausgangssituation für eine dauerhafte Inwertsetzung in der Küstenzone wesentlich günstiger. Trotz polyzentrischer Ausgangslage als Ergebnis der Erschließungskonzeption durch die einzelnen Bergbaugesellschaften bilden sich Schwerpunkträume heraus und es zeigen sich erste Innovationen durch Nachfolgeindustrien. Die Städte der Küstenzone sind von Anfang an keine geschlossenen Städte gewesen, die ausschließlich den Bergbaugesellschaften gehörten (Company Towns) wie in der Inlandzone. Es handelt sich vielmehr um sog. „mixed towns", in denen nur Teile der Stadt (einzelne Häuser oder Siedlungsgebiete) Eigentum der Gesellschaften sind. Die besonderen Begünstigungen, die nur den im Bergbau Beschäftigten zukommen, führen jedoch in diesen gemischten Städten zu Spannungen mit den übrigen Bewohnern.

Eine verstärkte Inwertsetzung erfährt die Küstenzone durch das Nordwest-Shelf-Gas-Projekt. Dieses vor der Nordwestküste Australiens erschlossene Gasfeld hat beträchtliche Reserven und soll durch einen Verbund mit den anderen australischen Gasvorkommen eine gesicherte Energieversorgung in allen Teilen des Kontinents gewährleisten. Die westaustralische Regierung hat bislang dem umfangreichen Verbundnetz ihre Zustimmung versagt und entschieden, daß die Pilbara Region mit Erdgas beliefert wird, der Ballungsraum Perth durch eine 1200 km lange Pipeline versorgt wird, und daß 53% der bisher bekannten Reserven für den Export freigegeben werden. Die Gesamtinvestitionen für dieses Projekt mit zwei Plattformen im Fördergebiet, Verflüssigungsanlage im Bereich der Küstenzone bei Dampier, Pipelinebau etc. erreichen enorme Größenordnungen: Das Nordwest-Shelf-Projekt mit einem Investitionsvolumen von 11 Mrd. A$ soll 1984/85 mit der Produktion für den einheimischen Markt beginnen, 1987 soll dann auch die Produktion für den Export, vor allem nach Japan, anlaufen. Die wirtschaftliche Entwicklung in der Küstenzone der Pilbara Region wird dadurch belebt werden und die schwerpunktmäßige Verlagerung der Bevölkerung in die Küstenzone wird sich weiter verstärken.

Entwicklungsperspektiven der Pilbara Region – Landwirtschaft, Bergbau, Tourismus

Siedlungsstützpunkte einer viehwirtschaftlichen Nutzung der Pilbara-Region seit 1863/64 waren Roebourne mit dem Hafen Cossack und Port Hedland. Die ungünstigen Klimabedingungen und die großen Entfernungen zu den Absatzmärkten machten die Viehhaltung problematisch. Kurzfristig entstand eine regionale Nachfrage während der Goldbergbauperiode Ende des 19. Jahrhunderts. Für Kossack und Port Hedland war die Perlenfischerei in den 1860er und 1870er Jahren von Bedeutung. Gestützt auf diese Zentren konnte sich die Viehhaltung in der Pilbara Region halten und seit 1912 durch eine Schiffsverbindung auch den Markt in Perth erreichen. Seit der Proklamation der Pilbara Goldfelder 1888 bestimmte der Bergbau die wirtschaftliche Entwicklung

dieser Region. Doch es waren immer nur kurze Phasen positiver wirtschaftlicher Entwicklung wie die Goldgewinnung bei Marble Bar und im Gebiet von Nullagine, und der Kupferabbau bei Whim Creek. Von größerer Dauer war der Abbau von Asbest bei Wittenoom seit 1937. Wie bei allen anderen Aktivitäten verursachten auch beim Asbestabbau die großen Entfernungen, mangelhafte Straßen und fehlende Eisenbahnverbindungen große Kosten. Nur dank guter Exportkontrakte konnte der Asbestabbau von 1937 bis 1966 erfolgen, er scheiterte dann an den fehlenden Absatzmärkten, aber auch wegen der Gesundheitsschäden beim Abbau des schwarzen Asbests.

Neue Entwicklungsperspektiven für die Pilbara Region brachte erst der Eisenerzboom, der 1960 durch die Aufhebung des Exportembargos für Eisenerz möglich wurde. Erzabbaugebiete wurden erschlossen: Mt. Whaleback und Mt. Tom Price-Paraburdoo, Mt. Goldsworthy-Sunrise Hill. Leistungsfähige Verladeeinrichtungen entstanden in den Häfen Port Hedland, Dampier und Cape Lambert. Vier Eisenbahnstrecken mit Normalspur wurden angelegt: Newman-Port Hedland (426 km), Paraburdoo-Dampier (393 km), Shay-Gap-Port Hedland (180 km), Pannawonica-Cap Lambert (167 km). Neue Städte mit einer vielfältigen Infrastruktur entstanden: Tom Price, Paraburdoo, Dampier, Karratha, Pannawonica, Wickham, Goldsworthy, Shay Gap, Newman und South Hedland. Umfangreiche Maßnahmen wurden zur Sicherung der Wasserversorgung für die Städte und den bergbaulichen Bedarf getroffen. In der Inlandzone wurde dazu der Grundwasserstrom in den meist trockenen Flußbetten angezapft, so bei Newman der Grundwasserstrom des Fortescue und seine Nebenflüsse. Zum Ausgleich für das entnommene Grundwasser wurde 1981 ein Dammprojekt fertiggestellt, das die Starkregen von November bis April auffangen und allmählich an den Grundwasserstrom des Flusses abgeben kann. Ähnlich ist die Wasserversorgung in den anderen Bergbaustädten, z. B. Pannawonica mit 4 Bohrstellen im Robe-Fluß, wo die Wasserentnahme bisher durch den Fluß selbst ersetzt wird. Tom Price sichert seine Wasserversorgung durch 17 Bohrstellen in drei verschiedenen Flußbetten. Auch hier wird das entnommene Wasser durch die periodische Wasserführung der Flüsse wieder ersetzt.

Die Infrastruktur des Eisenerzabbaus (verbesserte Nutzung der Grundwasserreserven, Ausbau der Straßen innerhalb der Pilbara Region und der Verbindungen mit Perth) verbesserten auch die Bedingungen für die Landwirtschaft. Die Fleischrinder-Haltung steigerte sich von 58 000 auf 106 000 Tiere, die Schafhaltung zur Wollproduktion dagegen ging im gleichen Zeitraum (1972/73 – 1981/82) um 28,7% auf 371 000 Schafe zurück. Auswirkungen auf die landwirtschaftliche Nutzung in benachbarten Räumen sind ebenfalls in Ansätzen erkennbar. So bringen z. B. die Städte der Pilbara Region Absatzmöglichkeiten für das weiter südlich gelegene Bewässerungsgebiet um Carnarvon. Seit Jahrzehnten dominierten in diesem Areal zu beiden Seiten des Gascoyne-Flusses Bananenplantagen, die durch Wirbelstürme wiederholt zerstört wurden. Die Verstärkung des Gemüseanbaus dank der Absatzmöglichkeiten in der Pilbara Region macht dieses Bewässerungsgebiet krisensicher (175, S. 86 ff.; 121, S. 5). Von der Infrastruktur des Erzbooms sind für den sekundären Wirtschaftssektor bisher kaum Impulse ausgegangen. Die verarbeitende Industrie findet regional keine Rohstoffe vor und muß das benötigte Material mit hohen Transportkosten einführen. Bisher existieren in der gesamten Pilbara Region 37 Betriebe mit 588 Beschäftigten des sekundären Wirtschaftssektors. Nur ein ganz geringer Anteil der regionalen Nachfrage kann von diesen Betrieben befriedigt werden, es ist günstiger, die Pilbara Region mit Fertigwaren von au-

ßen zu versorgen. Im tertiären Wirtschaftssektor ist die Bevölkerung in den Städten der Pilbara Region auf die regionale Versorgung angewiesen. Höhere Preise auf dem Lebensmittelsektor sind unumgänglich. Sie lagen z. B. 1982 in Port Hedland 16% über dem Preisgefüge in Perth, in Marble Bar sogar 33% darüber.

Im Erzboom der 70er Jahre nahm die Bevölkerung in der Pilbara Region pro Jahr durchschnittlich um 5,1% zu. Sie hat sich inzwischen in der Größenordnung um 45 000 stabilisiert, die weitere Bevölkerungsentwicklung wird weniger stürmisch verlaufen. Man rechnet bis zum Jahre 1992 mit einem Bevölkerungszuwachs von durchschnittlich 1,2% pro Jahr.

Der auf den Export ausgerichtete Eisenerzabbau in der Pilbara Region bekam die weltweite Stahlkrise zu spüren. Auch hier gab es Arbeitslose, 1981 betrug ihre Zahl bei 23 452 Erwerbstätigen 1252 (160, S. 30). Die veränderte wirtschaftliche Situation führte zu einer stärkeren Standortbindung auch in den Bergbaustädten der Abbauzone.

Das Interesse der Bevölkerung an demokratischer Mitwirkungsmöglichkeit, aber auch das Bemühen der Regierung von Westaustralien um gleiche administrative Raumorganisation im gesamten Staatsgebiet hat 1982 zum Programm der „Normalisation" geführt. Die Bergbaugesellschaften ziehen sich danach allmählich aus allen kommunalen und staatlichen Aufgabenbereichen zurück. Durch Vertrag gehen die Infrastruktureinrichtungen an den Staat über (z. B. Schulen, Krankenhäuser etc.) und an die kommunale Verwaltungsorganisation, den Kreis (Straßen, Wege, Grünflächen). In den Verträgen sind Kaufpreise genannt, die aber nicht dem realen Wert der Einrichtung entsprechen, sondern weitgehend fiktiv sind. Im Übernahmevertrag von Newman durch den Kreis East Pilbara wird z. B. der Kaufpreis von 1 A\$ genannt. Im Ergebnis beenden diese Übernahmeverträge eine umfassende privatwirtschaftliche Verwaltungs- und Raumorganisation in den Bergbaustädten der Pilbara Region. Die Bergbaustadt Newman wurde in den Kreis East Pilbara mit Sitz Marble Bar eingefügt; die Bergbaustädte Tom Prive und Paraburdoo in den Kreis West Pilbara mit Sitz in Onslow, Dampier und Wickham in den Kreis Roebourne mit Sitz in Karratha. Die Kreise können ihre neuen Aufgaben nur durch hohe Haushaltszuschüsse der Bergbaugesellschaften erfüllen. Das geschieht über einen „Normalisation Trust Fund", der den Bergbaugesellschaften auch weiterhin beträchtlichen Einfluß sichert. Wichtiger Bestandteil des Programms zur „Normalisation" sind Pläne zur Durchsetzung privaten Hauseigentums in den Bergbaustädten. Verschiedene Risikofaktoren für Haus- und Grundbesitz in der Pilbara Region können nur durch entsprechend günstige Angebote ausgeglichen werden. Risikofaktoren sind die klimatische Extremsituation, Wirbelsturmgefahr vor allem in der Küstenzone, einseitige Ausrichtung auf den Erzabbau. Bei den „Home Purchase"-Plänen der Bergbaugesellschaften in der Pilbara Region werden diese Unsicherheiten berücksichtigt. Der festgesetzte Verkaufspreis der Häuser liegt unter den Herstellungskosten und ist in gleichen Jahresraten in einem Zeitraum von 15 Jahren zu bezahlen. Für diese Zeit gibt es eine Rückkaufgarantie mit festgesetzter Wertsteigerung, z.B. bei einem Verkaufspreis von 39 000 A\$ beträgt der garantierte Rückkaufpreis nach 15 Jahren 104 910 A\$. Günstige Preise und die Rückkaufgarantie (20 Jahre) eliminieren weitgehend die vorhandenen Risikofaktoren. Die Projekte zum Erwerb privaten Hauseigentums waren recht erfolgreich. Hamersley Iron konnte im ersten Jahr des „Home Purchase Program" (August 82 – August 83) ca. 14% der Häuser in das Eigentum der Bewohner überführen. Von der Mt. Newman Company sind bis April

1983 bereits 800 Häuser verkauft worden. Dank der „Normalisation" in den Bergbaustädten stehen jetzt in allen diesen Orten mit Ausnahme von Goldworthy und Shay Gap die Infrastruktureinrichtungen auch allen Besuchern zur Freizeitgestaltung und Erholung zur Verfügung. Das bisherige jährliche Übernachtungspotential (1981/82) lag bei 180 000, davon 141 000 Übernachtungen von Besuchern aus Westaustralien, 33 000 aus anderen australischen Städten und 6000 aus Übersee (nach W. A. Department of Tourism, 1983). Grundlage für eine touristische Entwicklung in der Pilbara Region kann nur der Touristenstrom aus Australien selbst sein. Im Durchschnitt der Jahre 1979–82 kamen 134 000 Besucher jährlich in die Pilbara, davon 83% aus Westaustralien, besonders aus Perth (61%). Der wirtschaftlichen Ausrichtung entsprechend gab es beim Geschäftsreiseverkehr 67 000 Besuche, denn das gesamte Management der Bergbaugesellschaften ist in Perth konzentriert, nur die Mt. Newman Mining hat ihren Sitz nach Port Hedland verlegt und auch einen Teil des Managements dorthin verlagert. Geschäftsbesuche sind meist Kurzaufenthalte mit einer oder zwei Übernachtungen. 16 000 Personen besuchten Verwandte und Freunde und 46 000 hielten sich in der Pilbara Region zur Freizeitgestaltung und Erholung auf. Der Zustrom der Touristen konzentriert sich auf die Monate Mai bis Oktober, vor allem Juli bis Oktober (51,7% aller Besuche). In dieser Zeit sind die klimatischen Bedingungen sehr günstig für Caravaning und Camping. 28,7% aller Besucher der Pilbara Region wählen diese Form der Übernachtung. 45% der Besucher übernachten in Hotels, 17,3% bei Freunden oder Verwandten. Mit neuen touristischen Einrichtungen zielt man auf Besucher, die in ihrer Freizeit und zur Erholung in die Pilbara Region kommen. Zentrum der Entwicklung des Tourismus soll ein neuer Touristenkomplex „New Wittenoom" werden, 14 km südöstlich

Abb. 40: Bergbauliche Raumentwicklung – Pilbara Region

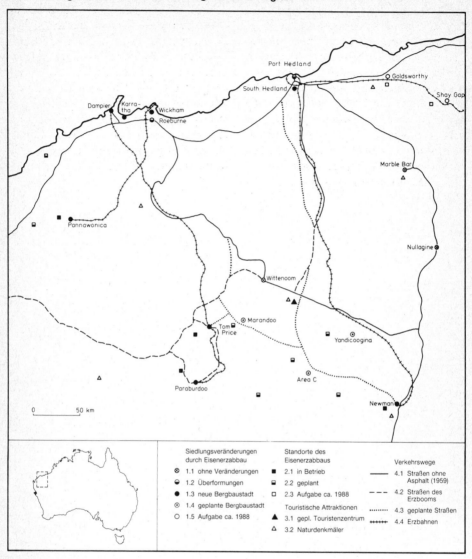

Siedlungsveränderungen durch Eisenerzabbau
⊗ 1.1 ohne Veränderungen
◒ 1.2 Überformungen
● 1.3 neue Bergbaustadt
⊙ 1.4 geplante Bergbaustadt
○ 1.5 Aufgabe ca. 1988

Standorte des Eisenerzabbaus
■ 2.1 in Betrieb
▣ 2.2 geplant
□ 2.3 Aufgabe ca. 1988

Touristische Attraktionen
▲ 3.1 gepl. Touristenzentrum
△ 3.2 Naturdenkmäler

Verkehrswege
— 4.1 Straßen ohne Asphalt (1959)
--- 4.2 Straßen des Erzbooms
···· 4.3 geplante Straßen
+++++ 4.4 Erzbahnen

Quelle: 145, S. 16

des heutigen Wittenoom (Abb. 40). Geplant sind bereits für 1986 ein Hotel-/Motelkomplex und großräumige Camping- und Caravanparks.

Diese neuen Planungen für eine verstärkte touristische Erschließung der Pilbara Region sind in ihrer Durchführung noch nicht gesichert, sie dokumentieren aber das Bemühen, die Infrastruktur des Bergbaus für eine differenzierte Inwertsetzung des Raumes zu nutzen. Eine Integration der bergbaulichen Aktivitäten in ein Konzept zur Erschließung des gesamten Kontinents ist häufig nicht durchzusetzen. Bei seiner geringen Bevölkerung im Verhältnis zur Größe des Landes verfügt Australien nicht über die notwendige Finanzkraft, man ist bei den Bergbauprojekten auf das Engagement internationaler Gesellschaften angewiesen. Die privatwirtschaftliche Raumerschließung, wie sie ohne die Beteiligung des Staates in der Pilbara Region erfolgte, wird seit 1982 durch ein „Normalisierungsprogramm" vom Staat übernommen, doch die neue Verwaltungsorganisation bleibt weiterhin von den Zuschüssen der Bergbaugesellschaften abhängig. Der Beschäftigungseffekt der hochtechnisierten Rohstoffgewinnung steht in keinem Verhältnis zum Erschließungsaufwand. Eine gesteigerte Wertschöpfung und Beschäftigungseffekte kann der Export von verarbeiteten Rohstoffen bringen. Auf einigen Sektoren gibt es hier gute Voraussetzungen, z. B. die Verarbeitung von Bauxit zu Tonerde und Aluminium. Wenn die Weiterverarbeitung der Rohstoffe vor dem Export nicht stark intensiviert wird, dann ist die vielfach geäußerte Kritik am „Ausverkauf des Landes" berechtigt.

5 Ausblick – Trends und Probleme

Als Lieferant von landwirtschaftlichen und bergbaulichen Rohstoffen ist Australien in seinen außenwirtschaftlichen Verflechtungen auf die industriellen Schwerpunkträume in Westeuropa, USA und Japan ausgerichtet. Hier vor allem liegen die traditionellen Export- und Importmärkte Australiens. Doch im Rahmen dieser weltwirtschaftlichen Einbindung gibt es seit den 30er Jahren bedeutsame Veränderungen.

Die sechs Kolonien des australischen Kontinents waren in ihren wirtschaftlichen Beziehungen von Anfang an ganz auf Großbritannien ausgerichtet. Das änderte sich auch nicht, als das „Federal Commonwealth of Australia" sich seit 1901 selbst regierte. Bei diesem Status eines „Dominion", wie es seit 1907 offiziell bezeichnet wurde, gab es weiterhin starke Bindungen an Großbritannien (Königshaus, Außenpolitik, Schutzfunktion der britischen Flotte). Die verbliebenen Abhängigkeiten wurden von den Dominions nach und nach ohne große politische Auseinandersetzungen abgebaut. 1926 sprach man nur noch von autonomen Gemeinschaften, die Mitglieder des British Commonwealth of Nations waren. Die Britische Krone, die von allen Mitgliedsländern anerkannt wurde, symbolisierte den Zusammenhalt innerhalb des Commonwealth. Ein weiterer Faktor war die britische Flotte, die den Schutz der Mitgliedsstaaten gewährleistete. Der Zusammenhalt des Commonwealth bewährte sich im 2. Weltkrieg, denn die Dominions, so auch Australien, traten der britischen Kriegserklärung bei. Als Australien jedoch selbst auf dem südostasiatischen Kriegsschauplatz von Japan bedrängt wurde, erhielt es nach der Niederlage der britischen Flotte bei Singapur kaum noch Unterstützung vom Mutterland. Nur durch das Eingreifen der USA konnte der Sieg der Westmächte auch im Pazifik erreicht werden. Der zweite Weltkrieg schwächte die Stellung Großbritanniens im australpazifischen Raum und verstärkte die Ausrichtung Australiens auf die USA. Auch die außenwirtschaftlichen Verflechtungen Australiens verlagerten sich entsprechend. Der Export nach Großbritannien ging kontinuierlich zurück, von 55% (1938/39) auf 53% (1948/49), auf 31% (1958/59) und auf 12% (1968/69). Einen weiteren Einschnitt brachte der Beitritt Großbritanniens zur Europäischen Gemeinschaft (1973), wodurch vor allem die landwirtschaftlichen Exporte Australiens (Obst, Obstkonserven) mit hohen Zöllen belegt wurden. Der Anteil Großbritannien am australischen Gesamtexport ging zurück auf 4,5% (1974/75) und auf 3,2% (1981). Gravierend war der Rückgang auch bei den australischen Importen aus Großbritannien, sie fielen von 41% (1938/39) auf 7,3% (1981).

Diese Veränderungen im Warenaustausch mit Australien sind kennzeichnend für das gesamte Gebiet der heutigen EG-Staaten, die 1938/39 noch 71% der australischen Ausfuhr und 43% der australischen Einfuhr auf sich gezogen hatten. 1981 umfaßte der australische Handel mit dem industriellen Schwerpunktraum der EG-Staaten nur noch 19,2% seiner Einfuhr und 10,3% seiner Ausfuhr. Im gleichen Zeitraum (1938–81) wurden die Handelsverflechtungen Australiens mit den USA stark intensiviert. Die australische Ausfuhr konnte von 3% (1938/39) auf 11,7% (1979) gesteigert werden, ging dann aber 1981 auf 7,5% zurück. Entsprechend angewachsen ist auch die Einfuhr aus den USA von 15% (1938/39) auf 22,7% (1979) und 22,6% (1981) (181, S. 79 ff.; 214,

Tab. 32: Australien im weltwirtschaftlichen Verbund – 1977/1979/1981 –

	Export 1977	1979	1981	Import 1977	1979	1981
1. Gesamtwert des Exports/Imports in Mio. A$	12036	16715	18926	11036	14801	20694

2. Wichtige Warengruppen mit % Anteil am Gesamtexport

	1977	1979	1981
Steinkohle	11,6	9,1	12,2
Weizen	7,6	9,0	7,8
Wolle	8,8	7,9	7,4
Fleisch	8,0	11,1	7,0
Eisenerz	7,8	6,0	5,9
Bauxit/Tonerde	5,0	4,7	5,7
Zucker	4,9	2,7	5,3

3. Wichtige Exportländer mit % Anteil am Gesamtexport

	1977	1979	1981
Japan	32,9	22,8	24,7
EG-Länder	15,0	13,8	10,3
Großbritannien	4,1	4,3	3,2
BR Deutschland	3,3	2,8	1,6
USA	8,9	11,7	7,5
Neuseeland	4,9	4,8	4,6
Südkorea	1,7	2,7	3,4
UdSSR	2,5	2,9	3,2
VR China	3,4	4,2	2,9
Malaysia	1,6	2,1	2,3
Singapur	1,6	2,0	2,3

2. Wichtige Warengruppen mit % Anteil am Gesamtimport

	1977	1979	1981
Maschinen	16,8	16,8	18,7
Erdöl/Destillate	9,9	10,5	13,2
Kraftfahrzeuge	9,7	9,4	8,3
Elektrogeräte	9,2	7,9	7,4
Textilwaren, Gewebe	5,9	5,9	4,9
Feinmechanik, Optik	3,4	3,4	3,7
Eisen/Stahl	2,1	2,1	2,5

3. Wichtige Importländer mit % Anteil am Gesamtimport

	1977	1979	1981
USA	20,7	22,7	22,6
Japan	19,5	15,5	19,5
EG-Länder	25,2	25,0	19,2
Großbritannien	11,0	10,6	7,3
BR Deutschland	6,9	7,0	5,4
Italien	2,7	2,7	2,1
Frankreich	1,6	1,9	2,1
Saudi-Arabien	2,9	3,0	9,4
Neuseeland	3,1	3,3	3,2
Singapur	2,3	2,2	2,7
Kanada	2,7	2,9	2,5

Quelle: 31, S. 38ff.

1977/78, 1983). Nur mit dem dritten industriellen Schwerpunktraum der westlichen Welt, mit Japan, kann Australien eine positive Handelsbilanz erreichen. 1981 gehen 24,7% des australischen Exports nach Japan, am Import ist der Japanhandel mit 19,5% beteiligt (Tab. 32).

Der Warenaustausch mit den EG-Staaten, den USA und mit Japan ist sehr einseitig ausgerichtet und zeigt Merkmale des Handels mit Entwicklungsländern. Australien exportiert landwirtschaftliche und bergbauliche Erzeugnisse, Grundstoffe und auch Halbwaren, die dann weiterverarbeitet werden. So bestand z.B. der australische Export 1981/82 in die EG-Staaten zu 26,3% aus metallischen Rohstoffen, zu 20,9% aus Wolle und zu 13,4% aus Kohle; in die USA zu 23,4% aus Fleisch, zu 8,8% aus Zucker zu 6,9% aus metallischen Rohstoffen; nach Japan zu 29% aus Kohle, zu 21,7% aus metallischen Rohstoffen, zu 9,4% aus Wolle und zu 6,4% aus Weizen (214, 1983, S. 684ff.).

Aus den industriellen Schwerpunkträumen importiert Australien dagegen die Produkte der Grundstoff- und Investitionsgüterindustrie, Erzeugnisse, die zum Teil mit australischen Rohstoffen hergestellt sind. Dabei ergeben sich für den Import folgende Rangstufen: Beim Import aus dem EG-Bereich stehen Elektrogeräte mit 13,8% an erster Stelle, es folgen chemische Produkte mit 12,9%, Maschinenbau mit 12,1%, Straßenfahrzeuge mit 6,3%. Bei den Importen aus den USA liegen Elektrogeräte mit 17,2% an erster Stelle, gefolgt von Produkten des Maschinenbaus mit 13,6%, chemischen Erzeugnissen mit 10,5%, Straßenfahrzeugen mit 5,3%. Beim Import aus Japan liegen Straßenfahrzeuge mit 27,8% an erster Stelle, gefolgt von Elektrogeräten mit 10,6%, den Produkten der Unterhaltungselektronik mit 9,8% und Maschinenbau mit 9,1%.

Der für Australien kennzeichnende Warenaustausch mit den industriellen Schwerpunkträumen kann beispielhaft in den Handelsbeziehungen mit der Bundesrepublik Deutschland vorgestellt werden (Stand 1984, Unterlagen des Statistischen Bundesamts Wiesbaden): Das australische Exportvolumen von fast 2 Mrd. DM verteilt sich auf Produkte des Bergbaus mit 34,9%, Rohstoffe und Halbwaren, die in der deutschen Metallindustrie weiterverarbeitet werden mit 34,5% und landwirtschaftliche Erzeugnisse mit 24,1%. Der Export von Produkten zur Erhaltung, Erweiterung und Verbesserung der industriellen Produktion (Investitionsgüterindustrie) und von industriellen Produkten für den endgültigen Verbrauch (Verbrauchsgüterindustrie) ist mit insgesamt 6,5% von untergeordneter Bedeutung. Für den Import aus der Bundesrepublik Deutschland dagegen sind diese Güter bestimmend. Der Schwerpunkt des Imports, der 1984 eine Größenordnung von 3,7 Mrd. DM erreichte, wird von der Investitionsgüterindustrie mit 64,1% gebildet (Maschinenbau, Straßenfahrzeuge, Elektrotechnik). Es folgen Güter der Grundstoffindustrie (chemische Erzeugnisse) mit 22,9% und Produkte der Verbrauchsgüterindustrie (u.a. Textilien, Kunststofferzeugnisse) mit 9,4%.

Im Austausch von Gütern mit der Bundesrepublik Deutschland, wie überhaupt bei den Handelsbeziehungen mit den industriellen Schwerpunkträumen ist Australien Rohstofflieferant. Das wird sich auch in Zukunft nicht entscheidend ändern. Die Investitionstätigkeit in Australien als Maßstab künftiger wirtschaftlicher Ausrichtung dokumentiert dies sehr eindeutig. Bei den Neu- und Ausbauplanungen im Bereich von Bergbau und Industrie (Stand Dez. 1981) war ein Kostenvolumen in der Größenordnung von 30 Mrd. A$ erreicht. Dies lag zu 77,4% im Bereich des Bergbaus und zu 22,6% im Bereich der Industrie. Die Investitionsbereitschaft für den Ausbau der Industrie in Australien geht zurück. Von Projekten, deren Fortsetzung von Dez. 81 bis Juni

82 ausgesetzt wurde, lagen bei einem Investitionsvolumen von 929 Mio. A$ 70% in der Industrie und 30% im Bergbau. Endgültig aufgegebene Projekte im gleichen Zeitraum erreichten ein Volumen von 711 Mio. A$ und lagen zu 96,6% im industriellen Bereich, mit nur 3,4% waren dagegen bergbauliche Projekte nur sehr gering betroffen (136, S. 4).

In der bisherigen und in der absehbaren zukünftigen Entwicklung, wird Australiens Wirtschaft durch den Export von Primärgütern bestimmt. Damit ist Australien unmittelbar abhängig von den Weltmarktbedingungen (Absatzmöglichkeit, Preisniveau). Durch die Abhängigkeit von den industriellen Schwerpunkträumen der Welt (Westeuropa, USA und Japan) gerät Australien in eine randliche Position innerhalb der Weltwirtschaft. Diese Problematik besteht für alle Rohstofflieferländer, vor allem für die wenig entwickelten Staaten der Dritten Welt.

Doch Australien verfügt neben seinem Reichtum an Rohstoffen über einen bedeutenden Sektor mit verarbeitender Industrie. Die australische Industrie ist jedoch mit hohen Arbeitslohnkosten belastet und auch die große Streikfreudigkeit erschwert eine konkurrenzfähige Produktion. Im Durchschnitt der Jahre 1972–1981 gab es je 1000 Beschäftigte 689 Streiktage, womit Australien eine Spitzenstellung einnimmt. Die Bundesrepublik Deutschland hatte in der Zeit 1970–1980 nur 49 Streiktage je 1000 Beschäftigte, Japan 139 Streiktage.

Australien gehört zu den reichen Ländern der Erde. Das Bruttosozialprodukt je Einwohner als Vergleichsbasis, von der Weltbank ausgewiesen, betrug 1981 in Australien 11080 US $ (zum Vergleich: Bundesrepublik Deutschland 13450 US $). Damit rangiert Australien unter den führenden Industrienationen und steht auf gleicher Stufe mit Japan. Von den EG-Staaten übertrifft es im Bruttosozialprodukt Großbritannien mit

9110 US $ und Italien mit 6960 US $. Australien ist insofern mit Ländern vergleichbar, die einen hohen Lebensstandard haben und gleichzeitig stark von den Exporten der Urproduktion abhängig sind, wie etwa Dänemark, Israel und Neuseeland. Seine Position unter den reichen Ländern sucht Australien durch Stärkung seines Einflusses im australpazifischen Raum zu sichern. Politisch ist dies nach dem 2. Weltkrieg durch die Auflösung der engen Bindungen an das britische Mutterland geschehen. Bestehen blieben die britisch-australisch-neuseeländische Sicherheitsvereinbarung (ANZAM) und der Pazifikpakt (ANZUS), der 1951 zwischen USA, Australien und Neuseeland abgeschlossen wurde. Australien hat 1980 eine Konferenz zur wirtschaftlichen Kooperation im pazifischen Raum initiiert. Die Mitglieder USA, Japan, Australien, Neuseeland, Südkorea und die ASEAN-Staaten (Indonesien, Malaysia, Philippinen, Thailand, Singapur, Brunei) treffen sich jährlich zur Diskussion und Koordination der wirtschaftlichen Probleme des neuen wirtschaftlichen Schwerpunktraumes Pazifik.

Australien konnte nicht nur mit Japan und den USA differenzierte Handelsbeziehungen entwickeln, sondern auch mit den Staaten des australpazifischen Raumes. Von 1974/75 bis 1981/82 wurden teilweise enorme Steigerungsraten im Warenaustausch erzielt. Beim Export in die ASEAN-Staaten gab es im Durchschnitt einen jährlichen Zuwachs von 28,7%, beim Import eine Steigerung von 77,4%. Ähnliche jährliche Steigerungsraten erreichte der Handel mit Südkorea (Export +69,4%, Import +77,6%), Taiwan (Export +68,3%, Import +89,8%) und Hongkong (Export +51,3%, Import +36,3%) (214, 1977/78, 1983). Die sogenannten Schwellenländer im pazifischen Raum sind durch eine forcierte Industrialisierung in der Lage, Fertigwarenprodukte auf dem australischen Markt preisgünstig anzubieten. Für Australien bieten sich neue

Möglichkeiten im Handelsaustausch mit seinen Nachbarländern. Absatzchancen können aber nicht durch die bloße Nachbarschaft realisiert werden, sondern Australien muß durch verstärkte Forschungs- und Absatzförderung marktkonforme Produkte anbieten können. Die vorhandene Grundstoffindustrie kann sich auf die reichen Rohstoffvorkommen des Kontinents stützen und mit verbesserten Verteilungs- und Vermarktungssystemen wachsende Exportmöglichkeiten finden. Dabei sind umfangreiche Strukturanpassungen notwendig, denn die australische Industrie (z. B. in den Bereichen Textil, Bekleidung, Schuhe) wird bei einem wachsenden Warenaustausch mit den asiatischen Nachbarländern stark bedrängt werden. Diese Umorientierung wird mit Schwierigkeiten verbunden sein (Kapitalmangel, Arbeitslosigkeit, Streiks). Die Umstellung aber ist unumgänglich, wenn Australien seine politisch eigenständige Position auch auf wirtschaftlichem Gebiet ausbauen will. Dann kann Australien wirtschaftlich und kulturell eine Brückenfunktion einnehmen zwischen einem europäisch geprägten Raum und seinen ethnisch und kulturell völlig anders ausgerichteten asiatischen Nachbarn.

Verzeichnis der Literatur

1 Aborigines and Change (1977) Hg. R. M. Berndt. Canberra. Social Anthropology Series 11
2 Aborigines of the West (1979). Hg. R. M./C. H. Berndt. Nedlands/W. A.
3 Agriculture in Western Australia 1829–1979 (1979); Hg. G. H. Burvill. Perth
4 Alexander, J. / Hattersley R. (1980): Australian Mining, Minerals and Oil. Sydney
5 Alligator Rivers Stage II Land Claim Report 1981. Parliamentary Paper Nr. 59/1982. Canberra
6 Andrews, R. L. (1979): Australia. A Social and Economic Geography. Sydney, Melbourne
7 Annual Report 1980–81 (1981). Department of Trade and Resources. Canberra
8 Arid Lands of Australia (1969). Hg. R. O. Slayter u. R. A. Perry. Canberra
9–21 Atlas of Australian Resources (1954–1982) Department of National Government Canberra
    1. series:
     9 (1.) Population Density and Distribution. 1954
    10 (2.) Increase and Decrease of Population 1933–1947. 1954
    11 (3.)Population Increase and Decrease 1947–1954. 1958
    12 (4.) Immigration. 1959
    2. series:
    13 (1.) Immigration. 2. ed. 1970
    14 (2.) Temperatures. 1973
    15 (3.) Manufacturing Industries. 2. ed. 1975
    16 (4.) Population Distribution and Growth. 2. ed. 1975
    17 (5.) Government. 1975
    18 (6.) Major Urban Areas. 1977
    3. series:
    19 1. Soils and Land Use. 1980
    20 2. Population. 1980
    21 3. Agriculture. 1982
22 Australia. A Geography (1977). Hg. D. N. Jeans. Sydney
23 Australia's Mineral Resources. Development and Policies. (1981). Australian Department of Trade and Resources. 1980. Canberra
24 Australia's Mineral Resources. Metallurgical Coal (1981). Australian Department of Trade and Resources. Canberra
25 Australia's Resources Future (1978) Hg. P. Hastings u. A. Farran. Melbourne
26 Australian Cities and Public Policy (1978) Hg. P. Scott. Melbourne
27 Australian Industrial Development – some Aspects of Structural Change (1979). Bureau of Industry Economics. Research Report 2. Canberra
28 Australian Resources in a World Context. Facts and Figures (1982). Australian Department of Trade and Resources. Canberra
29 Australien (1977). dtv-Perthes Weltatlas. Bd. 11
30 Australien: arm an Menschen, reich an Bodenschätzen (1981). Aktuelle JRO-Landkarte 6/81 (AJL) 28. Jg. München (mit Beiheft)
31 Australien. Länderkurzbericht 1983. Statistik des Auslands. Statist. Bundesamt Wiesbaden
32 Australien-Neuseeland-Südpazifik. 1984. Hg. H. J. Buchholz. Fischer Länderkunde 10. Frankfurt a. M.
33 Barnett, D. W. (1979): Minerals and Energy in Australia. Cassell Australia
34 Barth, H. K. (1980): Die Trockengebiete der Erde als Lebensraum des Menschen. In: Tübinger Geograph. Studien 80, S. 23–39
35 Bergmann, Th. (1973): Australien – menschenarme Vorratskammer Asiens. In: Berichte über Landwirtschaft 51, S. 707–741
36 Berndt, R. M. (1977): Aboriginal Identity. In: Aborigines and Change, S. 1–12
37 Berndt, R. M. (1979): Aborigines of the South-West. In: Aborigines of the West. S. 81–89
38 Betson, J. B./W. N. Stringer: (1976) Australien Landscapes. 2. ed. (Jacaranda Pr.)
39 Birenheide, R. (1974): Geomorphologie der Great Barrier Reefs. In: Natur u. Museum. 104, S. 105–110, 153–173
40 Blackmore, W. H./Elliott M. J./Cotter R. E. (1978): Landmarks. A History of Australia to the Present Day. 2 ed. Melbourne
41 Borrie, W. D. (1954): Italians and Germans in Australia. Melbourne
42 Borrie, W. D. (1978): Population Trends and Policies. In: Australian Cities and Public Policy. S. 1–22
43 Bourne, L. S. (1975): Urban Systems: Strategies for Regulation. Oxford

44 Bowen, M. (1982): Australia's Population. In: Man and the Australian Environment. S. 238–252

45 Brealey, T. B. (1972): Living in Remote Communities in Tropical Australia. (Division of Building Research, CSIRO, Report T. B. 27–1) Melbourne

46 Brealey, T. B. / Newton, P. W. (1978): Living in Remote Communities in Tropical Australia, South Hedland-Port Hedland Study. CSIRO Canberra

47 Brealey, T. B. / Newton P. W. (1980): Migration and New Mining Towns. In: Mobility and Community Change in Australia. S. 48–66

48 Bremer, H. (1976): Das australische Nordterritorium im Aufbruch. In: Geograph. Zeitschrift 64. S. 13–32

49 Brunner, H. (1981): Australien (Jubiläumsausg. 1983). Luzern

50 Burnley, J. H. (1974): The Urbanization of the Australian Population 1947–1971. In: Urbanization in Australia, S. 3–15

51 Burnley, J. H. (1974): International Migration and Metropolitan Growth in Australia. S. 99–117

52 Burnley, J. H. (1980): Resettlement of Immigrant Communities in Sydney and Melbourne. In: Mobility and Community Change in Australia. S. 121–141

53 Burnley, J. H. (1981): Population Change and Social Inequalities in Sparsely Populated Regions in Australia. In: Settlement Systems in Sparsely Populated Regions. S. 105–124

54 Burton, J. R. (1982): Multiple Use of Reservoirs and Catchments. In: Prediction in Water Quality. S. 379–405

55 Burville, G. H. (1979): Agriculture in Western Australia 1829–1879 (versch. Beiträge). In: Agriculture in Western Australia 1828–1979. S. 1–122

56 Carr, D. (1979): Metropolitan Design. In: Western Landscapes. S. 383–399

57 Characteristics of Major Industries Supplying Tourist Services in Australia. (1983). Bureau of Industry Economics. Information Bulletin 5. Canberra

58 Choi, C. Y/J. H. Burnley (1974): Population Components in the Growth of Cities. In: Urbanization in Australia. S. 51–61

59 Cooper, M. (1982): The State of the Manufacturing Sector. In: Man and the Australian Environment. S. 178–186

60 The Cost of Housing (1978). The Report of the Committee of Inquiry into Housing Costs. Canberra

61 Crabb, P. (1982): Coping with Change. New Directions for the Sydney Water Board? In: Why Cities Change. S. 205–222

62 Dahlke, J. (1973): Der Weizengürtel in Südwestaustralien. Erdkundliches Wissen H. 34. Wiesbaden

63 Dahlke, J. (1974): Die Rolle des Bergbaus bei der Ausweitung des westaustralischen Siedlungsraumes. In: Geograph. Rundschau 26. S. 337–343

64 Dahlke, J. (1976): Die Entwicklung des Weizenfarmens im Westen Australiens. In: Göttinger Geograph. Abhandlungen 66, S. 137–146

65 Dahlke, J. (1978): Der westaustralische Wirtschaftsraum. Aachener Geograph. Arbeiten 7.

66 Dahlke, J. (1979): The Pioneers' Imprint. In: Western Landscapes. S. 220–234

67 Daly, M. T. (1982): Sydney Boom, Sydney Bust. A City and its Property Market 1850–1981. Sydney

68 Davidson, B. R. (1965): The Northern Myth. A Study of the Physical and Economic Limits to Agriculture and Pastoral Development in Tropical Australia. Melbourne

69 Davidson, B. R. (1969): Australia Wet or Dry? The Physical and Economic Limits to the Expansion of Irrigation. Melbourne

70 Davidson, B. (1976): History of the Australian Rural Landscape. In: Man and Landscape in Australia. S. 63–81

71 Drought (1976). Hg. T. G. Chapman: Australian Unesco Seminar 1972. Canberra

72 Energy Forecasts for the 1980s. (1982). Department of National Development and Energy. Canberra

73 Environmental Regions of Australia (1983). Department of Home Affairs and Environment. Australian Environment Statistics Project. Canberra

74 The Experience of Cyclone Tracy (1981), E. R. Chamberlain u. a. Canberra

75 Fallaw, S. (1978): Decentralisation. Resource Units in Australian Geography. Melbourne

76 Fautz, B. (1970): Agrarräume in den Subtropen und Tropen Australiens. In: Geograph. Rundschau 22, S. 385–391

77 Fautz, B. (1976): Junge Kulturlandschaftsveränderungen in Queensland. In: Geograph. Zeitschrift 64, S. 33–45

78 Fehling, L. (1977): Die Eisenerzwirtschaft Australiens. Kölner Forschungen zur Wirtschafts- u. Sozialgeographie. 24

79 The First National Survey on Water Use in

Australia (1981). Australian Water Resources Council. Occasional Papers. Ser. 1. Canberra

80 Fischer, W. M. (1974): Infrastructure for Mining, Mineral Processing and Associated Urban Development. In: Papers presented at the Southern & Central Queensland Conference 1974, S. 103–120.

81 Frenzel, K. (1957): Künstliche Bewässerung in Australien. Forschungs- und Sitzungsberichte der Akademie für Raumforschung u. Landesplanung. Bd. V, Lief. 5.

82 Frenzel, K. (1957): Australien. Materialien zur Landesplanung II. Mitteilungen aus dem Institut für Raumforschung. H. 34

83 Gale, F. (1977): A Social Geography of Aboriginal Australia. In: Australia. A Geography. S. 354–365

84 Gale, F. (1982): Aborigines: The Original Australians. In: Man and the Australian Environment. S. 219–237

85 Gentilli, J. (1977): Climate. In: Australia. A Geography. S. 7–37

86 Gibbs, W. J. (1969): Meteorology and Climatology. In: Arid Lands of Australia. S. 33–52

87 Gifford, K. H. (1980): Planning for an Australian Metropolis. In: Zeitschrift für Wirtschaftsgeographie 24, S. 9–13

88 Gloe, R. (1939): Die Industrialisierung Australiens. Diss. Kiel

89 Gnielinski, S. v. (1966): Das „Snowy Mountains Project" und seine Bedeutung für die künstlich bewässerten Gebiete in Südost-Australien. In: Zeitschrift für ausländ. Landwirtschaft 5, S. 120–132

90 Gnielinski, S. v. (1976): Der Weinbau Australiens. In: Mitteilungen Geograph. Ges. München 61, S. 205–219

91 Goddard, R. F. (1983): Rural Renaissance – but where? Paper pres. to 53. Anzaas Congress Perth 1983

92 Graeme, H. (1983): Interstate Migration in Australia 1976–1981. 1981 Census Project. Paper 1. Bedford Park S.A.

93 Graeme, H. (1983): Population Change in Urban and Rural Areas 1976–81. Bedford Park, S.A.

94 Grigsby, J. R. J./Gurry T. F. (1979): Australia's Frontiers. An Atlas of Australian History. (Harcourt Brace Jovanovich Group)

95 Grotz, R. (1982): Industrialisierung und Stadtentwicklung im ländlichen Südost-Australien. Stuttgarter Geograph. Studien 38

96 Grotz, R. (1985): Die Industrie Australiens: Entwicklung, Probleme, Chancen. In: Geographische Rundschau 37, S. 28–35

97 Harms Erdkunde. Bd. 7: Australien (1974). München

98 Heathcote, R. L. (1969): Die Dürre als Faktor der australischen Wirtschaft. In: Geograph. Rundschau 21. S. 308–315

99 Heathcote, R. L. (1976): Early European Perception of the Australian Landscape. In: Man and Landscape in Australia. S. 29–46

100 Heathcote. R. L. (1977): Australia. (The World's Landscapes). London, New York. 2.ed.

101 Heathcote, R. L. (1977): Pastoral Australia In: Australia. A Geography. S. 252–288

102 Hefford, R. (u.a.) (1980): An Introduction to the Australian Economy. Univ. of Queensland Pr.

103 Hobbs, J. (1982): Natural Hazards. In: Man and the Australian Environment. S. 73–97

104 Hofmeister, B. (1982): Die Stadt in Australien und USA – ein Vergleich ihrer Strukturen. In: Mitteilungen der Geograph. Gesellschaft Hamburg 72. S. 3–35

105 Hofmeister, B. (1985): Die strukturelle Entwicklung der australischen Stadt. In: Geographische Rundschau 37, S. 36–42

106 Holmes, J. H. (1977): The Urban Systems. In: Australia. A Geography. S. 412–431

107 Holmes, J. H. (1981): Sparsely Populated Regions of Australia. In: Settlement Systems in Sparsely Populated Regions. S. 70–104

108 Humphreys, J. S. (1979): Mining Communities. Urban Australia Series. 3. Rev. ed.

109 Immigrants in Western Australia. (1979) Hg. R. Johnston. Nedlands, W. A.

110 Irrigation – its Relevance to the National Economy in a Modern Environment (1983). (Seminar Proceeding, by the Victorian Irrigation Research and Promotion Organisation. Melbourne

111 Irrigation and Water Use in Australia (1980) Hg. E. M. O'Loughlin. (Papers . . . Science and Industry Forum of the Austr. Acad. of Science, 1979) Canberra

112 Jaschke, D. (1975): Darwin und seine Region. In: Mitteilungen der Geograph. Gesellschaft Hamburg. 63, S. 56–113

113 Jaschke, D. (1975): Der Wiederaufbau Darwins. Mitteilungen des Instituts für Asienkunde 74.

114 Jaschke, D. (1979): Das australische Nordterritorium – Potential, Nutzung und Inwertsetzbarkeit seiner natürlichen Ressourcen. Mitteilungen der Geograph. Gesellschaft Hamburg. 70

115 Jaschke, D. (1980): Die australische Landwirtschaft zwischen klimatischer und markt-

wirtschaftlicher Herausforderung. In: Erdkunde 34, S. 269–280

116 Jaschke, D. (1984): Möglichkeiten und Grenzen der agrarwirtschaftlichen Inwertsetzung Nordaustraliens. In: Zeitschrift für Agrargeographie 2, S. 99–114

117 Jobling, G. A. (1980): Notes on Irrigation Development in Australia (N. Z. Irrigation Assoc. Conference April 1980)

118 Lamping, H. (1981): Entwicklungsperspektiven der Bergbaustädte im Hamersley-Gebirge Westaustraliens. In: Frankfurter Wirtschafts- und Sozialgeograph. Schriften. H. 36, S. 233–267

119 Lamping, H. (1982): Australien. Grundzüge der Inwertsetzung. In: Praxis Geographie 5, S. 5–13

120 Lamping, H. (1982): Bewässerungsprojekte und Raumerschließung in Australien. In: Frankfurter Wirtschafts- und Sozialgeograph. Schriften. H. 42, S. 108–148

121 Lamping, H. (1982): Trockenräume – das Beispiel Australien. In: Geographie und Schule. H. 15, S. 1–11

122 Lamping, H. (1983): Bergbauliche und landwirtschaftliche Raumerschließung in Australien. In: Zeitschrift für Wirtschaftsgeographie. 27, S. 65–85

123 Lamping, H. (1983): Die Rolle des Staates bei der landwirtschaftlichen Raumerschließung im Südwesten Australiens. In: Würzburger Geograph. Arbeiten. H. 60, S. 353–365

124 Lamping, H. (1985): Raumentwicklung in Australien. In: Geographische Rundschau 37, S. 22–27

125 Lamping, H. (1985): Landwirtschaft und Bodendegradation in Australien. In: Frankfurter Wirtschafts- und Sozialgeographische Schriften. H. 47, S. 219–238

126 Lamping, H. (1985): Bevölkerungskonzentration in Australien – Aktuelle Tendenzen. In: Frankfurter Wirtschafts- und Sozialgeographische Schriften. H. 47, S. 239–258

127 Langford-Smith, T./Rutherford J. (1965): Water and Land. Two Case Studies in Irrigation. Canberra

128 Latrobe Valley. Facts and Figures. 1981. Government of Victoria. Ministry for Economic Development

129 Linge, G. J. R. (1977): Manufacturing. In: Australia. A Geography. S. 466–490

130 Löffler, E. (1973): Canberra: a City for the Future? In: Geoforum Wiesbaden. 13, S. 17–30

131 Löffler, E./Reiner E. (1982): Australien. Bern

132 Löffler, E. (1985): Naturräumliche Faktoren und Landnutzungspotential Australiens. In: Geographische Rundschau 37, S. 4–11

133 Logan, W. S./May A. D. (1979): The Australian Urban Network. Rev. ed. Urban Australia Series. 1. Sydney

134 Lowing, G. (1978): Rural Settlements. Resource Units in Australian Geography. Melbourne

135 Luke, R. H./McArthur A. G. (1978): Bushfires in Australia. Canberra

136 Major Manufacturing and Mining Investment Projects. 1982. Survey. Department of Industry and Commerce. Canberra

137 Man and the Australian Environment. (1982) Hg. W. Hanley u. M. Cooper. Sydney

138 Man and Landscape in Australia (1976). Hg. G. Deddon u. M. Davis. Australian Unesco Committee for Man and Biosphere. 2. Canberra

139 Map of the World Distribution of Arid Regions (1979). Explanatory Note. MAB Technical Notes. 7. Unesco. Paris

140 Maresch, W. (1982): Das Snowy-Mountains-Scheme. In: Praxis Geographie. 5, S. 30–33

141 Marriott, K. L. (1975): The Yarra Valley. Melbourne

142 Meagher, S. J./Ride W. D. L. (1979): Use of Natural Resources by the Aborigines of South-Western Australia. In: Aborigines of the West. S. 66–80

143 Mobility and Community Change in Australia (1980). Hg. J. H. Burnley, R. J. Pryor u. D. T. Rowland. Univ. of Queensland Pr.

144 Neutze, G. M. (1974): The Case for New Cities in Australia. In: Urban Studies (Edinburgh) 11, S. 259–175

145 New Wittenoom, Western Australia (1983). Investigation of the Development of the New Wittenoom Tourist Complex, Pilbara Region, for the Western Australian Government (Perth)

146 Newton, P. W./Johnston, R. J. (1981): Melbourne. In: Urban Problems and Planning in the Developed World. S. 71–119

147 Newton, P. W. (1981): New Towns in Isolated Settings in Australia. In: Settlement Systems in Sparsely Populated Regions. S. 169–180

148 Oil and Australia's Future (1980). Hg. Th. v. Dugteren. (Australian Institute of Political Science). Sydney

149 Olive, L. J./Walker P. H. (1982): Processes in Overland Flow-Erosion and Production of Suspended Material. In: Prediction in Water Quality, S. 87–119

150 Oliver, J. (1978): Natural Hazard Response and Planning in Tropical Queensland. Natural Hazard Research. Working Paper 33

151 Ord River Irrigation Area. (1979). Review 1978. Canberra

152 The Pastoral Industries of Australia (1973). Practice and Technology of Sheep and Cattle Production. Hg. G. Alexander u. O. B. Williams. Sydney

153 Peel, L. J. (1973): History of the Australian Pastoral Industries to 1960. In: The Pastoral Industries of Australia. S. 41–75

154 Perkins, J. O. N. (1979): Australia in the World Economy. 3. ed. Melbourne

155 Perrens, S. (1982): Australia's Water Resources. In: Man and the Australian Environment. S. 24–36

156 Petroleum Exploration and Development in Australia. 1982. Department of National Development and Energy. Canberra

157 Philips' Illustrated Atlas of Australia. (1981) Hg. C. Green. 2.ed. South Yarra/Vic.

158 Philips' New Australian Atlas. 1979. (1.ed. 1972). London u. Melbourne

159 Pigram, J. (1982): Leisure und Recreation. In: Man and the Australian Environment. S. 266–275

160 The Pilbara. A Regional Profile. 1983. Department of Industrial Development. Karratha

161 Possibilities for Inland Diversion of N. S. W. Coastal Streams. 1981. Water Resources Commission of N. S. W. Sydney.

162 Prediction in Water Quality (1982). Hg. E. M. O'Loughlin u. P. Cullen. Canberra

163 Puffin, J. (1975): Life in the Latrobe Valley. Comp. Vol. to: Central Gippsland Social Survey. Melbourne

164 Queensland Reserves of Black Coal. 1981. (1982) In: Queensland Government Mining Journal 83, S. 35–38

165 Queensland Year Book. 40. 1980; 41. 1981; 42. 1982. Australian Bureau of Statistics. Queensland Office

166 Reader's Digest Atlas of Australia. 1977. Sydney

167 Reiner, E. (1967): Literaturbericht über Australien – Neuseeland 1938–63. Geograph. Jahrbuch 62. Gotha

168 Reiner, E. (1975): Geographischer Literaturbericht Australien 1962–1972. Niedergelpe (Selbstverl.)

169 Reiner, E. (1969): Das Snowy Mountains Projekt in Südost-Australien. In: Geograph Rundschau 21, S. 315–324

170 Reiner, E. (1971): Erdöl und Erdgas in Australien. In: Zeitschrift für Wirtschaftsgeographie 15, S. 239–245

171 Reiner, E. (1979): Weinbau und Wein in Australien. In: Zeitschrift für Wirtschaftsgeographie 23, S. 140–143

172 Reiner, E. (1980): Zur Küstenmorphologie Australiens. Berliner Geograph. Studien. Bd. 7

173 Report on Multi-Unit Dwelling Development in Australia. 1980. Indicative Planning Council for the Housing Industry. Canberra

174 Report on Selective Decentralisation. 1969. Development Corporation of New South Wales. Sydney

175 Rother, K. (1983): Die Bewässerungsoase von Carnarvon (Westaustralien). In: Zeitschrift für Wirtschaftsgeographie. 27, S. 86–91

176 Rother, K. (1984): Der Sonderkulturbau in Südwest-Australien und seine südeuropäische Trägerschaft. In: Erdkunde 38, S. 45–54

177 Rother, K. (1984): Mediterrane Subtropen. Geographisches Seminar Zonal. Braunschweig

178 Rother, K. (1985): Der südwest- und südaustralische Agrarraum. In: Geographische Rundschau 37, S. 13–20

179 Rowland, D. T. (1974): Patterns of Urbanization in Victoria. In: Urbanization in Australia, S. 63–79

180 Rowland, D. T. (1979): Internal Migration in Australia. Canberra

181 Rütter, W. (1963): Die Stellung Australiens im Standortsystem der Weltwirtschaft. Weltwirtschaftliche Studien. 2. Göttingen

182 Rural Australia (1978). Hg. Th. v. Dugteren (Australian Institute of Political Science.) Sydney

183 Rural Industry in Australia. 1983. Bureau of Agricultural Economics. Canberra

184 Rutherford, J./Burdekin H./MacGregor J. (1971): Case Studies of Changing Population and Land Use on the Periphery of Metropolitan Sydney. = Research Paper in Geography 16

185 Schumacher, G. (1939): Geographie der künstlichen Bewässerung in Australien. Diss. Greifswald

186 Sedlacék, P. (1975): Die Standortentwicklung der australischen Aluminiumindustrie In: Die Erde. 106, S. 193–200

187 Settlement Systems in Sparsely Populated Regions. The United States and Australia. (1981). Hg. R. E. Lonsdale u. J. H. Holmes. (Pergamon Pr.)

188 Sexton, R. N. (1980): Mobility of the Austra-

lian Rural Workforce. In: Mobility and Community Change in Australia. S. 67–78

189 Späth, H. (1977): Rezente Verwitterung und Abtragung an Schicht- und Rumpfstufen im semiariden Westaustralien. In: Zeitschrift. für Geomorphologie. N. F. Suppl. 28 S. 81–100

190 Späth, H. (1979): Laterite und Lateritstufen in Nordwestaustralien. In: Zeitschrift Geomorphologie, N. F. Suppl. 33, S. 57–71

191 Steinke, J. C. (1977): Australian Regional Policy and Regional Population Trends 1947–1971. Department of Decentralisation and Development. Sydney

192 Stillwell, J. B. (1974): Australian Urban and Regional Development. Sydney

193 Studies on Decentralisation commissioned by the Committee of Commonwealth/State Officials. Canberra 1975

194 Südostasien – Australien. 1975. Hg. H. Uhlig. Fischer Länderkunde. 3. Frankfurt a. M.

195 Thomson, K. W. (1955): Das Industriedreieck des Spencer-Golfs als Beispiel einer Industrialisierung außerhalb der Hauptstädte. In: Die Erde. H. 3–4, S. 286–300

196 Uhlig, H. (1973): Die Reisbaugebiete Australiens. In: Geographische Zeitschrift – Beiheft Festschrift Plewe, S. 411–427

197 Urban Illawara. 1977. Hg. R. Robinson. Melbourne

198 Urban and Industrial Australia. Readings in Human Geography. (1974) Hg. J. M. Powell. Melbourne

199 Urban Problems and Planning in the Developed World. (1981) Hg. M. Pacione. London

200 Urbanization in Australia. The Post-War Experience. (1974). Hg. J. H. Burnley. Cambridge Univ. Pr.

201 The Use of Trees and Shrubs in the Dry Country of Australia. 1972. Department of National Development, Forestry and Timber Bureau. Canberra

202 Viedebant, K. (1981): 30 mal Australien und Neuseeland. München, Zürich 1981

203 Webb, M. I. (1979): Urban Expansion, Town Improvement and the Beginning of Town Planning in Metropolitan Perth. In: Western Landscapes. S. 357–382

204 Wehling, H. W. (1975): Funktionsbereiche im Großraum Sydney. In: Die Erde 106, S. 90–105

205 Weiss, W. (1981): Australien. Frankfurt a. M.

206 Western Australia. An Atlas of Human Endeavour 1829–1979. 1979. Government Printing Office of Western Australia.

207 Western Landscapes. 1979. Hg. J. Gentilli. Nedlands, W. A.

208 Why Cities Change. Urban Development and Economic Change in Sydney. 1982. Hg. R. V. Cardew, J. V. Longdale u. D. Rich. Sydney

209 Williams, M. (1974): The Making of the South Australian Landscape. London, New York

210 Wilson, R. K. (1980): Australia's Resources and their Development. Sydney

211 Wolff, P. (1975): Tröpfchenbewässerung in Australien. In: Der Tropenlandwirt 76, S. 22–35

212 Woods, J. T. (1981): Coal Development – Future Prospects in Central Queensland and Trends in Open Cut and Underground Mining. In: Queensland Government Mining Journal. 82. S. 260–267

213 Woods, L. E. (1983): Land Degradation in Australia. (Australian Environment Statistics Project. Department of Home Affairs and Environment) Canberra

214 Yearbook Australia. Nr. 38. 1951; 51. 1965; 61. 1976/77; 62. 1977/78; 63. 1979; 64. 1980; 65. 1981; 66. 1982; 67. 1983.

Verzeichnis der Abbildungen

Entwurf aller Abb. vom Verfasser, Quellen z.T. ergänzt durch eigene Erhebungen
Zeichnungen: Herr Kind (Abb. 3, 4, 18, 30), Frau Schenk alle übrigen

Verzeichnis der Tabellen

Sachregister

Klett – Länderprofile
Geographische Strukturen, Daten, Entwicklungen

Eine Reihe moderner geographischer Länderkunden, die viele Länder in ihren Entwicklungsprozessen, mit ihren Raumstrukturen und ihrer individuellen Problematik vorstellt. Zahlreiche Karten, Übersichten und Tabellen in den einzelnen Bänden erleichtern den Überblick.

Bisher sind erschienen:

Bähr, Jürgen
Chile
Klettbuch 928751, 1979, 204 S., kart.

Breuer, Toni
Spanien
Klettbuch 928831, 1982, 259 S., kart.

Büschenfeld, Herbert
Jugoslawien
Klettbuch 928821, 1981, 264 S., kart.

Chen, Ting Kai
Die Volksrepublik China
Nord und Süd in der Entwicklung
Klettbuch 92805, 2. Aufl. 1980, 220 S., kart.

Eckart, Karl
DDR
Klettbuch 928811, 1981, 212 S., kart.

Frankenberg, Peter
Tunesien
Ein Entwicklungsland im maghrebinischen Orient
Klettbuch 928741, 1979, 172 S., kart.

Freund, Bodo
Portugal
Klettbuch 928761, 1979, 149 S., kart.

Fuchs, Gerhard
Die Bundesrepublik Deutschland
Neubearbeitung
Klettbuch 922191, 1983, 296 S., kart.

Gläßer, Ewald
Dänemark
Klettbuch 928781, 1980, 180 S., kart.

Hahn, Roland
USA
Klettbuch 928721, 1981, 287 S., kart.

Heineberg, Heinz
Großbritannien
Klettbuch 928801, 1983, 247 S., kart.

Kullen, Siegfried
Baden-Württemberg
Klettbuch 928851, 1983, 312 S., kart.

Kühne, Dietrich
Malaysia
Tropenland im Widerspiel von Mensch und Natur
Klettbuch 928771, 1980, 187 S., kart.

Leser, Hartmut
Namibia
Klettbuch 928841, 1982, 259 S., kart.

Möller, Ilse
Hamburg
Klettbuch 928891, 1985, 248 S., kart.

Müller, Jürg
Brasilien
Klettbuch 928881, 1984, 278 S., kart.

Pletsch, Alfred
Frankreich
Klettbuch 928731, 1978, 254 S., kart.

Röll, Werner
Indonesien
Entwicklungsprobleme einer tropischen Inselwelt
Klettbuch 928711, 1979, 206 S., kart.

Scholz, Fred (Hrsg.)
Die kleinen Golfstaaten
Reichtum und Unterentwicklung – ein Widerspruch?
Klettbuch 928894, 1985, 240 S., kart.

Wiebe, Dietrich
Afghanistan
Ein mittelasiatisches Entwicklungsland im Umbruch
Klettbuch 928861, 1984, 195 S., kart.